高等院校小学教育专业教材

小学教育科学研究方法 第2版

丁炜 陈静逊 编著

华东师范大学出版社
上海

图书在版编目(CIP)数据

小学教育科学研究方法/丁炜,陈静逊编著. —上海:华东师范大学出版社,2012.12
ISBN 978-7-5675-0175-1

Ⅰ.①小… Ⅱ.①丁…②陈… Ⅲ.①小学教育-教育科学-科学研究-高等学校-教材 Ⅳ.①G622.0

中国版本图书馆 CIP 数据核字(2013)第 005264 号

小学教育科学研究方法（第2版）

编　　著	丁　炜　陈静逊
策划编辑	朱建宝
审读编辑	王秀秀
责任校对	王　卫
装帧设计	卢晓红

出版发行	华东师范大学出版社
社　　址	上海市中山北路 3663 号　邮编 200062
网　　址	www.ecnupress.com.cn
电　　话	021-60821666　行政传真 021-62572105
客服电话	021-62865537　门市(邮购)电话 021-62869887
地　　址	上海市中山北路 3663 号华东师范大学校内先锋路口
网　　店	http://hdsdcbs.tmall.com
印　刷　者	昆山市亭林印刷有限责任公司
开　　本	787×1092　16 开
印　　张	16.5
字　　数	363千字
版　　次	2014 年 8 月第二版
印　　次	2022 年 1 月第十二次
书　　号	ISBN 978-7-5675-0175-1/G·6081
定　　价	36.00元

出版人　王　焰

(如发现本版图书有印订质量问题,请寄回本社客服中心调换或电话 021-62865537 联系)

编者说明

教育在本质上是面向明天的事业,但它却是按照昨天知识的内在逻辑对今天的学生进行教育活动。于是,昨天的知识、今天的努力和明天的事业,构成小学教育最尖锐的矛盾。对此,只有依靠广大小学教师在教育实践的同时,以科学的态度和方法研究小学教育,才有可能找到为学生终身发展奠定坚实基础的通途,才能帮助学生通过今天的努力,把源于昨天的社会知识转化为从容应对明天社会的学习能力、思维品质、探究意识以及积极向上的态度、情感与价值观。

本书是专为小学教师初步科学研究能力的培养而编写的教程。它阐述了小学教育科学研究的基本原理,介绍了小学教育科学研究的基本过程,描述了小学教育科学研究的基本方法。考虑到本书要服务于小学教育师资的职前培养与职后教育,在编写时我们作了如下努力:

1. 切合实际讲述最基本的方法

这里所说的"基本"包括两层意思:一是进行小学教育研究必不可少的;二是可以为学习其他方法奠定基础的。这样,不仅便于学员理解,而且能让学员从基本中求变化,以取得举一反三的效果,就像《孙子兵法·势篇》所说的那样:"声不过五,五声之变,不可胜听也。色不过五,五色之变,不可胜观也。味不过五,五味之变,不可胜尝也。战势不过奇正,奇正之变不可胜穷也。奇正相生,如循环之无端,孰能穷之?"

2. 融合学科构建最清晰的线索

本教程融合了教育学、心理学、逻辑学、数理统计、信息技术与文章学等各门学科知识,以小学教育科研方法为线索将它们清晰地贯穿起来。在讲述方法时,重点讲清什么样的问题该用什么方法研究,这些方法在什么条件下应当如何运用。在编写过程中,力求融会贯通各学科知识,将本教程做成一个色香味俱全的蛋糕,分不出哪里是鸡蛋,哪里是面粉,以便帮助学员学以致用。

3. 糅合方法介绍最实用的统计

小学教师开展科学研究强调操作性,如果把"科研方法"和"教育统计"分成两门学科或者两个部分进行教学,学员往往弄不明白运用某种科研方法该怎样进行教育统计,或者某一种教育统计适用于哪些科研方法。为了避免出现上述无的放矢的现象,本教程努力把科研方法和统计方法紧密糅合起来:讲清使用某种方法开展研究时,该怎样做教育统计;讲述教育统计方法时,只讲最基础的理论;介绍有关公式时,只介绍其运用而不做理论上的推导。这样虽然显得呆板一些,但便于初学者理解并应用。

4. 结合实例运用最通俗的语言

为便于学员自学,在阐述科研方法时,尽量贴近小学教育实际,列举典型事例说明。文字通俗、简明、浅近,力求多用短句少用长句,避免艰深、诘屈、拗口,使学员读得懂、记得住、考得出、用得上。在每章后面,大多举出实例,以供学员参照并进行创造性的模仿。

5. 表达成果介绍最详实的要领

为了帮助学员解决科学研究成果表述上的困难,本教程用了两章的篇幅讲解了科研成果的表达技巧,其中包括统计图表的制作,经验总结、研究报告与学术论文的撰写等内容,有关学术论文撰写的内容尤为详尽。

本书出版以来得到了广大读者的厚爱,为了更好地适应当代教育改革与教育科研发展的需要,此次我们通过"调、换、删",对本书做了较大的修订。"调"主要体现在三处:第一,对第一章小学教育科研方法概述的内容作了调整,将原来五个小节调整为四个小节,使内容更加紧凑;第二,将第三章陈述选题部分的开题报告调整为课题申请报告,以帮助小学教师提高选择课题、申请课题的能力;第三,将原书第七章观察方法及行动研究拆分为两章,即本书的第七章观察方法与第十一章行动研究,重新撰写了这两章的内容,以帮助小学教师更好地掌握这两种十分常用的课堂教学研究方法。"换"也主要体现在三处:将第四章的"计算机检索"换为"网络检索";将第八章的"谈话方法"换为"访谈方法";更换了第三章、第四章与第八章后的案例。"删"去的地方主要在二处:在第三章中删去了"文献资料的阅读"这一部分的内容;删去了原第十一章教育评价。

本书的第二章、第五章、第六章、第九章、第十二章、第十三章由陈静逊编写,第七章、第十一章由丁炜编写,第一章、第三章、第四章、第八章、第十章由陈静逊、丁炜共同编写。另有洪风、郭心、吴欢、张馨、李淑华、姜丽霞、魏冬梅、牛纪英、邢毅丽、刘延云、董丽君、孟强、王成义、吴忠豪、陈德煜、李根绨、程卫、安谦等提供了各章后附案例。

在编写本书的过程中,我们参阅了不少中外文献,得到了国家教育部师范司、上海市教委、上海师范大学的有力资助和亲切关怀。许多同事与朋友为我们提供了无私帮助。华东师范大学的钟启泉教授、杨小微教授和上海师范大学的卢家楣教授、吴忠豪教授、李西亭教授拨冗审定本书,提出了中肯的建设性意见,华东师范大学出版社的翁春敏先生、张捷先生以及朱建宝先生对本书的撰写提供了细致的技术性帮助,在此一并致谢。

即便如此,由于我们的学术水平有限,还没有把当前各学科发展的最新成果完全引进来,也没有把教育改革中许多鲜活的经验和事例展开去。总体上说,本书还是比较粗糙的,希望在使用过程中继续得到各位专家和读者的指导,使它经过不断的琢磨日臻完善。

2014 年 6 月于上海师范大学教育学院

目录

第一章　小学教育科研方法概述 ………………………………………… 1
第一节　小学教育科研方法的涵义 …………………………………… 1
第二节　小学教育科研方法的类别 …………………………………… 4
第三节　小学教育科学研究的步骤 …………………………………… 7
第四节　小学教育科学研究的规则 …………………………………… 10

第二章　科学思维 ………………………………………………………… 15
第一节　分析与综合 …………………………………………………… 15
第二节　比较与分类 …………………………………………………… 17
第三节　归纳、演绎与类比 …………………………………………… 19
第四节　信息、控制与系统 …………………………………………… 23

第三章　课题选择 ………………………………………………………… 31
第一节　排除障碍　提出问题 ………………………………………… 31
第二节　分析问题　提出假设 ………………………………………… 34
第三节　选择课题　陈述选题 ………………………………………… 39
案例：课题申请报告 …………………………………………………… 42

第四章　文献检索 ………………………………………………………… 50
第一节　文献工作的过程 ……………………………………………… 50
第二节　文献工作的途径 ……………………………………………… 53
第三节　网络检索 ……………………………………………………… 58
案例：文献综述 ………………………………………………………… 64

第五章　数据处理 ………………………………………………………… 69
第一节　频数分布图表 ………………………………………………… 69
第二节　几种平均数 …………………………………………………… 70
第三节　方差、标准差与差异系数 …………………………………… 72
第四节　标准分 ………………………………………………………… 75

第六章　样本抽取 ………………………………………………………… 82
第一节　抽样的定义与类型 …………………………………………… 82
第二节　单纯随机抽样调查程序 ……………………………………… 85

第七章　观察方法 ………………………………………………………… 91
第一节　观察与课堂观察 ……………………………………………… 91

第二节　课堂观察的实施 …………………………………………… 94
　　第三节　课堂观察工具的类型 ……………………………………… 95
　　第四节　课堂观察工具的开发 …………………………………… 102
　　案例：课堂观察报告 ……………………………………………… 105

第八章　调查方法 ……………………………………………………… 110
　　第一节　访谈方法 ………………………………………………… 110
　　第二节　问卷方法 ………………………………………………… 113
　　第三节　显著性检验（χ^2 检验）……………………………………… 119
　　案例：调查报告 …………………………………………………… 122

第九章　测验方法 ……………………………………………………… 130
　　第一节　测验的定义 ……………………………………………… 130
　　第二节　试卷的编制 ……………………………………………… 133
　　第三节　质量分析 ………………………………………………… 143
　　案例：试卷编制 …………………………………………………… 149

第十章　实验方法 ……………………………………………………… 156
　　第一节　实验设计的逻辑 ………………………………………… 156
　　第二节　对照组实验的设计 ……………………………………… 160
　　第三节　轮组实验的设计 ………………………………………… 164
　　第四节　显著性检验（Z 检验和 t 检验）………………………… 166
　　第五节　多因素实验设计 ………………………………………… 169

第十一章　行动研究 …………………………………………………… 176
　　第一节　行动研究的定义与特征 ………………………………… 176
　　第二节　行动研究的实施 ………………………………………… 177
　　第三节　行动研究的方式 ………………………………………… 180
　　案例：课例研究报告 ……………………………………………… 189

第十二章　成果表达（上）……………………………………………… 197
　　第一节　统计图表的制作 ………………………………………… 197
　　第二节　经验总结的撰写 ………………………………………… 201
　　第三节　研究报告的撰写 ………………………………………… 206
　　案例：实验报告 …………………………………………………… 209

第十三章　成果表达（下） …………………………………………… 213
　第一节　学术论文概述 …………………………………………… 213
　第二节　对论点的阐述 …………………………………………… 222
　第三节　对论点的论证 …………………………………………… 228
　案例：学术论文 …………………………………………………… 239

主要参考文献 …………………………………………………………… 243

第一章 小学教育科研方法概述

第一节 小学教育科研方法的涵义

"科学"这个概念,在许多人的头脑里,是和艰深费解的论文和离群索居的学者联系在一起的。因而对于广大教师来说,总显得有些高不可攀。但是,现在情况大不相同了——越来越多的教师认识到:要提高教育质量,必须开展科学研究;要开展教育研究,就必须懂得教育科研方法,并能得心应手地运用这些方法。

那么,什么是"小学教育科学研究方法"呢?为了弄清这个问题,先要搞清楚什么是"科学研究"。

一、科学研究的涵义

科学研究,是人们为了探索人类尚未掌握的规律,并对已发现的规律不断进行检验的活动。这个定义告诉我们,"科学研究"包含下面几层意思:

1. 科学研究是一种探索性的活动

科学研究是以解决某一个问题为目的,按照各种假设的方案,一次又一次地进行积极尝试,以便从中找出解决问题的最佳方案的活动。为此,它得克服思维定势,杜绝先入之见,摒弃固定程序,突破原有框架。由于这种探索性活动有较强的目的性,所以它要求我们不是做好了再想,而是想好了再做。

2. 科学研究是一种创造性的活动

科学研究的目的是为了向人类提供首创的有社会价值的产物(包括精神产物和物质产物),它所涉及的领域是人们还未开垦过的"处女地"。这里的"首创",有别于亦步亦趋;这里的"有社会价值",有别于胡思乱想。科学研究的成果不仅要求是个人的新见解,而且要求是对人类的新贡献。

3. 科学研究是一种揭示规律的活动

规律,是事物发展过程中的本质联系与事物发展的必然趋势。事物之间的本质联系是稳定的,会在事物发展过程中重复出现,这就是规律的重复性。只要具备一定的条件,某种合乎规律的现象就必然出现,这就是规律的普遍性。人们只能发现、认识和利用规律,而不能任意创造和消灭规律,这就是规律的客观性。而规律本身又是发展的,离开发展、离开过程,规律就无从表现,无所寄托,这就是规律的发展性。科学研究就是为了寻求各种现象之间的必然联系。

4. 科学研究是一种连续性的活动

科学研究的连续性包括四层意思：一是揭示规律的连续性。科学研究不会在现有的学说和原理面前止步不前，也不会为刚发现的规律所陶醉，它必须检验这些规律是否能应用于解决新的问题，探索这些规律如何才能在解决新问题时得到综合运用。所以说，科学研究并没有把揭示出来的规律当作成熟的果实来收获，而是把它当作一粒种子，继续探索它能否在新的土壤里生根、发芽、开花、结果。二是研究过程的连续性。从选题到最后出成果，都是一环套一环地连续进行。三是脑力劳动的连续性。科学研究是一种创造性的脑力劳动，创造性的脑力劳动最怕中断，集中时间和精力，专心致志地思考一个问题，才有久思不得其解之后的顿悟，才能获得最高的科研效率。四是群体劳动的连续性。科学研究往往是一代接一代进行的，前人的研究成果是后人研究的起点，后人站在前人的肩膀上将他们未竟的事业继续下去。

荷兰医生、病理学家艾克曼发现维生素的事例就说明了什么是科学研究：

1886年，艾克曼被派到东印度去工作，那里的脚气病流行很广，许多人因此死亡。为了寻找适当的治疗方法，艾克曼根据细菌致病学说，认为脚气很可能是某种细菌引起的。于是他就用一些鸡作试验，来确定这种病症到底是由哪种细菌引起的。可是在饲养这些鸡的时候，却发现有一部分鸡也得了一种多发性神经炎，症状与人的脚气病十分相似，有些鸡因此而死亡，但是大约4个月后，大部分得病的鸡又奇迹般地恢复了健康。这个偶然事件引起了艾克曼的注意，他断定鸡的恢复健康一定与引起脚气病的致病因素有关，但是在化验时却一直找不到致病的细菌。最后他不得不着手研究鸡的饮食。经过仔细调查，他终于发现问题出在鸡的饲料上。原来负责养鸡的人将军队医院吃剩下的白米饭喂鸡，而把鸡的饲料克扣下来从中渔利。几个月后，另一位养鸡人接管了喂鸡的工作，他没有占便宜，而用通常的鸡饲料——未去壳的稻谷来喂鸡，鸡的脚气病就慢慢地好起来了。于是，艾克曼把米糠当作"药"给许多人吃，他们的脚气病也都好了。

根据实践经验，艾克曼断定"脚气病"是因为食物中缺乏某种东西而造成的。他进一步推想：很可能在米糠里有一种重要的物质，人体内一旦缺少这种物质，就会生脚气病。那么，这种治脚气病的神奇物质是什么呢？艾克曼依靠化学实验方法，进一步把米糠浸在水里再用一种薄膜过滤，发现过滤液也能治病，从而得知这种未知的物质一定能溶于水，而且是小分子。因为它是"维持生命必不可少的要素"，人们称它为"维生素"。由于艾克曼在这一方面的开创性工作，他获得了1929年的诺贝尔生理学和医学奖。医学已证明，脚气病是由于体内缺乏维生素B_1引起的。

在上面这个例子中，如果艾克曼只停留在把米糠当作药来治好人们脚气病的阶段，那他就不会获得诺贝尔奖了。其实类似这样通过饮食治疗疾病的经验早就有人总结过。早在公元6世纪，我国南朝的医学家陶宏景就在《名医别录》里记载了用动物肝脏治疗夜盲症；唐代名医孙思邈在自己的著作中提出用米糠和麦麸来治疗脚气病；300多年前，法国一支探险队在加拿大过冬时，曾用松树叶泡水治愈坏血病，但却没有引起人们的深入研究。艾克曼则不是这样，他不满足于自己的一得之见,而要为人类作出新贡献。他不满足于对现象的认识,而要分析出其中的要素,认识事物的本质规律。

二、小学教育科学研究的涵义

如果您对"科学研究"有了一定的认识,那么"小学教育科学研究"就是将"小学教育"作为科学研究对象的一种社会活动。它通过运用规范的方法,实施一系列规划好的活动步骤,认识小学教育现象,为小学教育领域提供有价值、可信赖的知识,解决小学教育中存在的问题,提高小学教育的质量与水平。具体来说,小学教育科学研究包括:

- 小学教育基本原理的研究
- 小学生心理的研究
- 小学教育目标研究
- 小学教育内容研究
- 小学教育形式与方法研究
- 小学教育环境创设研究
- 小学教育评价研究
- 小学教师素质研究
- ……

三、小学教育科学研究方法的涵义

"方法"一词在西方最早的意思是"沿着"、"道路",在我国古代指丈量方形之法。科学研究活动中的方法指解决问题的途径、诀窍和程序。

1. 方法即途径:解决问题的入手处与行进的方向

途径这个概念,在计算机里显得很直观,很实在。每一位计算机的操作者对途径都是了如指掌的,不知道途径,你做好的文档就无法保存;不知道途径,你要应用的文档就无法打开。途径这个概念,在旅游活动中就显得更形象:你要想翻山越岭到达一个新景点,首先要有个进行的方向,是往东、往西、往南,还是往北。光知道方向不行,你还得知道通向新景点的道路该从哪里入口。知道方向和入口还不行,你得知道从这个入口到新景点有几条路,哪一条路是捷径,捷径的路况如何,在过程中有没有悬崖峭壁,有没有激流暗礁,有没有艰难险阻。同样,我们在进行小学教育科学研究的时候必须把握它的方向、入口、捷径、路况,否则就无从着手。

2. 方法即诀窍:解决问题的要领

解决任何问题,都得掌握它的要点和要求。要点指解决问题的关键点,关键点把握住了,问题就能迎刃而解了。要求是从解决问题的重要条件中概括出来的,它们都是要言不烦,言必有中。例如,在《中国民间画诀》中关于掌握人体比例有这样的诀窍:

- 站七坐五盘三半——以头部长短作比例,人站着的时候,有七个头部那么高;人坐着的时候,有五个头部那么高;人盘着(或蹲着)的时候,有三个头部那么高。
- 面分三停五眼——人的面部从竖的来看,可以分为三停:从头发到眉毛为一停,从眉毛到鼻准为二停,从鼻准到下颏为三停。人的面部从横的来看,可以分为五眼:除两个眼睛外,两眼之间的距离为一眼,两眼到面部两边的距离也各为一眼。

画画有诀窍,做别的事也有诀窍,进行小学教育科学研究同样是有诀窍的,掌握了诀窍,运用了正确的方法,研究就进展顺利,事半功倍。

3. 方法即程序:解决问题的步骤

程序指按一定顺序排列的问题解决步骤。这步骤表现为以下四点:一是依次排列,如按时间的先后、地点的变换、事情的方面或者事情发展的顺序排列;二是环环紧扣,即每个环节与环节之间不能脱漏、颠倒、增删;三是标准明确,对每个环节都有明确的标准;四是往复循环。

方法在认知领域内属于知识的范畴。作为方法的知识,是指过程的知识、操作的知识,而不是指结果的知识。这种知识的抽象水平,介于具体事物的知识与普遍原理的知识之间。小学教育科学研究方法是小学教育科研知识的一部分,它既高于小学教育科学研究的具体知识,又低于小学教育科学研究的普遍原理知识。

小学教育科学研究方法指小学教育科学研究的途径、诀窍与程序。因为它属于知识的范畴,因而是可以传授的,也是不难理解的;又因为方法属于过程的知识、操作的知识,所以只有在实践运用的过程中才能逐步掌握。

我们要想提高小学教育科学研究的能力,必须在初步了解小学教育科学研究方法的基础上,将方法运用到小学教育科学研究的实践中,以便深入地理解与掌握方法,发展自身开展科学研究的能力,提高自己的科学研究素养。

第二节 小学教育科研方法的类别

对各种小学教育科学研究方法,我们可以从不同角度,按照不同的标准来分类:按照普遍程度和适用范围,可以将小学教育科研方法分为哲学方法、思维方法和具体的科研方法;按照重要性和影响范围,可以分为战略性研究方法和战术性研究方法;按照研究成果是否含有量的关系,可以分为定性研究方法和定量研究方法;按照科学研究成果的作用,可以分为基础研究方法、应用研究方法和发展研究方法;按照研究过程,又可以分为选择课题方法、搜集资料方法、整理资料方法和表达成果的方法等。这些分类,都从不同侧面反映了小学教育研究方法的特点。每一种标准的划分还可分得更细一些。例如,以普遍程度和适用范围为标准作进一步划分,可把小学教育科学研究方法分为以下种类。

一、哲学方法

哲学方法集中反映在辩证唯物论的原理、规律及范畴之中。它不能代替具体的科学研究方法,但却为我们提供了正确的世界观和科学的方法论,为认识和发现小学教育的规律,指出正确的途径,提供卓有成效的思考方法。哲学方法的下面三个作用是显而易见的:

1. 启迪从整体上洞察世界的智慧

智慧和知识的区分在于:知识是对世界局部的认识,智慧是对世界整体的认识。具体科学往往把客观世界的某一部分、某一层次作为自己研究的对象,所把握的是世界的一个侧面,而哲学从整体上把握世界的努力从来就没有停止过。

哲学的智慧是追求生活信念,探寻普通常识的根据,反思历史进步的尺度,评价真善美的标准。哲学智慧反对人们对流行的生活态度、思维方式、价值观念、审美情趣等采取全盘接受的态度,反对人们躺在无人质疑、因循守旧的被窝里睡大觉。哲学智慧的公式是:熟知不等于真知。因此,掌握了哲学方法,就是拿到了一把开启整个世界的钥匙。

2. 把握科学研究游刃有余的规律

《庄子·养生主》说了一个庖丁解牛的故事:

庖丁给梁惠王宰牛,他挥刀子,只听见哗啦一阵响,牛的骨肉一转眼都分开了,而且,一切声响都合着音乐的节奏,一切动作都比舞蹈还优美。梁惠王问他的宰牛技术怎么会达到这样神奇的境地,他回答说:"我开始宰牛时,只看见一头头圆圆的牛,不知道从什么地方才可以进刀。后来,我研究了牛的自然结构,在解牛时,就用刀分开肌肉中的缝隙,通过骨节间的空道。这一切,都按照牛的具体情况而定,即便熟练到了这种程度,我也从不掉以轻心。每当遇有筋骨交错聚结的地方,见它难解难分,心里就警觉起来,两眼注视一处,动作放慢,刀子轻轻地移动,终于把整头牛分开了。牛的骨节乃至各个组合部分之间是有空隙的,而刀刃几乎没有什么厚度,用薄薄的刀刃插入有空隙的骨节间,对于刀刃的运转和回旋来说是多么宽绰而有余地啊。"

我们所从事的小学教育研究工作,要比庖丁解牛困难得多,但只要我们把握好哲学方法,就能从"庖丁解牛"中领悟到不少哲学理念,不仅在静态中分"解"各种各样的"牛",还能把握在动态中游刃有余的规律,在科研活动中频频告捷。

3. 规避在局部里精雕细刻的错误

有一位同仁曾作过"讨论法是否优于讲解法"的实验研究。他的实验设计似乎很周全,实验过程似乎很严密,实验统计似乎很精确,得出了"讨论法优于讲解法"的结论,并获得了科研成果奖。但是,我们说这个实验研究的结论是错误的,因为他在哲学方法上犯了错误。众所周知,任何方法的使用都是有条件的,如教学的内容、教学的时间、对象的水平、对象的人数、对象之间熟悉的程度等,不能离开这些条件来评价方法的孰优孰劣。实际上,他在向大家作讲座——介绍"讨论法优于讲解法"的实验和结论时,用的就是讲解法。假如他能正确运用哲学方法思索一番,就不会犯开题的错误,更不会做徒劳无功的深耕细作了。

二、思维方法

科学研究的思维方法有分析和综合、比较和分类、归纳和演绎及类比等。

1. 分析和综合

分析,是把整体分解为部分,把复杂的事物分解成简单要素,分别加以研究的方法。综合,则是把对象的各个部分、各个方面和各种因素联结起来加以研究的方法。分析和综合是辩证统一的:没有分析,要认识复杂的资料便无从下手;没有综合,对复杂的资料就不能有完整的认识。我们对于小学教育规律的认识,就是通过"分析→综合→再分析→再综合……"而不断深化的。

2. 比较和分类

比较和分类是建立在分析和综合的基础上的。比较是确定资料之间的差异点和共同点的思维方法。分类,是根据对象的共同点和差异点,把资料区分为不同种类的思维方法。运用比较和分类,可以把研究获得的大量资料条理化、系统化,有助于深化对小学教育规律的认识。

3. 归纳和演绎及类比

归纳和演绎是两种常用的推理方法:归纳,是从个别到一般、由事实到理论的推理方法;演绎是从一般到个别、由理论到确定事实的推理方法。在分析资料时,归纳和演绎是密切结合的:在归纳的基础上演绎,在演绎的指导下归纳。类比,是一种从个别到个别的推理方法。它以比较为基础,根据两种(或两类)资料在某些方法方面的相似或相同,推出它们在其他方面也相似或相同。

4. 系统思维法

系统思维法,就是把研究对象作为系统,从系统的部分与部分,系统与环境的相互联系、相互作用中综合地考察研究对象的思维方法。

三、具体的科研方法

在小学教育科研活动中,常用的方法有观察法、调查法、测验法、实验法和行动研究法等。

1. 观察法

观察,是对处于自然状态下的研究对象进行实地考察,以取得对象的行为表现及他们所处的环境气氛等事实材料。它不仅可以从正常的对象中获取资料,还可以从不能直接报道的对象(如幼儿、哑巴)身上获得有用的资料,它能帮助我们判定研究对象"是什么"和"怎么样"。

2. 调查法

调查,是用提出问题的方式搜集资料,以确定被研究者的性别、年龄、教育水平及其对问题的了解、意见、期望、动机、兴趣、态度、信念等。调查的具体方法有访谈法和问卷法等。访谈法是以口头形式所作的调查;问卷法是以书面形式所作的调查。调查法能帮助我们了解教育现象之间有没有联系。

3. 测验法

测验,是根据研究对象解答试卷的情况,来测量和评定研究对象现状的一种方法。测验法能帮助我们很经济地获取我们所需要的资料,了解研究对象的实际水平,进行相关研究。

4. 实验法

实验,是为了解决某个研究课题,根据一定的教育理论作假设,在对研究对象进行积极控制的条件下,有计划地组织不同水平的教育实践,并经过一定时间后,对实践效果进行分析,从而就假设能否成立得出科学结论的一种方法。实验的具体方法有对照组实验和轮组实验等。

实验法能帮助我们了解教育现象之间是否存在因果联系。

5. 行动研究法

行动研究,是教师及合作者在教学现场实施行动解决教学实践问题的一种研究方法。这种方法关注教学实践,有利于教师生成实践智慧。

此外,还有文献利用、个案研究、教育统计和成果表达等方法,以及以数学、信息论、控制论、系统论等横断科学向教育研究渗透等科研方法。其中的每种方法又可分为更具体的科研方法。例如,教育统计方法从具体应用的角度来看,可分为两部分:一是描述统计。它是通过对所获得的数据的整理(如计算集中量、差异量、相关量等),将大量零散的、杂乱无章的资料精简、概括,从而使其特征清晰明确地呈现出来;二是推断统计。它根据对部分个体观察所得到的信息,通过概括性的分析、论证,在一定可靠程度上推测相应的全体。推断统计方法又可分为对抽样的显著性水平检验和对实验结果的显著性检验这两种基本的方法。

第三节　小学教育科学研究的步骤

教育科学研究是一种创造性的活动,没有一成不变的模式。尽管如此,从大量的教育科学研究的文献中,我们仍然能够分析出教育科学研究有下面这些基本步骤:

一、选择课题

一项科学研究总是从发现问题开始的。问题是指引我们在隐藏着真理的曲折道路上前进的明灯。选定研究课题是小学教育科学研究的第一步。

二、文献综述

这是获取研究资料的方法。文献综述,就是对既往文献的复习、整理、综合,从而系统地认识某一个专题的历史现状、成就以及对未来研究作出展望。因此,确定课题后,文献综述将有助于我们评价课题和发展课题。

三、形成假设

通过文献综述,就有条件对选定的课题作出假设。假设一般包括两个事件或概念之间的关系,用"如果……那么……"的句式来表示。例如,通过对小学生四则运算中各种验算方法的有关资料综述以后,我们可以作出如下的假设——如果我们运用十字验算法,那么小学生四则运算的准确率将会比运用互逆验算法有明显的提高。科学的假设必须具备下列条件:

1. 科学性

假设必须有一定的科学事实作依据,并且需经过一定的科学论证。

2. 预测性

假设的基本思想和主要部分是根据已有的科学知识和科学事实推想出来的,因而是预测性的。它是否正确,尚待验证。

3. 可行性

假设中所包含的事件或条件是可以操纵或测量的。在形成假设时，我们必须以唯物辩证法作为自己的指导思想，注意使自己的思维方法符合唯物辩证法。

四、选择方法

有了假设以后，我们就得考虑选用合适的研究方法。在选择研究方法时，必须考虑到下面几个问题：

1. 这项教育科研要解决的是什么问题

例如，有一些小男孩喜欢打架，常常对另一些孩子有进攻性行为。有人发现：喜欢侵犯同龄伙伴的男孩平时都喜欢看武打电视片。他们想了解：看武打片和孩子的进攻性行为之间有没有联系。于是，他们运用调查法，请家长记录一些孩子在两个星期里观看的电视节目，又请教师把这些孩子在学校里的进攻性行为记录下来。假如发现平时观看武打片次数较多的孩子在学校里的进攻性行为也比较多，那么可以得出一个结论，孩子的进攻性行为与多看武打片有关。

但是，不能得出这样的结论——孩子多看武打片增加了他们的进攻性行为，因为也可能是他们生性好斗所以爱看武打片。因此，要确定孩子看武打片与平时进攻性行为之间是不是存在着因果关系，必须运用实验方法。在实验时，研究者要考虑"控制"问题，要干预一下被试的行为。譬如说，可以找 40 名年龄相同、性格也不特别倔强的孩子，把他们分成平时进攻性行为的次数比较接近、人数相等的两组，让其中一组孩子每天都看一定时间的武打电视片，让另一组孩子每天看相同时间的没有武打内容的电视片。一个阶段以后，如果发现两组孩子的进攻性行为确有显著差异，那么可以推论看武打电视片的确是引起孩子进攻性行为的一个原因。

2. 这项教育科研的条件能不能控制和操纵

从对对象的控制和操纵的程度来看，几种常用的教育科研方法可作这样从低到高地排列：观察方法→调查方法→测验方法→实验方法。

这里，实验方法对条件的控制和操纵的程度最高，因而它能够准确地探明教育现象之间的因果关系，发现教育规律，所以我们应优先考虑使用实验方法。但是，由于种种原因，许多教育科研项目的条件使我们无法加以控制和操纵，因此不能采用实验方法。例如，小学生在学习、游戏中的行为，或是由于条件不易控制，或是由于控制条件会使行为失真。在这种情况下，可采用观察方法进行研究。又如，我们要了解小学生的兴趣、爱好、情感及其对某些问题的态度、意见等，就可以用调查方法。再如，要研究小学生的智力和学科成绩之间的关系，就应考虑到智力是个体特征，它不能被我们随意操纵，所以只能用测验方法进行研究——用标准化智能测验和学科成绩测验来测量某部分学生，然后作智力与学科成绩之间的相关研究。测验方法还能用作发展研究，即追踪一批小学生在一段时间内的变化过程，并记下他们智力上的成长、学业上的成绩、体格上的特征和社交上的成熟程度等。发展研究可以是纵向研究，即测量同一组儿童在不同的年龄(如在 7 岁、8 岁、9 岁、10 岁、11 岁、12 岁)的情况，通过这种研究，来建立小学生成长的常模；也可以是横向研究，它不是测量不同年龄的同一组儿童，而是分别对不同年龄的好几组儿童同时测验,然后把这些数据画成曲线,用以描绘从一个年龄到另一个年龄的成长过程中是否有差异,以及形成差异的原因。

3. 这项研究结果的概括程度有多大

实验方法总是人为地干预、控制被试,简化环境因素。因此,实验条件下学生的行为,往往与现实生活中的行为有一定的距离,使实验结果有时难以推广用来解释现实生活中学生的行为。这说明,我们在选择研究方法时应当考虑研究结果的概括程度,考虑结果进一步推广的范围。如果想了解自然情境下人的行为,那只有牺牲观测的严密科学性,而采用非实验方法进行研究。

至于如何作更细致的选择,则有待在介绍研究方法的各章中加以说明。

五、变量分析

变量,是指数值可以变化的量。例如,每个小学生的身高是变量,每个学生在学习某学科时获得的各次成绩也是变量。

研究方法确定以后,我们应当考虑涉及本研究的各种变量。首先,应当根据假设确定自变量(假定的原因变量)和因变量(假定的结果变量),并且考虑是否或如何加以操纵以及测量。同时,还应辨明涉及这项研究的无关变量,并且考虑能否或如何加以控制。这一切,将在"实验方法"这章中作详细的说明。

六、选择被试

由于种种条件的限制,我们不可能也没有必要对要研究的每个单位都加以研究,而仅仅从中抽取部分单位,使这部分单位能代表全部单位。如果要研究的全部单位的范围是明确界定的,则能增加这部分单位的代表性。如果抽取的单位数过少,则应考虑它是否能代表全部单位的一般特性。如与要研究的全部单位之间十分相似,则抽取较少的单位仍有其代表性。

七、制定方案

一个研究方案一般包括以下三个内容,我们对这些内容都应作出详细周密的考虑。

1. 研究的设计

一项研究设计包括下列三项内容:一是自变量的数目和等级的安排,二是分配被试的措施(仅在实验中),三是对资料进行分析的统计检验。研究设计就是对上述各项作合理的安排,以便经济地、高效率地达到目的。

2. 抽取研究单位的数量

在考虑这个问题时,应当注意两点:一是要满足统计的要求,二是实际收集数据的可能性。

3. 仪器材料的使用

八、资料整理

小学教育研究过程中所能收集到的资料,大致可分为四类:

1. 计数资料

这是按个体的某一属性或某一反应属性进行分类记数的资料。这种资料是数出来的,它用整数表示。例如,有45人赞成。

2. 计量资料

这是用测量所得到的数值来表示的资料。例如,被试的年龄(岁)、体重(千克)、脉搏(次/分)、反应频率(次/秒)、智商(IQ)等可以用数值表示。

3. 等级资料

这是一种描述性的半计量资料。例如被试的能力可分为强、中、弱;被试对某项措施的态度可分强烈赞成、赞成、无意见、反对、强烈反对等。

上述三种资料统称为数据。根据研究的需要,上述三种资料在一定条件下又是可以互相转化的。

4. 描述性资料

这就是非数量化资料。如果只重视数据,而对于实验的条件、过程、观察到的现象以及各种影响都不作记录,这样的结果是不能说明问题的。反之,描述性资料如果没有数据作为客观的尺度,在对它进行解释时也容易产生主观片面的错误。因此在对描述性资料解释时必须小心谨慎。

研究得到的数据应当用统计方法加以整理,制成图表。

九、得出结论

对于获得的结果,我们必须实事求是地给予解释,分析它与假设符合的程度:是否证实了假设,证实了假设的哪些内容,还有哪些未被证实,是否有超出假设或与假设相矛盾的情况。同时,还应分析自己研究结果的精确性与可靠性,并将结果与已有的理论或假设加以比较。通过对研究结果的适用范围和可能存在的问题作实事求是的分析,便可以得出结论了。

十、撰写科研报告

科研报告是对教育科研工作的总结。它概括科研工作的进程,反映科研的成果,体现科研的水平和价值,以及研究者的严谨科学态度,同时也便于科研成果的推广和交流。

第四节 小学教育科学研究的规则

我们从事小学教育科学研究固然要有对儿童的热爱、对科学的追求、对未知的好奇,需要有良好的思维品质、正确的方式方法、勤奋的工作态度和坚韧的研究精神,同时也必须遵守下面这些规则,做到六个尊重。

一、尊重研究对象

儿童是小学教育研究的主要对象。一切研究都必须保护研究对象的尊严、隐私、权利以及敏感性，避免对研究对象造成个人损害。这里的损害有较为宽泛的含义，如人身的、社会的、心理的伤害。儿童由于不成熟，很难评价参与研究对他们意味着什么。无论从生理上还是心理上，儿童都比成人脆弱，都比成人容易受到伤害。因此，在小学教育科学研究中必须强调对儿童权利的保护。

1. 谨慎设计

所有以人为被试的研究方案必须谨慎地进行设计，并根据研究规模和范围的大小，报送相关管理部门审核批准，以最大限度减少对被试造成可能的伤害，并在研究前就有处理这些可能出现的问题的预备方案。如果研究者对研究是否会对儿童造成有害的影响产生疑问，就应该广泛征求有关人员的意见。一旦知道该项研究有可能对儿童造成伤害，研究人员应该改用其他手段或放弃该项研究。

2. 具备能力

研究者应对自己的能力限度有自知之明，要能就自己经过训练、做过准备、已经掌握的那些任务进行研究。若有合适的机会，应争取相关学科教师以及小学实习指导教师的指导，多向研究经验丰富的有识之士进行咨询，避免由于自己研究水平的局限给研究对象带来损害。

3. 征得同意

小学教育科研经常运用定性的方法。这种方法重点放在对研究对象——儿童的观点的理解上，需要征求儿童的态度和意见，要从当事人——儿童的角度看待问题。研究对象应以自愿的方式参与教育科研活动。我们在开展每一项可能会对研究对象产生影响的研究活动之前，必须用浅近的言语，告诉儿童可能影响他们参加该研究意愿的所有事项，同时最好以书面形式取得家长和教师的同意，要尊重研究对象拒绝参加的权利。研究人员应对自己所进行研究的伦理问题负责。问卷调查的资料可以通过不记名的方式获得，并经过综合而得出报告。这种情况通常包含有一种事实上的同意，因为被调查者有拒绝参与（对问卷不作回答）的权利；如果他对问卷作了回答，实际上就意味着他同意了。

4. 严格保密

在收集研究资料时，儿童有权隐藏他们的个人情况；在书写研究报告和进行非正式讨论时，他们也有隐藏个人情况的权利。调查研究的目的是为了掌握具有某特征或持有某意见的人在群体中的比例。即使这样，我们还必须对所获得的资料严格保密。研究项目的负责人有责任检查课题组的所有成员是否都已受到关于保守资料机密的教育。研究人员应尽可能预计到对保密的潜在威胁，在处理隐私问题上，去掉识别符号、使用随机化回答以及统计法等手段，都可以适当地使用。在公布研究资料时，必须充分掩蔽可以认出一个组织或研究对象的迹象。

5. 告知结果

研究者应在适当的时候，用适当的形式，向研究对象报告或交流研究的结果。儿童有权要求研究人员以适合他们理解水平的语言告诉他们研究的结果。

6. 有益处理

如果认定在研究中进行的实验处理是有益的，那么控制组儿童就有权要求在条件许可时也得到同样有益的处理。

二、尊重客观事实

1. 放弃错误

必须警惕这样的危险：一旦假说形成，偏爱可能影响观察、解释以及判断。我们要做的是使我们的愿望符合事实，而不是试图让事实与我们的愿望调和。当我们证明假说与事实不符的时候，就须立即放弃或修正它。有时候，自己绝妙的脑力劳动结果似乎能解释几件先前并不一致的事实，并有作出进一步发展的希望，这时就容易忽视观察到的不协调的现象，或者试图对它作出合理解释。研究人员抱住自己有破绽的假说不放，无视相反的佐证，甚至故意隐匿矛盾的结果，就好比母鸡孵煮过的鸡蛋，无济于事。这不但不能带来收获，而且实际上阻碍了科学的发展。

2. 禁止作假

有些科研人员没有取得科研成果，却千方百计想"出名"，通过弄虚作假、投机取巧等不正当的手段去沽名钓誉，不仅损害了科学的声誉，也断送了研究者本人的前程。

90多年前，英国人多森为了骗取科学上的荣誉，把人的头骨打碎后混入到动物化石和石器中间，又从一个海外归来的水兵手中买了一块猩猩的下颌骨，精心加工后用重铬酸钾溶液和氧化铁染成红棕色，然后偷偷地将它埋在沙层中而后再挖出来。这个赝品曾被英国科学机构命名为"多森原始人"，但是这个骗局在40年后被揭穿了。多森虽然获得了40年的荣誉，可是却永远被钉在科学史的耻辱柱上。

这样极端的例子虽然有限，但是篡改研究数据以凑合自己假说等情况还是屡有发生。这种违背科学良心、违背客观事实制造伪科学的结果，比不科学更有害于人类。

3. 如实发表

研究者必须诚实地、毫无歪曲地描述其研究结果。在研究报告中，一定不能略去必将对研究结果的解释作重大修改的资料。一个诚实的研究者不仅不谎报成果，而且应该充分报道不符合自己观点的事实，指出已经出现的错误，公开更正自己原先发表的科研报告中的错误，以免别人误入歧途。研究者还必须真实地、小心谨慎地作研究结论。严格地说，实验结果有效仅仅是对于实验进行时所在的条件而言，对在受到限制的条件下，所得到的实验结果究竟有多大的实用范围，应作认真的推敲。根据不能予以概括的样本和未经证明的解释所作出的研究，一旦公开发表，潜在着的危害就难以避免。

三、尊重科学规程

1. 准确观察

对事物进行科学的观察，就是要进行最专注的详审细察，必要时要借助摄像。做详尽的笔记和绘画都是促进准确观察的有效方法。如果研究者观察的是短暂的现象，必须全神贯注地进行反复观察，不仅注视而且必须搜寻每一个细节。在观察时，最好把统计学置之脑后，认真考虑观察到的资料中那些最微小的联系所可能有的意义。这是因为对十分有限的素材进行认真观察而得到的发现，其意义要超过将统计学应用于大量素材而得到的发现。

2. 合理解释

解释的谬误往往是由于对因果关系的错误分析造成的。例如：有人曾对习惯于晚上喝咖啡的儿童做过试验，证明如果用另一种饮料代替咖啡，则夜间睡眠更好。人们可能因此认为这种饮料有促进睡眠的作用，但睡得好很可能是因为不喝咖啡的缘故。当用一种新成分取代一种旧成分时，常常会出这样的错误。当两个因素同时成为某一事物的原因时，如果甲因素是普遍存在的，则人们往往轻率地下结论说乙因素是唯一的原因。造成解释错误的另一个原因是人们很容易根据自己的观察和经历来做普遍性的概括，而这种概括往往不是以真正的随意抽样为依据，样品也不具有代表性。要作合理解释必须学习和掌握科学方法。

3. 控制变量

在实验过程中要对无关变量进行控制，这是科学研究的常识。但是，急功近利往往导致有违科学规程的行为，导致无关变量的失控。例如：某校在对问题教学法与传统教学法的对照实验中，校领导感到实验组的学生比控制组的学生进步快，于是经常让实验组的学生代表学校参加校际比赛，经常让前来参观的教师观摩实验组的课堂教学。这样，在实验过程中就增加了"参加比赛"与"接受观摩"这两个无关变量，我们就无法判断实验组与控制组的差异是由于什么原因造成的，是"问题教学法"呢，还是"参加比赛"呢，或是"接受观摩"呢？

四、尊重合作伙伴

1. 达成协议

参加联合研究的人员一开始应就研究分工、经费分配、资料搜集、著作权，以及其他权利和职责达成明确的合作协议。达成的协议，合作伙伴必须共同遵行，并不得由任何参与者单方面作出改变。

2. 通力合作

达成协议以后，课题组成员在独立思考的同时，要扬长避短，通力合作。由于课题组内洋溢着互助的气氛，所以在群体活动时就会发生一种类似共生的作用，就好像生火时必须有好几根火柴才能兴旺一样。听取合作伙伴的建议和意见，得到合作伙伴的关注和鼓励，受到合作伙伴的触发和启迪，都会给课题点燃热情之火，发出智慧之光。孤芳自赏和追名逐利是通力合作的最大障碍，它会破坏合作，使自己与伙伴格格不入，为课题研究带来人为的困难。

3. 相反相成

不仅要尊重课题组内的合作伙伴，还要把与自己进行学术争论的同行也作为合作伙伴加以尊重。法国科学家普鲁斯特和贝索勒为探索"定比定律"整整争论了九年。1806年，普鲁斯特终于发现了这一定律。他在荣誉面前，一再对贝索勒表示感谢，认为正是贝索勒的种种质疑，才使自己的研究更深入。而贝索勒也为在争论中终于找到了真理而高兴，他写信祝贺普鲁斯特，丝毫没有妒忌之情。这表现了他们两人高尚的道德修养。否则，意气用事，抱残守缺，就不可能有成功。

五、尊重知识产权

1. 引用

在报道研究成果时,作者对他所参考、利用的前人成果,以及任何曾经实质上为自己的研究成果提供过帮助的人,有责任给予应有的肯定和感谢。我们有时听到某人在谈话中引用别人的意见就好像是自己的一样,这是对上述规定一种常见的轻微的触犯。严重的不道德行为是:盗窃别人谈话时透露的设想或初步的成果,并加以研究,然后不经许可就予以发表。违反了这种科学道德的人是不易再受信任的。

2. 署名

著作权的署名要求按顺序排列,必须准确地反映在研究和写作过程中所有主要参与者(包括学生在内)所作出的贡献。有一种行为是:一个研究工作的指导者仅仅指导了某项研究,但他的名字排在第一,这样就把研究的主要功劳攫为己有。这种行为是不妥当的。名字排在前面的作者是资格较高的作者,但所谓资格,指的是他在这项研究中负责的工作多,而不是指他担任的职位高。这并不是说老资格的研究人员在研究工作中确实起了作用也不应提自己的名字,最好的办法常常是把自己的名字放在年轻研究者名字的后面。这样,年轻人就不会仅仅被当作是"参与合作者"之一而遭忽视。在年轻作者自己尚未成名时,与资深研究者合作,有助于工作质量的保证。每个研究者都有责任慷慨地对研究工作提出建议和意见,并且通常不应该因给予这种帮助而要求别人表示正式的感谢。

3. 投稿

提交一篇稿子给一份专业杂志,显然有交托该杂志发表的意思。一篇稿子一经提交一份杂志审阅,切不可再投另一杂志。倘若编辑未能在杂志编辑部允诺的期限内(例如,最初交稿的三个月内)提出一定意见,作者就不再受一稿单投规定的束缚了。

六、尊重自身价值

从事小学教育科学研究的人们还必须自尊,尊重自身的价值。特别是工作在第一线的小学教师,因为与儿童的直接接触和融洽亲和,在教育科研方面有其独特的优越条件。为此,要注意知识更新——使自己永远站在教育科学的前沿;要注意身心保健——使自己拥有从事科研活动最重要的基础;要注意时间管理——使自己在利用时间和运筹时间时成为这最宝贵财富的主人。

思考与练习

1. 什么是小学教育科学研究?
2. 什么是小学教育科学研究方法?
3. 小学教育科学研究的基本步骤有哪些?
4. 在选择具体的研究方法时,必须考虑哪几方面的问题?
5. 在进行小学教育科学研究时,要遵守哪些规则?为什么?

第二章 科 学 思 维

第一节 分 析 与 综 合

思维中的分析和综合是客观世界中部分和整体的联系的反映。现将分析、综合的方法说明如下：

一、分析的方法

1. 分析的定义

分析是将被研究对象的整体分为各个部分、方面、因素和层次，并分别加以考察，从而认识事物本质的思维方法。对此，可作这样的理解：

第一，任何事物都不是单纯的和不可分的，而是具有复杂的构成。当我们面临一个研究对象时，思维无法一下子把握其问题的要害所在，这就需要将研究对象加以分解。

第二，在分解的基础上，把事物的各个部分、方面、因素和层次放到相互联系、相互作用和发展变化中去，认识它们各占何种地位，各起何种作用，各以何种方式与其他方面发生相互依存、相互制约又相互转化的关系。这样，才能发现处支配地位、起主导作用的矛盾的主要方面，从而撇开其次要的无关的部分、方面、因素和层次，真正抓住事物的本质。

第三，通过上述活动，就可以使复杂的研究对象简化和明晰化，并将其归结为用已有知识就能解决的可理解的问题，达到科学发现的目标。

2. 分析的类型

各门学科有自己特殊的分析方式，但是各门学科的分析又有共性。分析可以概括为以下这些基本的类型：

（1）定性分析。这是为了确定研究对象是否具有某种性质的分析，主要解决"有没有"、"是不是"的问题。我们要研究某个对象，首先就要研究它所具有的性质，并把它与其他的对象区别开来。

（2）定量分析。这是为了确定研究对象各种成分的数量的分析，主要解决"有多少"的问题。任何事物的成分不仅具有质的区别，而且具有量的区别。有些事物就是因在量上的不同而被互相区别开来的。

（3）因果分析。这是为了确定引起某一现象变化原因的分析，主要解决"为什么"的问题。因果分析就是在被研究对象的先行情况中，把作为它的原因的现象与其他非原因的现象区别开来；或是在被研究对象的后行情况中，把作为它的结果的现象与其他的现象区别开来。

(4) 可逆分析。这是解答下述问题的一种分析方法：作为结果的某一现象是否又反过来作为原因，从而产生原来是原因的那一结果？当这个现象出现后，可逆分析能帮助我们去探讨可逆过程是否成立。这样，科学发现就能以对偶的形式出现，大大开拓我们的视野。

(5) 系统分析。它既是一种动态分析，把研究对象看成是一个发展变化的系统；又是一种多层次的分析，把研究对象看成是一个复杂的多层次的系统。任何教育现象，都是一个系统，都可以分解为两个以上的要素，而且要素和要素之间，系统与环境之间又互相以特定的方式关联着，从而具有特定的功能与运动规律。

3. 分析的规则

要使分析进行得合理、有效，应当注意以下几点：

(1) 分析应紧紧扣住认识研究对象的本质和结构，从而把握研究对象的整体。这是因为事物的整体并不是其部分或方面的简单相加，高层次的内容也绝非低层次的内容的总和。正如黑格尔在《小逻辑》一书中指出的那样："肢体器官只有在它们的统一体里，它们才能是肢体和器官，它们对于那有机体的统一是有联系的，决非毫不相干的。只有在解剖学者手里，这些肢体和器官才是些单纯的机械的部分。但在这种情况下，解剖学者所要处理的也不再是活的身体，而是尸体了。这倒并不是说科学家这种分解工作不应该有，这只是说，如果我们要真正认识有机体的生命，单凭全体与部分之间的外在机械的关系是很不够的。如果应用这种外在的机械的关系去研究精神和精神世界的较高形式，当然更远为不够了。"[①]

(2) 为了认识一个事物的复杂成分，必须将事物分析到构成它的最简单因素，然后分别加以考察。因为只有分析到最简单因素，并认识这些因素在质上和量上的不同，以及它们之间的关系，事物的复杂性才会充分暴露出来。所谓最简单的因素，是相对于研究课题来确定的。

(3) 分析必须是对研究对象的重新认识。这就是说，分析是在原有综合的指导下进行的，人们总是依据一定的理论去分析对象。但是，分析并不是对已有理论的演绎，而是对研究对象作具体深入的研究。

二、综合的方法

1. 综合的定义

综合是将已有的关于研究对象的各个部分、方面、因素和层次的认识联结起来，形成对研究对象整体性的新认识。对此，可作这样的理解：

(1) 综合是以分析的终点为起点的。它在思维过程中表现为与分析相反的行程，但却不是关于对象各个构成要素认识的简单相加，而是要探求各要素之间的联系。然后，朝着解题的目标，按照事物内部结构的关系，以浓缩的形式，把对研究对象各个部分、方面、因素和层次的认识联络组合起来，形成整体性的新认识。

(2) 这整体的新认识，已经不是停留在对事物的表面特征的感性阶段，而是上升到认识事物的结构原理以及运动规律的理性阶段。由于理论的深度不同，综合的水平也不同：初步理论

---

① 黑格尔著，贺麟译. 小逻辑[M]. 商务印书馆，1981：282.

综合是静态的,它探求研究对象在相对静止、相对稳定状态下的整体结构。随研究工作的进一步发展,就有了更高水平的理论综合。这种综合是动态的,它把对象的各要素之间看成是一个多变量的关系,把这个结构整体看成是运动的和变化的,从运动和变化中把握这个结构整体。用这样的理性认识来解释未知现象的原理和规律,就是我们在科研活动中提出来的假说。

(3) 综合的成果经过不断验证,往往导致科学上的新发现。我们要善于分析,更要善于综合。因为正是通过综合,才能为已有的知识过渡到未知的新领域架起桥梁。

2. 综合的规则

由于综合是一个十分复杂的认识活动,目前还无公认的逻辑程序和合理化标准。为了使综合富有成效,我们应当遵守以下规则:

(1) 综合必须与分析相结合。为了综合,就必须对研究对象进行充分的、周密的分析,分别认识对象的各个部分、各个方面的特性以及它们之间相互联系、相互作用的情况。如果离开了科学的分析,就根本不可能有科学的综合。一个综合的成果出现之后,它是否客观实际,是否真实反映了对象的内部联系和特性,还必须用实践来验证。在验证中也不能离开分析,必须使用分析方法才能完成验证任务。

(2) 综合必须创造性地形成关于对象整体的认识。综合作为对对象整体的认识,虽以分析的局部认识为基础,但绝不是局部认识的拼合与累积。综合是一种非常富有创造性的思维活动,它必以某种新观点来统一说明这些局部认识。应当了解,综合比分析更需要想象力。如果不懂得这一点,忽视综合过程朝创造性方向的努力,就不会有什么科研的新成果。当然,综合过程的创造性想象必须以分析研究对象的局部认识为依据,不能胡思乱想。人们在科学实践的基础上,是以"综合——分析——综合"的周期性活动,不断加深对事物的认识。

第二节 比 较 与 分 类

要认识事物的本质和规律,我们不能孤立地就一个事物研究一个事物,而必须去考察它同其他事物的联系。这是因为,一切事物都存在于同其他事物多种多样、错综复杂的普遍联系之中,它们的本质和规律也就会在这些联系中表现出来。要在事物的相互联系中认识事物,就必须对事物进行比较,然后在比较的基础上进行分类。现分别将比较、分类的方法说明如下:

一、比较的方法

1. 比较的定义

比较,是从具有同一性的事物间寻找其差异性,或者从具有差异性的事物间寻找其同一性的思维方法。对此,我们可以作如下理解:

(1) 同一和差异,是在各种事物之间普遍存在的一种客观联系。比较就是在这基础上进行的。

(2) 在科学研究中,比较是一种有目的的有计划的认识活动。比较哪些现象以及对象的哪些方面,都是由科学研究的课题所决定的。

(3) 比较要能看出"异中之同"和"同中之异"。所谓能看出"异中之同",就是要看出表面上有明显差异的事物在本质上有什么相同之处;所谓能看出"同中之异",就是要能看出表面上相同或相似的事物有什么本质上的差异。

(4) 任何比较都不会十全十美。它所作的只是拿所比较的事物或概念的一个方面或几个方面来相比,而暂时有条件地撇开其他方面。

2. 比较的类型

比较的类型按下面几个不同的标准可作不同的划分:

(1) 按属性的数量,可分为按事物的一种属性所作的单项比较和按事物的多种属性所作的综合比较。前一种比较是后一种比较的基础,而只有进行后一种比较,才能达到真正把握事物本质联系的目的。这是因为,在科学认识中,需要比较的往往不只是事物的一种属性,而是事物的两种或多种属性。只有通过这样的比较,尤其是将外部属性和内在属性一起比较,才能认识事物的本质和规律。

(2) 按时空的区别,可分为横比和纵比。横比即空间上的比较,就是将空间上同时并存的事物的既定形态进行比较,从而认识事物的异同。纵比即时间上的比较,就是比较同一事物在不同时期的形态,从而认识事物的发展变化过程。

(3) 按目标的指向,可分为求同的比较和求异的比较。求同的比较聚焦事物与事物的相同点。求异的比较则关注事物与事物的不同点。

3. 比较的规则

(1) 比较须在同一关系下进行。只有从同一关系去比较不同对象或对象的不同属性,这种比较才是合理的,反之就是不合理的。

(2) 比较必须按同一标准进行。没有标准,不能进行比较;标准不同、不精确、不稳定,也不能进行比较。

(3) 必须具备比较的背景知识。在进行纵向比较时不要忘了横向比较,在进行横向比较时不要忽视纵向比较,使横比和纵比始终有机地统一。

4. 比较的作用

(1) 可以对事物进行定性鉴别与定量分析。一事物的质,只有通过与其他事物的比较才能显示出来。要测定某事物的量,也只能同已知的量相比较。

(2) 比较对象的相同与相异,给事物分类。把相同点多而相异点少的对象归属于同类,把相同点少而相异点多的对象归属于不同的类。

(3) 可通过异中求同与同中求异发现规律。在越不相同的对象中探求相同点,或在越相同的对象中探求相异点,它对科学发现的意义就越大。在不相同的对象中探求相同点,往往能概括和抽象出更普遍的规律来;在极相同的对象中探求相异点,也往往能分析出事物各个层次的规律来,而这些都导致科学上的更大发现。

二、分类的方法

1. 分类的定义

分类是通过比较建立集合的方法。它将事物区分为具有一定从属关系的不同等级层次

的系统。通过比较建立的集合,就是"类"。对此,可作如下理解:

(1) 分类方法也是一种从具有同一性的事物间寻找差异,或从具有差异性的事物间寻找同一的方法。只不过,这是指一类事物的集合。

(2) 这个"类",可以是从具有差异性的事物中寻找其同一性而建立起来的更小的集合。

2. 分类的类型

分类作为通过比较建立集合的方法,随比较方法的不同也有两种:一种是以对事物作一种属性的单项比较为基础的分类,我们可以把它叫做"现象的分类";还有一种是以对事物的多种属性作综合比较为基础的分类,我们可以把它叫做"本质的分类"。

现象分类可以帮助我们把知识条理化、系统化,它是本质分类的基础。但现象分类本身还不能揭示出必然性,它只能告诉我们事物是怎样的,而不能告诉我们它们为什么是这样的,更不能告诉我们在什么情况下它们必然会怎么样。

3. 分类的规则

(1) 必须按同一标准分类。分类根据对象本身的某种属性或关系来进行。事物的属性或关系是多方面的,因此分类的标准也是多方面的。我们可以按实践的需要或研究问题的角度来确定分类标准,但是每一次分类只能按照同一标准,否则就会出现分类重叠或分类过宽的错误。

(2) 各子项之和等于母项。各子项都是缺一不可的,否则就会犯子项不穷尽的错误。

(3) 必须按层次逐级进行。分类必须按照一定的层次逐级进行,否则就会犯越级划分的错误。分类随着比较的深化而逐级深入。

4. 分类的作用

(1) 便于检索。分类为人们提供一种便利的检索手段,从而为深入研究创造条件。

(2) 预见指导。正确的分类系统反映了事物的本质特征和内部规律性的联系,因而具有预见性,能指导人们寻找或认识新的具体事物。

第三节　归纳、演绎与类比

在客观世界中,事物的相互联系除了部分与整体的联系、同一与差异的联系之外,还有个别与一般的联系。从个别到一般的推理方法是归纳,从一般到个别的推理方法是演绎,从个别到个别的推理方法是类比。

一、归纳的方法

1. 归纳的定义

归纳是从已知的个别或特殊的知识出发,概括出一般性或普遍性结论的思维方法。换句话说,它是以观察事实的陈述为前提,而以理论的陈述为结论。归纳方法是以下述原理为依据的:如果在各种各样的条件下观察过大量 S 类对象,所有这些被观察到的 S 都毫无例外地具有性质 p,那么就可断定所有 S 类对象都具有性质 P。

2. 归纳的类型

归纳的方法有三种：一种是完全归纳法。它是从所有个别对象或个别事实中归纳出一般结论的方法。由此获得的结论显然是可靠的。可是，由于被研究的同类对象往往多得很难把它们一一穷尽，便无法进行这样的完全归纳。另一种是不完全归纳法。它不要求对全部个别进行概括，只要求从部分个别（或特殊）事实中归纳出一般结论就可以了。这种方法最常用。但是，由于它所得出的一般结论只来自部分事实，所以不能保证这个结论是完全正确的。还有一种两全其美的归纳方法，称为因果联系归纳法，又称为科学归纳法。它是根据事物的因果联系，推出这类事物中所有对象都具有某一属性的推理方法。这种方法既比较可靠，又便于使用，所以在科学研究中广泛应用。下面介绍五种因果联系归纳法：

（1）求同法。在不同场合下考察相同的对象，如果这些不同场合里只有一个共同的条件，那么这个条件就是这种现象的原因。其公式是：

场合	各种条件	被考察的现象
1	A,B,C	a
2	A,D,E	a
3	A,F,G	a

所以，A 是 a 的原因

（2）求异法。如果某种现象在第一个场合出现，在第二场合不出现，且这两个场合中只有某一个条件不同，那么，这个条件就是这种现象的原因。其公式是：

场合	各种条件	被考察的现象
1	A,B,C	a
2	—,B,C	—

所以，A 是 a 的原因

（3）求同求异法。如果在所研究的现象出现的几个场合中，都存在着一个共同条件，而在研究现象不出现的几个场合中，都没有这个条件，那么，这个条件就是这种现象的原因。其公式是：

场合	各种条件	被考察的现象
1	A,B,C	a
2	A,D,E	a
3	A,F,G	a
4	—,M,N	—
5	—,O,P	—
6	—,X,Y	—

所以，A 是 a 的原因

应用这种方法,可以分三个步骤进行:第一步,把所研究的现象出现的那些条件加以比较;第二步,把所研究的现象不出现的那些条件加以比较;第三步,把前两步比较所得的结果加以比较。

(4) 共变法。如果某种条件发生变化,所研究的现象也发生变化,那么,这种条件就是所研究的现象的原因。其公式是:

场合	各种条件	被考察的现象
1	A_1,B,C	a_1
2	A_2,B,C	a_2
3	A_3,B,C	a_3

所以,A 是 a 的原因

(5) 剩余法。如果已知被研究的某一复杂现象是由另一复杂原因引起的,那么,把其中确认是因果关系的部分减去,所剩余部分也必属因果关系。亦即原因的剩余部分,是结果的剩余部分的原因。其公式是:

场合	各种条件	被考察的现象
1	A,B,C	a,b,c
2	—,B,C	—,b,c

所以,A 是 a 的原因

3. 归纳的作用

科学研究的根本任务,就是揭示一般。在科学研究活动中提出假设,要依靠归纳;整理事实材料得出普遍性的结论,也要依靠归纳。

二、演绎的方法

1. 演绎的定义

演绎,是从已知的一般性或普遍性的知识出发,推断出个别或特殊的结论的思维方法。演绎方法是以下述原理为依据的:凡是一类事物所共有的属性,其中每一特殊事物必然具有。所以,演绎推理是必然性推理,其结论是可靠的。

2. 演绎的类型

(1) 公理演绎法。它是由三个简单判断所组成,其中前两个判断叫前提,后一个判断叫结论。其公式是:

所有 M 是 P	M——P
所有 S 是 M	S——M
所以,所有 S 是 P	S——P

其中,S 是小词,在结论中作主项;P 叫大词,在结论中作谓项;M 叫中词,在大小前提中出

现两次,而在结论中没有出现。中词是媒介概念,它宛如一座桥梁,把其他两个概念联结起来,使它们在结论中发生关系。

(2) 假设演绎法。它是以假言判断作前提的演绎推理。假言判断是一种条件判断,即前一个判断存在是后一个判断存在的条件。我们知道,条件有充分条件、必要条件和充要条件之分,因此假设演绎法也有充分条件假说演绎、必要条件假说演绎和充要条件假说演绎法之分,其公式和规则是各不相同的。现列表如下:

推理类型	推理规则
充分条件 假说演绎	有 A 则有 B, 无 B 则无 A
必要条件 假说演绎	无 A 则无 B, 有 B 则有 A
充要条件 假说演绎	有 A 则有 B, 有 B 则有 A

3. 演绎的作用

(1) 公理演绎法可给许多理论命题以相对证明。它可使我们在用实践对理论进行检验之前,对理论作出某种评价,而且也可以促使理论具有严密的逻辑性。

(2) 假说演绎法具有推导、解释和预见等作用。它可以从理论命题推导出事实命题,或是解释已知的事实,或是预见未知的事实,或是如下面框图所说的那样容许科学研究有机会充分发挥想象力去提出假说,并依据科学发现任务的需要去设计实验。

(3) 演绎方法可以从推断的被否定而对解释性理论提出质疑。所有这些都是科学研究中非常基本的活动方式。特别是演绎法论证理论在检验理论中的作用尤其显著,可以说,离开了演绎法,科学研究活动就无法进行。

三、类比的方法

1. 类比的定义

类比,是一种个别(或特殊)的推理,是根据两个(或两类)对象在某些方面的相同或相似而推出它们在其他方面也可能相同或相似的一种逻辑方法。其推理过程首先是比较两个(或两类)不同的对象,找出它们的相同点或相似点。然后,以此为根据,把其中某一对象的已知知识推移到另一对象中去,其公式是:

$$
\begin{array}{l}
A \text{ 对象具有 } a、b、c、d \text{ 属性} \\
\underline{B \text{ 对象具有 } a'、b'、c' \text{ 属性}} \\
\text{所以,} B \text{ 对象可能也具有 } d' \text{ 的属性}
\end{array}
$$

2. 类比的类型

对科学研究作用较大的类比有这么几种类型：

(1) 因果类比。它是依据两个对象(或两类事物)各自属性之间可能存在的类似的因果关系而进行的一种推理。这种类比可用如下框图表示(图中a与b有因果关系)：

$$\underbrace{\boxed{已知 a} : \boxed{已知 b}}_{对象A} \qquad \underbrace{\boxed{已知 a'} : \boxed{可能有 b'}}_{对象B}$$

由于客观事物之间的因果链条是十分错综复杂的，不仅一因多果、多因一果的现象是存在的，而且往往因为具体条件和环境的变化，因果链条的秩序和组合也可能发生变化或变形。因而，在应用因果类比时必须十分注意这些具体条件的作用。

(2) 对称类比。它是依据两个对象(或两类事物)各自属性之间可能存在的类似的对象联系而进行的一种推理。即知道 A 对象有 a 和 b 属性，a 和 b 是对称的，现在又知道 B 对象有 a′属性，由此推论出 B 对象也有与 a′相对称的 b′属性。这种类比也可用上述框图表示，不过图中的 a 和 b 是对称的关系。

(3) 结构—功能类比。任何事物都是有结构的整体，而且整体上表现出来的功能总是与该事物的结构状态息息相关。因而对两类结构上类似的事物我们就可依据其结构上的类似而推出其功能上的类似。这种类比可用如下框图表示：

$$\underbrace{\boxed{已知结构 a} : \boxed{已知功能 b}}_{对象A} \qquad \underbrace{\boxed{已知结构 a'} : \boxed{可能有功能 b'}}_{对象B}$$

3. 类比的作用

科学研究好比攀登一座从来没有人登过的高山，没有熟路可循，只有在已有的基础上一步一步地探索前进，才有希望到达光辉的顶点。在这个过程中，类比借稀少的知识和个别的熟悉现象，却可以探测和推移到未知的陌生对象。具体说来类比有以下三个作用：

(1) 能激发想象。类比推理通过联想能充分激发研究者的想象能力，并使之有明确的方向。

(2) 有启示功能。它能为科学探索提供较为具体的线索，尤其是当研究对象的有关材料知识还不足以进行系统归纳和演绎的时候，类比就起着一个"开路先锋"的作用，帮助研究者提出和形成科学假说。

第四节 信息、控制与系统

信息论、控制论和系统论属于横断科学。这种划分是由于它们横跨自然科学、社会科学、思维科学的缘故。横断科学中的信息论、控制论和系统论都是独立的学科，它们各有自己的理论、概念和方法。在它们自己的研究领域中，按照各自的理论去研究本学科的问题时，它们不能构成一般方法。当它们从横向向自然科学、社会科学、思维科学进行渗透时，开始转化为各学科共同使用的方法,才成为一般方法,才成为我们研究的对象。

系统方法与控制方法、信息方法是联系在一起的。系统方法是一个总的、战略性的方法,它运用整体的、联系的、有序的、动态的观点看待研究对象。控制方法在于提供保持系统稳定性的手段。信息方法在研究过程中则贯穿始终,它从信息强度、信息量、信息质的定量分析来说明系统的变化。反过来,从信息方法的角度看,系统的变化过程是一个信息的传递、转换、处理的过程,是一个信息加工的过程。控制过程是反馈信息的处理过程。所以,在信息论、控制论、系统论中,信息论是基础。从科学方法角度看,从信息方法到控制方法和系统方法,战略意义逐渐增强,而战术意义逐渐减弱。

信息方法、控制方法和系统方法的特点是什么?下面分别加以探讨。

一、信息方法

1. 信息方法的概念

(1) 信息的概念。在我们的日常生活中,信息通常是指具有新内容、新知识的消息。例如:人们在收听广播时听到了一些新闻,也就是接受到了一些信息。同样,人们通过谈话、通讯、电话、电视、书报、文献资料以及接触自然景物和周围环境等途径所获得的新消息,都是信息。事先已经知道的消息不是信息,因为人们不能从中获得新内容和新知识。作为信息,必须是事先不知道其内容的新消息,即具有"能够消除某些知识的不稳定"的性质。

信息作为狭义的科学概念,被定义为"两次不定性之差"。所谓"不定性",就是人们对客观世界不了解、不确定。"两次不定性之差",就是指人们获得新知识之后,改变了原有的知识状态,减少或消除了原先的"不定性"。

信息作为广义的科学概念,被定义为"我们对外界进行调节并使我们的调节为外界所了解时而与外界交换来的东西"。

(2) 信息方法的概念。信息方法,就是撇开具体的研究对象,不考虑研究对象的各种具体物质特性,而是抽象地从结构、有序性、信息的属性上来研究问题,运用信息的观点,把研究对象看作借助信息的获取、传递、加工、处理、内贮而实现目的性活动的研究方法。

2. 信息方法的特点

(1) 信息以物质为载体。虽然信息与物质不可分离,但信息又不是物质本身。信息方法是把载体不同但功能相同的信息当作同一信息。对于同一句话,无论它是手写、印刷、播音、屏幕显示等或由什么人说出来都无关紧要,由于它的效力、功能相同,仍然应该把它看做同一信息。我们可以把小学教育科学研究看成一个信息过程,看成一个信息流的处理过程。这个过程包括信息的获取等一系列阶段:信息的获取与输入(根据选题搜集资料,包括通过各种途径获取新材料);信息的传送(如果是集体研究项目就涉及每个人如何把自己获取的信息汇集起来,通过什么途径或什么方式使信息失真最少;就是个人研究项目也涉及用什么方式积累、汇聚不同时间获取的信息);信息的加工处理(即对汇聚的经验材料进行理性的推理和思考,得出结论或建立假说);信息的输出(即通过适当的方法来检验和证明你的结论或假说);信息的反馈(检验过程中发现结论与假说有什么不足,还需获取什么新的经验材料,通过新的信息加工过程来修正假说,并再次经过检验而成为理论);信息的贮存(研究成果可以用论文、著作等形式发表,或输入计算机内,或贮存在头脑中)。

(2) 信息可作定量描述。信息的大小,可以通过信息强度、信息量、信息质三个特征来表示。

- 信息强度。指对象运动能量中纯载信息的那部分能量。信息强度的大小与纯载信息的电磁波振幅平方成正比。例如:对某个固定的无线电信号,噪声大时信号中用于纯载信息的能量就多,而噪声所对应的那部分能量在一般意义下是没有信息内容的。
- 信息量。指对应于运动的有序性程度。信息量可以用概率论方法建立的数学公式来表达。
- 信息质。指信息内容的区别。例如:一个复杂的计算机系统可以载有很多信息,一个 DNA 分子也携带大量信息,仅仅从信息量的计算还不足以说明其区别,因为前者是无生命的,后者却通过无生命原子的有序排列而表现出生命,所以信息的质可能是不同的。对信息的质可以用突变论来描述。

3. 信息方法的作用

信息是一切组织系统的一种普遍联系形式。信息量的变化,标志着组织系统的兴衰;信息质的特征,反映了系统功能的目标。信息方法把信息概念作为分析问题和处理问题的基础。它完全撇开了研究对象的物质和能量的具体形态,而把研究对象抽象为信息及其变换的过程。因而运用信息方法可以克服研究物质和能量具体形态时的种种局限性。

信息方法以信息传输为线索,通过信息输入、信息处理、信息输出和信息反馈等主要步骤,构成了一个有组织、有秩序的科学研究过程的信息流。信息方法把科学研究过程中所使用的各种研究方法综合成一个相互联系相互作用的整体,形成了科学研究过程的信息流。它不仅可以更好地发挥其他科学方法的作用,而且在新的基础上产生了新的功能。

二、控制方法

1. 控制方法的概念

控制,是指一个系统依据内部和外部条件的变化而进行调整,以克服不确定性,使系统稳定地保持或达到某种预定状态的一种过程。控制方法指的是通过信息处理的能动过程,解决控制与反控制的矛盾,使系统运行处于最佳状态,或保持系统的稳定性,借以实现预定目标的方法。

2. 控制方法的特点

(1) 控制过程是与目的性行为联系在一起的。有一些自然过程是没有目的性的,如夏天的气候引起温度升高,西伯利亚寒流使南方降温,这都无法说成是太阳对地球的控制,也无法解释成一种控制过程。

(2) 控制方法是处理随机性事件的方法。机械决定论的方法只研究必然的规律性,无视现实世界的偶然性,把必然与偶然对立起来。但是目的性的过程不可能只重复某种单调的机械动作,它需要根据周围环境的变化随时调整自己的动作,因此,控制论研究的对象所接受的信息带有某种随机性和很大的偶然性。控制方法，就是对这些随机的偶然的事件进行处理的方法。

（3）实施控制必须有施控与受控两个方面。控制方法的实施必须有施控者与受控者两个方面，任何控制作用都是通过施控对象向受控对象输入信息而实现的。

（4）控制对象的目的性行为可用反馈来实施。控制方法的实质是一种行为方法。它只考虑受控对象的动作方式，而不管它是机器还是人。这些动作行为的目的性是通过反馈来实现的。

3. 控制方法的类别

控制论不仅为我们揭示了技术、生命、社会各系统之间共同的控制规律，而且它在许多方面冲破了传统的思维方式和研究方法的束缚，为现代科学研究提供了一套崭新的科学方法。下面就是常用的三种方法。

（1）以黑箱探奥秘。在人类认识世界、从事科学研究的时候，常常会遇到这样的情况：有一些我们所要认识或控制的客体，由于种种条件的限制，其内部的结构一时不能够（不允许或不容易）被我们直接观测到，仿佛是一个既不透明且又密封的箱子，其复杂的结构和神妙的机理珍藏其中，人们无法从外部或无法直接探察其内部的奥秘。例如：人类思维着的大脑、被跟踪观察的儿童、动态发展中的人口等，都是一只只黑箱。探察黑箱奥秘有这么三个步骤：

一是界定和相对孤立以确认黑箱。即把所要研究的对象看成是一个整体，把它相对地从其环境中孤立出来；把研究对象所受到周围环境的影响看成是经过特定通道实现的"输入"，把研究对象对周围环境的作用看成是经过特定通道实现的"输出"。根据研究对象的性质和研究目的，划定了研究对象与周围环境的边界，选定了对象与环境的相互联系的特定通道，确定了对象的一组输入和输出，就意味着一个黑箱的确立。

二是观测和主动试验以考察黑箱。对黑箱的考察可以采取直接观测的办法，在对系统不加干预的情况下测量系统的输入和输出，去研究系统输入—输出状态变化的记录。也可以采取主动试验的办法，人为地在系统的输入端加入某种典型的测试信号，然后再观测对应的输出及其变化。通过这种方式获得对象的功能特性和内部结构的大量信息，并作为认识黑箱的根据。

三是认识和建立模型以阐明黑箱。即利用系统输入、输出的观测试验的数据，以及原有对系统的知识，建立关于研究对象的模型（框图模型、动态登记表、数学模型等），然后据此对系统的功能特性进行定性、定量和静态、动态的分析评价，对系统的未来行为作出某种预测，对系统的内部结构和机理作出某种推测和假说。

黑箱方法强调从整体、从整体与外部环境的联系中认识事物，而不去深究其内部结构和局部细节。这是它的长处，也是它的不足。应当把黑箱方法与其他科学方法结合起来，取长补短，相得益彰。

（2）以模拟重功能。这条途径的着眼点，不是原型的结构，而是功能，即在未弄清原型内部结构和机制的情况下，仅仅根据模型与原型在行动和功能上的相似来实现对原型功能的模拟。因而这种方法取名为功能模拟法。功能模拟法在建立模型时，或者要求模型与外界的功能联系（即模型的输入输出之间的关系）必须同构于原型与外界环境的功能关系（即原型的输入输出之间的关系，可以通过黑箱辨识方法来取得）；或者要求模型与外界环境的功能联系必须同态于原型与外界环境的功能联系，即建立模型时可以简化（例如减少所考虑的坐标个数，或比较粗糙地估计系统变量的值），使描述原型功能的一组元素由描述模型功能的一个元素反映出来（例如电子计算机只是模拟大脑的一部分功能，它只是大脑的同态模型）。这样，我们可以通过对模型的研究来认识原型本身；还能用功能模拟方法来研制某些技术装置，以代替原型去执行某些功能。

（3）以反馈谋控制。把系统的输出经过一定的通道再返送到输入端，从而对系统的输入和再输出施加影响的过程，就是反馈。反馈分为两类：如果反馈是倾向于加剧系统正在进行的偏离目标的运动，使系统趋于不稳定状态，它就是正反馈；如果反馈是倾向于反抗系统偏离目标的运动，而使系统趋于稳定状态的，则是负反馈。一切有目的的行为都可以看作需要负反馈的行为——负反馈是对过度的校正动作由一个方向相反的校正动作来补偿。例如：操纵汽车驾驶盘，当发现太靠左了，就向右作一个校正；当向右校正过度，则再向左校正。反馈不足造成运动失调，反馈过度则造成振荡。

反馈控制的特点是仅仅根据受控量的实际情况与我们的要求之间的偏差来实施控制。它所用的是关于扰动对被控量影响的信息，它只要测量扰动对被控量所造成的偏差的信息，而不去追求引起偏差的具体原因是什么。这一特点，使得反馈控制方法比起别的方法来显得特别简单、经济而有效。

三、系统方法

1. 系统方法的概念

（1）系统的概念。系统是由若干相互联系相互作用的要素（或子系统）构成的具有特定功能和运动规律的整体。任何自然现象和社会现象都是一个系统，都可以分解为两个以上的要素，而且要素与要素之间、要素与环境之间又互相联系着，从而具有特定的功能与运动规律。

系统具有如下几个基本特征：一是系统必须包含若干组成部分。也就是说，系统是若干组成部分的集合；二是这些组成部分是相互制约、相互作用、紧密地互相关联着的；三是这些相关的部分又是以一定的有序结构在系统内部结合在一起的；四是这种有序的结构使系统构成一个统一的有机整体，并决定结构的状态；五是这个处于一定状态的有机整体，具有不同于它的各个组成部分的总体功能；六是由于任何系统又都是构成一个更大系统的组成部分，这个更大的系统就成为它的环境，它要随着环境的变化而变化，以保持与这个更大系统的适应。

（2）系统方法。系统方法是从整体（全局）观点出发，综合运用现代科学技术和先进工具，精确地、定量地考察系统与要素之间、要素与要素之间、系统与环境之间的关系与联系，以便取得最优效果的方法。

2. 系统方法的原则

（1）整体性原则。任何系统虽由若干部分（要素）构成，但在功能上又与构成它的部分（要素）迥然不同。系统的功能不等于各部分（要素）功能的总和，这就是整体性原则。整体性原则要求人们牢固地树立起全局观念,始终把对象看作一个有机整体。用什么要素或子系统构成系统,怎么样构成这个系统,都要有利于系统整体功能的发挥;如果要素与要素之间、要素与系统之间存在矛盾,那么局部要服从整体,要有利于整体的协调运转。这样才能做到整体大于它的各部分总和。

(2) 联系性原则。系统的结构联系对于系统功能起着关键性的作用。所谓系统结构,就是系统要素之间相对稳定的相互联系相互作用的方式。在要素已经确定、环境影响不变的情况下,巧妙地安排系统的时间结构与空间结构,就能直接改变系统的功能。因此,只有系统结构好,系统功能才能好;只要系统功能好,对元素的功能则不必苛求,甚至为了确保系统的整体功能,宁可牺牲一些元素或局部的功能。这样的事例比比皆是:高明的棋手深知在空间上的布局和走向在对弈中的重要性,有时作局部的弃子而取得全局的胜利;金刚石与石墨的构成元素都是单质碳,但因结构各异,两者的性能就截然不同。

(3) 最优化原则。最优化原则是指人们从多种可能的方案中,选择出最优的系统方案,使系统具有最优功能,表现出最优行为。

(4) 综合性原则。综合性原则是指知识和技术的综合运用。现代化的系统涉及面广,有技术因素、经济因素、社会因素等,因此要设计出一个顾及各个方面要求的系统,需要综合运用各种知识。

3. 系统的思维方法

系统思维方法,是把研究对象作为系统,从系统的部分与部分,系统和环境的相互联系、相互作用中综合考察研究对象的方法。它对我们提出如下要求:

(1) 把系统作为认识的出发点。这就是说,必须在对系统整体有充分理解的基础上提出整体目标。然后,分析系统的各部分及其相互关系,提出满足整体目标的条件,再提出能够创造条件的各种方案,最后选择最优的方案加以实施,以实现整体目标。

(2) 从整体着眼对部分作分析。系统思维方法是为了把握整体的性质和功能而分门别类地研究部分。如果我们缺乏对部分作深入细致的分析,就不可能了解影响系统功能的到底是部分素质问题,还是结构原因;在结构或素质方面,又是哪一些更为具体的原因影响了整体的功能。找到了影响系统功能的原因,才能提出解决的方案。这样,部分分析就居于对整体认识的中间环节。

(3) 构成的各部分要齐全、优良。在对部分作分析时,要从整体上看构成系统的各部分在量方面是否齐全,在质方面是否优良。在我国历史上,刘邦就曾经这样分析自己那个领导集团——

> 张良以运筹帷幄见长,萧何以治国安民著称,韩信有带兵打仗之帅才,而自己则有知人善任的高明。

从中可以看到,刘邦之所以能打败项羽,是因为他的领导集团有运筹帷幄、治国安民、带兵打仗这三方面人才密切配合,充分发挥了作用。如果缺了哪一方面的人才,或是哪一方面人才不能充分发挥作用,都有可能导致失败。

（4）从系统功能反视它的结构。系统虽然是由各个部分组成的,但系统整体大于部分之和,系统的性能会由系统序列的不同而不同,系统的结构是否优化,可以通过考察系统的功能来反视。这是因为功能是系统内部结构的外部表现:通常,系统功能优化,表明结构是优化的;反之,则表明结构是非优化的。从系统的功能反视结构要注意两个问题:一是功能是否最佳,不能只看到结构上的原因,而忽视构成系统的各部分的质量;二是功能对结构的反视只能是近似的、相对的,这是因为功能在受系统结构影响的同时,又受到了系统周围环境的干扰。

（5）从系统结构优化系统功能。当发现系统功能不够理想,并考虑怎样使它优化时,对系统的构成部分及其结构都要重视,但要更侧重于系统的结构。这是因为系统的组成部分一般都作为既定的条件已客观地存在着,但结构却可以通过主观的努力来改变和创造,从而追求系统结构的优化,以弥补组成系统的部分在数量和质量方面的不足和缺陷,争取系统的最佳功能。田忌赛马的故事就可以说明这一点。

  战国时,齐王每年必与田忌赛马,将马分上、中、下三等,每个人从同等马中选一匹共赛三轮,每轮败者输千金。由于在各等马中,齐王的马都比田忌的好,所以田忌用孙膑的计策,以下等马对齐王的上等马,以上等马对齐王的中等马,以中等马对齐王的下等马。结果一负两胜,田忌反而赢齐王千金。

在这时,比赛的六匹马构成了一个系统,每方、每轮又构成其子系统。孙膑这一计策的绝妙之处就在于:他并没有改变系统的任何部分,而只是改变了它们之间的结构(对垒方式)。

（6）将具体系统置于更大系统中考察。不识庐山真面目,只缘身在此山中。在系统中看系统,往往看不清楚,也不能真正解决问题。若把系统放在更大的系统范围中去认识,在更广阔的背景上俯视系统,就像坐直升机看庐山,那就能看出它的"真面目"来了。

（7）动态中实现系统结构优化。系统结构随着系统的发展而变化,系统运动的绝对性决定了系统结构优化的相对性。系统结构遵循着"优化→非优化→再优化"的运动方式变化着,如果随着系统的发展,它的功能不能满足人们的要求,甚至起着相反的消极作用,我们就得创造条件打破系统的有序结构,使之成为向新的优化结构过渡的无序状态。不了解结构优化是相对的道理,而一味保持它,最终可能导致保守和僵化。当然,如果系统结构的优越性还能发挥时,就过早打破系统的稳定结构,或在该打破时没能找到适当时机,没有采取适当的方式,没能构建优化的新系统结构,都会造成系统不应有的混乱和振荡。

（8）改善关键部分以控制系统。下图演示的是教育中呈恶性循环状态的封闭系统,是急需打破的稳定结构:

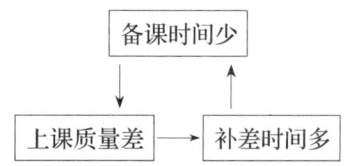

为了解决这个矛盾,我们可以把"备课"作为一个关键的部分,花大力气想方设法提高备课质量,这样就能提高上课质量,从而减少补差所费的时间,以腾出更多的精力来备好课。就这样,变恶性循环为良性循环,对系统实现了自觉的控制,达到了优化的目的。

> 思考与练习

  1. 分析和综合、比较和分类、归纳和演绎及类比,分别反映了客观世界中事物之间怎样的联系?

  2. 举例说明分析有哪几种基本的类型。

  3. 举例说明比较和分类的规则。

  4. 在小学教育科学研究中经常应用哪五种因果联系归纳法?分别举例说明在哪一种情况下该用哪一种因果联系归纳法。

  5. 充分条件假说演绎、必要条件假说演绎和充要条件假说演绎的推理规则有什么不同?

  6. 信息方法有哪些特点?怎样理解以反馈来谋求控制?系统的思维方法对我们提出了哪些要求?

第三章　课题选择

第一节　排除障碍　提出问题

一、提出科学问题的意义

确定选题,先要提出问题,提出一个问题往往比解决一个问题更重要。因为进行科学研究,就是找问题,没有问题就没有了研究的对象。从这个意义上讲,提出一个问题甚至比解决一个问题更重要。解决一个问题是一个战术性的任务,而提出新的问题、新的可能性,从新的角度去看旧的问题,却需要远见卓识,需要创造性,是在完成一个战略性的任务。这类任务的相继完成,标志着科学的真正进步。

二、提出科学问题的障碍

提出问题的意义可能已经众所周知,提不出问题的苦恼也缠绕着不少有志于攀登科学高峰的人们。究其原因,可能有如下四个方面:

1. 缺乏实践经验

有不少本科在读的师范生很想在学习期间就开展一些科学研究活动,撰写一些论文,就是苦于提不出问题。对此,建议他们尽量抽出时间到学校去参加各种实践活动。"问渠哪得清如许,为有源头活水来。"教育中的种种矛盾,是问题的源泉。脱离了教育实践,就什么问题也提不出来。这正如心理学家巴甫洛夫对青年科学家谈如何进行科学创造时说的那样:"鸟的翅膀无论多么完善,如果不依靠空气支持,就决不能使鸟体上升。事实就是科学家的空气。没有事实,你们就永远不能飞腾起来,没有事实,你们的'理论'就是枉费心机。"

2. 缺少理论学习

一些多年从事教育工作的老教师想写论文,也常常为提不出问题而煞费心机。这是什么缘故呢?我们认为除了遇到心理障碍之外,主要是因为忙于教育工作,缺少理论学习,不能从理论的高度去发现教育中大量存在的实际问题。因此,建议广大教师抽出宝贵的时间去钻研教育理论,把理论的高度和实际的深度结合起来。这样,我们的面前就会展现一个新的天地,会发掘出更多更有价值的问题。

3. 遇到心理障碍

照理,我们既学习了教育理论,又深入了教育实际,就会产生新知与旧知的矛盾,就能提出有研究价值的问题,但是还有人提不出问题,这就很可能遇到了心理障碍。提不出问题的心理障碍大致有这么三个：

(1) 思维定势。思维定势会使人们习惯成自然，对身边的问题熟视无睹。正如俗话说的那样："人鲍鱼之市，久而不闻其臭；入芝兰之室，久而不闻其香。"

(2) 从众心理。从众心理会使人们盲从集体舆论，人云亦云，亦步亦趋。大家怎样工作、学习、生活、思想，我也怎样工作、学习、生活、思想，从没有看到周围有什么问题缺陷，从没有想到自己可以标新立异，从没有想到现在应该改革创新。这样，怎么能够提得出问题？

(3) 迷信权威。迷信权威会使人们不敢怀疑，不敢质疑，不敢存疑：专家学者的话是权威，只能信奉，不能违背；教科书上的话是权威，只能学习，不能逾越；上级领导的话是权威，只能照办，不能犹豫；优秀同事的话是权威，只能赞同，不能否定……凡此种种，就什么问题也提不出来了。

4. 没有掌握要领

有了实践经验，有了理论基础，消除了心理障碍，仍然可能提不出问题，这是因为可能还不得要领——不知道提问的原则，提问的维度，提问的角度，不知道从哪里切入。

三、提出科学问题的维度

发展科学的道路，不是"求同"，而是"求异"。求异，就是探索现成理论所没有发现、没有概括、没有解释的问题。求异，才能探索真理。科学史上的一切发现，一切发明，都是"存同求异"的结果。提问有哪些维度呢？主要有理论的维度、实践的维度。这两个维度的交织，就形成了这么几个方面：

1. 理论上没有研究过的问题

这类问题要求我们填补空白，在新的领域里进行探索性研究，发现和解决这类问题是一种具有高度创造性的工作。

2. 理论上还有待进一步研究的问题

这类问题，前人已经作过研究，但结论不妥，或者还有进一步探讨的余地。我们可以在前人研究的基础上进行发展性研究。

3. 理论上有分歧的问题

有些分歧，一直没有统一，甚至现在还存有争鸣。对这类问题进行研究，要在众说纷纭的基础上，拿出自己的意见，要有新的突破。

4. 实践中普遍存在的亟待解决的问题

这类问题来源于开创性的工作，既没有解决的原则，也没有解决的办法，是实践的空白，非常需要我们全身心地投入，去研究解决。

5. 实践中有不同做法的问题

这类问题有的认为这样做好，有的认为那样做好，各执己见，莫衷一是。对此，我们就要研究在什么条件下怎么做效果最好。

6. 实践和理论有矛盾、有冲突的问题

这类问题，有的在实践上好像行得通，在理论上却讲不通；有的在理论上讲得通，在实践上却行不通。实践和理论的脱节,实践和理论的矛盾,实践和理论的冲突,说明这类问题要么在理论上有待充实,要么在实践中有待完善。这就值得我们加以研究。

四、提出科学问题的角度

提问的维度还可以具体化为提问的角度。例如:

1. 雪中能不能送炭

例如,在教育质量的评价活动中,对类似作文、说话、造句、写字、画画等主观性作业的成绩,对类似情感、意志、行为、习惯、态度、兴趣、爱好等倾向,很难作出客观、公正、准确的评价。因此,教育质量的提高与否就很难评定,教育实验的被试就无法配等组,教育实验的效果就无法测定。针对这些问题,我们就可以提出:能不能制作评价这些项目水平的量表?

2. 锦上能不能添花

例如,谁都知道写诗、歌、词、曲和散文的语言,不仅要简洁、和谐、熨贴、自然,而且要声情并茂、朗朗上口。为了给作者在讲究声律时提供方便,隋代编了《切韵》,南宋编了《佩文诗韵》,明代编了《洪武正韵》,1964年中华书局编了《诗韵新编》。但随着读音的变化、普通话的推广、现代词汇的丰富,这些韵书都已跟不上需要。再说,《诗韵新编》的例词只是略举,没有分词性,没有标平仄。因此,是否可以再编一本《诗文今韵》,来一个锦上添花?

3. 事半能不能功倍

例如,某位特级教师经过"A—B—C—D"这四个环节,使整堂课的教学获得了成功。对此,我们可以思考:是不是这一类课都得有 A、B、C、D 这四个环节?其中哪些环节可以省略?假如确定只需要"A—B—C"三个环节,那么每个环节的分量该多少?考虑一下事半能不能功倍?

4. 常中能不能有变

例如,有的教师对某学科的某种类型的课作了深入研究,研究出了它的基本的课堂教学结构——知道它是由哪几个部分组成的,这几部分是按怎样的比例搭配的,按怎样的顺序排列的。这是这类课教学的常式。有了这个常式,广大教师在教学中就有规律可循。但常式不等于固定不变的模式。我们还可以研究:它有没有变式,在什么条件下遇到什么问题该怎样随机应变?

5. 移花能不能接木

例如,能不能将保加利亚心理学家、生理学家洛扎诺夫提倡的暗示教学法,应用到中国的外语教学中来?外语教学的经验或数学教学的经验能不能应用到语文教学中来?课外活动的经验能不能应用到课堂教学中来?国外企业管理的技巧能不能应用到教育管理中来?他山之石,可以攻玉。移花接木极有可能改良品种,结出教育改革的硕果。

6. 相反能不能相成

遇到两种相反的理论或者相反的教法,我们可以思考:这种对立是否能够统一,相反能不能相成?例如,在小学作文教学中,有的主张模仿,有的主张创造,能不能把这两者结合起来,指导学生创造性模仿,使其两全其美呢?

7. 天衣是不是无缝

例如,指导小学生写毛笔字,一般都按照"描红——仿影——临摹"的程序进行,简直是天衣无缝。但天衣真的无缝吗？"描红"和"仿影"这两个步骤的功能有什么区别呢？如果没有什么区别，能不能合而为一呢？又如，通用的小学教材，总是把除数是一位数的除法、除数是两位数的除法、除数是三位数的除法分为三个单元教学，这似乎是不容置疑的。但有的教师却把这三部分教材作了比较，认为：除数是一位数的除法可以用乘法口诀直接求商，除数是两位数的除法需要试商，除数是三位数的除法和除数是两位数的除法的演算步骤及试商方法相同，只是数目较大而已，于是他想：能不能把这两个同质教材调整为一个有机结合的部分？

8. 多多是不是益善

某些学校领导为了加强教育管理，制定了许多规章制度，提出了许多具体目标，进行了许多次检查、验收、评比。有些教师为了提高教育质量，向学生提出了许多要求，对他们讲了许多道理，布置他们做了许多练习，组织他们开展了许多竞赛。对此，我们可以思考：多多是不是益善？怎样做才适度呢？

9. 怎么样择善而从

例如，我们在书店看到书架上陈列着不少毛笔字帖，字帖中字的编排方式有好几种：有的是按偏旁部首编排，有的是按诗文内容编排……推敲一下，字帖按偏旁部首编排，可能是为了让学习者在学写时依此类推，便于掌握；字帖按诗文内容编排，可能是为了让学习者在学写时引起兴趣，乐于练习。对此，我们可以提出：究竟哪一种编排方式效果更好？我们可以择善而从。

10. 怎么样因势利导

例如，现在不少青少年的个性特别强，对民主、平等的要求特别高，对老师、家长的辩驳特别多，对管理、约束的逆反心理特别强。这使不少学校、教师、家长感到不协调，感到很别扭，感到很棘手。对此，我们可以提出：怎么样因势利导，帮助他们实现角色的转换——从被管理者转换成管理者，实行自主、自立、自治、自理。

凡此种种，不一而足。只要我们排除障碍敞开思想，就能从不同角度提出各种问题来。

第二节 分析问题 提出假设

研究课题来自于问题，但不是所有的问题都可作为研究课题，能作为课题的问题，必须是科学问题。为此，我们就得对提出来的问题逐一评价，看看哪些属于科学问题。作为一个科学问题，必须符合这么三个要求：一是问题的前提必须科学；二是问题的答案必须存在；三是问题的范围必须限定。假如用这三个标准去衡量"怎样提高小学毛笔字教学的质量"这个问题，显然，它是一个科学问题。也就是说，这问题的外延和内涵都是明确的，界定是清楚的，内容是具体的，是能够纳入教育科学的知识体系中加以研究和处理，并估计最后是能够得到解决。否则，以"怎样发明永动机"式的问题作课题，即使十分诱人，也会使我们徒劳无功。

对于科学问题，我们还必须作种种分析，然后才能提出解决问题的假设。

一、分析问题

就以"怎样提高小学毛笔字教学的质量"这个问题为例，可以作如下的分析：

1. 对问题作定性分析

这就是要分析：小学的毛笔字教学是不是一定要保证质量？小学的毛笔字教学是不是普遍存在质量不高的问题？如果是的话，那就需要提高，就需要研究怎样提高。

2. 对问题作定量分析

这就是要分析：究竟有多少小学生的毛笔字写得不好？有多少小学生的毛笔字写得好？他们各占学生总人数的多少？如知道有一定数量（或比例）的小学生写不好毛笔字，还得分析他们写不好到什么程度（可以划分为几个等级）？各种程度（等级）的人数有多少？作了这样的分析，我们才能对这个问题有更深入的了解。

3. 对问题作系统分析

如前所述；系统，是指由相互制约、相互依存、相互作用的若干部分和要素，以一定的结构组成的具有某种整体状态和整体功能的有机联系的统一体。因此，要对这问题作系统分析，就得先分析出这问题是由哪几个部分或要素组成的，也就是说要分析"小学毛笔字教学质量不高"表现在哪些方面？经过分析，结果如下：

① 不少小学生没有学会正确的执笔姿势；
② 不少小学生没有学会基本笔画的写法；
③ 不少小学生没有安排好字的大小位置；
④ 不少小学生没有搭配好字的间架结构；
……

然后，再分析一下这个问题的几个方面是怎样互相影响、互相联系的？其中，哪一方面的问题是主要的，而整个小学生毛笔字教育质量问题又是怎样受到教育大环境，甚至是社会大环境的影响的？

4. 对问题作原因分析

作了上述分析以后，还得分析造成小学毛笔字教学质量不高的种种可能的原因。分析的结果如下：

① 选用的字帖不合适；
② 教学的方法不科学；
③ 教师基本功不扎实；
④ 学生的兴趣不浓厚；
……

诚然，上述这些原因只是我们主观分析出来的，所以只是一种假设，它是不是符合客观呢？还有待于我们研究证实。为此，我们把这些分析出来的原因与提出的问题联系起来，就能组成研究课题：

① 选用的字帖与毛笔字教学质量的关系研究；
② 教学的方法与毛笔字教学质量的关系研究；
③ 教师基本功与毛笔字教学质量的关系研究；
④ 学生的兴趣与毛笔字教学质量的关系研究；

……

在对问题作原因分析时,要注意这么几点:一是尽可能把所有的原因都分析出来,而不要遗漏。二是分析出来的各个原因之间应是并列的关系,而不是从属关系等。例如,有位教师把"小学毛笔字教学质量不高"的原因分析为:①选用的字帖不合适;②字帖的编排不妥当;③字帖的字体不合适……其中原因②和原因③都是从属于原因①的,所以可以不把它们列出来,而在研究的过程中再细化。三是要结合系统分析来进行原因分析,并且把诸多原因中,哪些是主要原因,哪些是次要原因也作为一个课题来研究。

对问题有了透彻的了解以后,才能提出解决问题的假说。

二、提出假说

1. 科学假说的定义

科学假说是根据已知的客观事实和科学知识,对未知的客观对象及其规律作出的假定性说明,是以提出假设来对所研究的问题作出尝试性解决的知识形式。一个新的事实被观察到了,它使得过去用来说明和它同类事实的方式不中用了。从这一瞬间起,就需要新的说明方式——假说。它最初仅仅以有限数量的事实和观察为基础。同时,假说形成之后,它又成为科学理论知识的一种形式。从科学理论发展过程来看,假说是科学理论知识的初级阶段,当它经受住了时间的检验之后,便发展成为理论。因此,作为知识形式,假说是我们在科学认识中达至真理的阶梯。我们对各种相互联系作系统了解的需要,总是一再迫使我们在最后的、终极的真理周围,造起茂密的假说之林。为了进一步理解什么是假说,让我们看一个事例——

1910年的一天,年轻的德国气象学家魏格纳正躺在病床上,目光转向墙上挂的一幅世界地图,无意中发现:非洲西海岸线同南美东海岸线竟如此吻合,以至像一张撕碎了的纸,可以重新把它们拼合起来。这难道是偶然的巧合吗?不!魏格纳脑海里闪现出一个念头:两块大陆原是一整块,从前它们之间并没有大西洋,只是到后来才破裂、漂移而分开,形成现在的位置。为了把这种朴素、粗略的观念变成严密的理论体系,魏格纳毅然把自己的专业与兴趣从天文学、气象学领域转移到地质学方面来,并开始穷搜博览。经过紧张的研究,1912年,他发表了第一篇关于大陆漂移的论文——《大陆漂移说》。从此以后,这一研究工作向纵深发展,虽受第一次世界大战的扰乱,也始终没有中断。到1915年,他终于收集到了地层构造、古生物地理、古气候等方面的证据,从而写成一度风靡全球的代表作——《海陆的起源》。此书的发表,标志着完整的大陆漂移假说的正式诞生。1920年,随着研究的深入,魏格纳把《海陆的起源》修订再版,1922年修订三版,1929年修订四版。为了从大地测量方面获得精确的佐证,1930年,他不畏严寒险阻,第三次踏上冰天雪地的格陵兰岛进行实地考察。该年10月30日,正值他50岁诞辰,由于心脏病猝发,他在狗拖的雪橇上以身殉职了。此地此时的气温是零下65℃!

因为当时魏格纳掌握的证明资料尚不足,特别是对大陆漂移的驱动力没有得到满意的解释，更由于传统的保守势力还甚嚣尘上，大陆漂移说被斥之为"大诗人的梦"而消沉了。

但是，"凡是合理的都是现实的"。到了20世纪60年代，沉默了近30年之久的大陆漂移说又焕发了青春。由于海洋科学和地球物理探测手段的发展，相继出现了"海底扩张说"和"板块构造说"。它们继承了大陆漂移说的思路和成果，显得更加科学和完善。1968年，美国学者伊萨克斯等把大陆漂移说、海底扩张说、板块构造说三者结合起来，建立了"新全球构造论"，又把上述假设向前推进了一步。我国著名的地质学家李四光运用力学和地质学的理论，吸收了魏格纳大陆漂移说中地壳水平运动的思想，又细心考察了国内外地质事业的经验，特别是我国地质构造发育的生动材料，创立了别具一格的新学科——地质力学。

这个典型事例具体而生动地说明了科学假说具有这么四个特点：

(1) 发现事实。魏格纳提出"大陆漂移说"这个假说，是由于他发现了世界地图中非洲西海岸线同南美东海岸线非常吻合的事实。如果魏格纳没有发现这个事实，就提不出"大陆漂移说"这个假说。人们在实践中发现了新的事实，而这些事实却是已有理论和假设所无法解释的，这时新的假说就会应运而生。因此，以敏锐的眼光捕捉新事实或抓住有意义的材料，是提出科学假设的必要条件。

(2) 作出猜测。魏格纳发现非洲西海岸线同南美东海岸线非常吻合这个事实之后，就作出这样的猜测：两块大陆原是一整块，从前他们之间并没有大西洋，只是到后来才破裂、漂移而分开，形成现在的位置。假说就是这样在灵感、直觉中闪现出来，或是用归纳、类比的方法推衍出来的。

(3) 言之成理。魏格纳作了"两块大陆原是一整块，从前它们之间并没有大西洋，只是到后来才破裂、漂移而分开，形成现在的位置"这样的猜测之后，开始穷搜博览。经过紧张的研究，终于收集到了地层构造、古生物地理、古气候等方面的证据，从而写成《海陆的起源》一书，完整地提出了大陆漂移的假说。魏格纳用"大陆漂移说"来说明地壳作水平运动，这是对的。他选用海岸形状、地质、古生物和古气候等方面的证据，也颇为有力，但对大陆漂移的方式和动力所作的解释，却难以自圆其说。事实上，大陆漂移说的致命弱点正是在力学方面，这一点连魏格纳本人也直言不讳。他曾说过："漂移理论中的牛顿，还没有出现。"

(4) 有待验证。面对这种情况，一般是采取"逐步逼近"或"接力赛"的方法，使正确的内容逐步充实起来，后来出现的"海底扩张说"→"板块构造说"→"新全球构造论"……就是继大陆漂移说之后一步又一步的逼近，一个又一个的接力站。假说就是这样不断经过社会实践的验证，发展成科学理论。

2. 科学假说的类别

我们可以从不同的角度对假说进行分类。从假说形成的方法看，它们有以下几类：

(1) 通过类比得到的假说

(2) 通过归纳得到的假说

(3) 通过演绎得到的假说

(4) 只凭直觉得到的假说

应当指出,在实际形成假说时,上述这些方法往往是同时并用的。从假说的内容来分,它们可以分为两类:经验假说,是当科学认识处于初级阶段时提出的假说,这类假说往往与事物的现象相关。理论假说,是关于事物本质的假说。关于事物呈现某种现象原因的假说就属于这一类。

从以上所述可知:假说是以提出假设来对所研究的问题作出尝试性解决的知识形式。

3. 科学假说的作用

我们围绕所研究的问题,搜集到大量科学事实和资料,这时的科学认识尚处于感性阶段。使感性认识上升到理性认识,也就是把科学的经验知识发展为理论知识的主要方法,这就是假说。科学假说的作用在于:

(1) 提示探索的方向。在科学研究的进程中,不断需要提出假说来指示研究方向。在以假说作为探索的路标时,我们不能墨守已有的假说,应当根据科学认识的发展,不断修正旧的假说,提出新的假说。

(2) 认清事实的意义。只有理解了的东西才能更深刻地感觉它。假说能帮助人们认清事实或材料的意义。若没有假说,我们看到的某个事实或某些材料可能是毫无意义的;有了假说这座桥梁,我们就能使科学研究从搜集材料的阶段,跨步进入整理材料的阶段。

(3) 提出研究的课题。实际上,绝大多数的实验以及许许多多的观察都是以验证假说为明确目标来进行的。只有依据一定的假说作指导,人们才知道设计什么样的实验,进行什么样的观察,并能在实验与观察的过程中始终保持清醒的头脑,既而抓住那些主要的、有意义的事实。

(4) 成为展开的基点。假说的价值在于,以该假说为基点,将研究工作的新方向朝四面八方铺展,而且把这种假说尽可能多地应用于各种具体情况。若假说适用于各种情况,则可上升到理论范畴。它可充分发挥思维的能动性,把与未知现象有关的各种已知事实和一切已有理论统一起来,为解决问题提供多条可能的途径。

(5) 实现搜索中逼近。假设之所以成为假设,就是由于它允许猜想,允许推测,因而也就允许包含错误。我们正是以搜索的代价来保证最终可以找到正确的结论。这就像我们在荒山中搜寻一个隐蔽的目标一样,不能大家排成队列都去搜查同一个地方,而必须分散开来搜查。可是到最后,只能有一个人在一个地方找到要搜寻的目标,其他人查找的地方都没有发现目标,但是他们的行动与搜查到目标的人有着同样的意义。因为正是他们的行动表明目标不在这些地方,从而把搜索范围逐步缩小到隐蔽目标的所在地。即使假设被完全否定了,那也可以告诉我们目标不在这个范围内。

4. 科学假设的提出

在科学研究时,我们需要对一些新发现的个别事实或材料作出猜测,尽量自圆其说,使之在理论上合理,提出假说。例如,有位教师提出提高小学毛笔字教学质量的各种假说:

① 把使用频率最高的一些常用字编进字帖;

② 字帖的字按笔画或间架结构的规律编排；

③ 全改用仿影(印字帖)的方法进行训练；

④ 反复练写相同的字，练好后再换新字帖；

⑤ 坚持每天练习，并适当增加练习的数量；

⑥ 仿影或临摹一定数量后进行尝试性默写；

⑦ 以默写出来的字的优劣来评定学业成绩；

⑧ 经常举办书法展览，调动学生的积极性；

……

这位教师又把自己的想法告诉大家，广泛征求意见，听到了许多不同的见解：

① 不同练写内容的比较研究；

② 不同练写方法的比较研究；

③ 不同练习遍数的比较研究；

④ 不同评价指标的比较研究；

⑤ 不同鼓励方式的比较研究。

上面分析的原因以及考虑的措施，还只是假说，没有经过研究、验证，还只是一个个的问题。这些问题，可以作为我们要研究的课题。我们就是通过这样层层深入的分析，把"怎样提高小学毛笔字教学的质量"这样一个比较大的问题，分解成这么多具体的备选课题。在这些课题中，哪个可以作为我们的选题呢？我们还要根据选题的原则来筛选。

由此可见，课题的形成，离不开对问题的分析，离不开对解决问题方案的大胆假说，离不开对各种意见的综合思考。

第三节　选择课题　陈述选题

在众多的课题中，并不是每个课题都值得我们去研究，也不是所有课题我们都能研究得了。我们必须对课题进行选择。被选中的课题，称为选题，有了选题以后，还得用简明的语言把它陈述出来，以向领导部门请示，向参与这项研究的人员介绍，向关心这项研究的同志宣传，以争取各方面的指导、支持、配合和帮助。现将选择课题和陈述选题的方法说明如下。

一、选择课题

应当研究什么课题，不应当研究什么课题，不存在固定的模式，但是都应当遵循一些基本的原则。我们必须依据下面这些基本原则，对备选的课题进行比较、分析和筛选，通过综合考虑，择优选取。

1. 需要性原则

这个原则规定了选题首先要满足社会需要和教育自身发展的需要。社会需要有近期需要与长期需要之分。根据社会需要进行选择必须要有全面的观点，既要顾及长远发展的需要，选择战略性的课题，又不能忽略当前的迫切需要。要克服那种单纯追求"高、精、尖"而脱离社会现实需要的倾向，力求做到远近兼顾、先进性与适用性结合，尽可能反映并服务于教育的社会需要。只有解决实际问题，才可能产生科学理论，才可能使教育科研有强大的生命力。

需要性原则的另一个要求是教育科研的成果必须有普遍推广的典型意义。

2. 科学性原则

科学性原则，是指选题必须有事实根据或理论根据。也就是说，理论研究课题要有事实依据，应用研究课题要有理论依据，切莫在幻想的沙漠上构筑假科学。选题时遵循科学性原则，就保证了科研方向和路线的正确，保证了研究有成功的希望。

3. 创造性原则

创造性是科学研究的灵魂，也是科研选题必须遵守的一条原则。具有创造性的研究课题，是别人没有提出来的，或者是别人没有解决以及没有解决好的问题，因而具有先进性和新颖性。创造性的课题所取得的成果，在教育理论研究中表现为新发现、新观点、新见解；在应用研究中表现为新的教学方法、新的教育管理制度、新的教材、新的教育评价技术等。重复原有理论，沿用原有方法的课题不能作为科研课题。所以，创造性原则体现了价值原则，即能够保证预期的科研成果具有一定的学术价值和实用价值。因此，每一位有志于教育科研的教师，都要有强烈的创新意识，要站在教育科研的最前沿去作战，要敢于开垦那些尚未开垦的科学"处女地"。

4. 可能性原则

我们知道，每个人只能在他们所处的时代条件下进行认识，如果时代条件不具备，不管某个研究课题多么需要、多么具有科学性，那也不能成功。所以，我们选择研究课题时，需要满足可能性原则。所谓可能性，就是只有具备一定的主、客观条件的科研选题才有预期成功的可能。主、客观条件是在不断发展变化的，所以可能性是指不断变化发展的主、客观条件为完成科研所提供的可能性，它既要考虑通过努力能达到的限度，又要留有余地。

主观条件是指研究者为完成某个课题所必须具备的知识结构、研究能力、科学品格、兴趣爱好以及献身精神等。我们选择的课题应当与自己的知识和能力水平大体相吻合，过低或过高地估计自己都是不对的。在选题时，我们要扬长避短：对某学科有专长的研究者，可选择该学科领域内的课题；知识广博的研究者，可选择跨学科的课题；教育理论基础好、逻辑思维能力强的研究者可选择理论研究课题；教育经验丰富的研究者，可选择应用研究的课题。在其他条件具备的情况下，应选择自己最感兴趣的问题。

客观条件是指教育科研活动所必须具备的文献资料、协作条件、社会环境条件、科研发展程度以及资金设备等。从事教育科研活动所需要的最起码的客观条件，必须在确定研究课题时就给予落实。当然，我们在科研活动中，不但要善于充分利用社会所提供的物质条件，还要善于发现和克服某些不利条件。

不论在什么情况下，对于刚刚从事教育科研的教师来讲，最好一开始就选择一个很可能出成果的课题。因为旗开得胜可以给他带来极大的鼓舞，而出师不利则可能起到相反的效果。

因此，科研新手的选题不宜太大、太难。《韩非子·喻老》中说:"天下之难事必作于易,天下之大事必作于细。"否则,研究者就需要搜集大量的资料,有时弄得眼花缭乱,不知从何入手。在一般情况下,研究者的基础打得越宽越新越好,而研究的课题则越具体越好。与其一开始因课题大而失败,不如一开始以课题小而取胜。

二、陈述选题

根据上述几条原则选好课题后,还得用书面的形式把这个选题陈述清楚。陈述选题,又称撰写课题申报报告。课题申请报告一般包含如下内容:

1. 课题的名称

运用简洁的语言将拟研究的课题表述出来。在表述课题时请注意以下几个方面:

- 课题的核心概念清晰吗？明确吗？
- 课题的研究对象明确吗？
- 课题的研究范围恰当吗？
- 课题是不是使用了陈述句？
- 课题是不是新颖的？
- 课题是不是有价值的？
- 课题是不是可操作的？

2. 申请人及其合作研究者的信息

这一部分需列出申请人及其合作研究者的个人信息与相关的研究成果。合作研究者一般为五到十人。

3. 课题研究的现状及趋势

这一部分要求申请人大量阅读与课题研究相关的文献,梳理出如下信息:关于此课题,哪些学者取得了哪些研究成果;已经解决了什么问题;当前研究中还未得到解决的问题有哪些;未来的研究可从哪些途径入手展开。

4. 课题研究的意义

课题研究的意义可从理论意义与实践价值两方面着手撰写。理论意义部分要说清本课题研究会在理论研究方面取得哪些成果,对于推动理论进步会有哪些贡献。实践价值部分要说清本课题研究对于改变教学实践状况,推动教学改革,提高教学效率有什么作用。

5. 课题研究内容

课题研究的内容指课题研究包含哪些部分,即从几个方面展开研究。

6. 创新之处

创新之处指的是本课题研究异于他人研究、先于他人研究的地方。

7. 拟解决的难点与关键问题

拟解决的难点问题指的是整个课题研究从理论或实践角度出发最难解决的问题。关键问题指本课题研究中的核心问题与主要问题。

8. 课题研究的思路

课题研究的思路指课题研究从哪些路径入手展开。

9. 课题研究的方法

这一部分要求说清在课题研究中使用哪些方法,什么时候运用这些方法。

10. 课题研究的步骤与进度计划

这一部分要求说清课题研究分几个阶段,每个阶段做哪些事情,每个阶段的具体时间分配。

11. 课题研究的基础

这一部分要求说清研究人员的构成,已作了哪些方面的相关研究,是否有研究时间,是否拥有开展研究的良好设施条件,研究的资料是不是充足等。

12. 课题研究的成果

可根据课题的特点,从著作、论文、案例集、作品集、调查报告、实验报告、研究报告等方面设计研究的中期与最终成果。

13. 课题研究的经费

可先确定总的研究经费,再根据研究需要从资料费、设备购置费、会议费、专家咨询费、调研费等方面列出分项的具体开支。

案例:课题申请报告

××市教育委员会科研创新项目

(人文社科类)

申　请　书

项目名称:__小学语言表达课本编制研究__

项目编号:_____

申请人:_____××_____

单位名称(盖章)　　　××

申请日期:__××年××月××日__

××教育委员会

××年制

一、数据表

项目名称	小学语文表达课本编制研究				
项目类别	☐ 重点项目		■ 一般项目		
研究类别	☐ 基础研究		■ 应用理论研究		☐ 应用研究
学科分类	教育学				
申请人姓名	××	性别	女	出生日期	××年××月××日
最后学位	教育学博士	最后学历	博士研究生	研究专长	语文课程与教学论
专业职务	副教授	行政职务		部门	教育学院
办公电话	××	家庭电话	××	手机	××
电子信箱	××				

主要参加者	姓名	性别	出生年月	专业职务	研究专长	学历	学位	工作单位
	××	女	1960.04	中学高级	小学语言教学	本科		上海民办新世纪小学
	××	女	1966.12	中学高级	小学语文教学	本科		上海静安区市西小学
	××	女	1968.09	中学高级	小学语文教学	本科		闵行区教师进修学院
	××	男	1937.02	中学高级	语文教育研究	本科		上海市师资培训中心
	××	女	1969.12	小学高级	小学语文教学	本科		上海上宁实验小学

申请经费	3万元	预计完成时间	××年××月

预期最终成果	■ 系列论文　■ 研究或咨询报告　☐ 专著　☐ 编著、译著等 ■ 其他　　表达课本样稿

二、申请人近三年取得的与本项目相关的研究成果

成果名称	成果形式	作者排名情况	发表刊物、出版单位	时间
中美小学语文教材内容建构之比较	论文	独撰	比较教育研究	××
全语言与当代语文教育改革	论文	独撰	上海师范大学学报	××
全语言之父古德曼的语言教育思想	论文	独撰	教育科学研究论坛	××
基于案例推理的学习	论文	独撰	外国中小学教育	××
新世纪小学语文教学改革热点概述	论文	第二作者	课程·教材·教法	××
学习科学关键词	著作	合著	华东师范大学出版社	××
学习创新与课程教学改革	著作	合著	广东教育出版社	××

三、申请人承担的科研项目及完成情况

项目名称	批准单位	批准时间	第几承担人	是否完成
全语文教育研究	××市教委	××	第一	是
信息技术与小学语文课程整合研究	××师范大学	××	第一	是

四、项目研究方案的设计论证

（一）本项目的研究现状及趋势，本项目的选题意义（包括理论意义和应用价值）。

1. 研究现状与趋势

（1）国内研究现状

① 在国内的语文课程论研究中，表达课本编制理论还未受到重视，也未出现系统研究表达课本编制的成果。杨九俊、李维鼎、吴立岗等人从单个维度出发对相关问题进行了讨论。杨九俊对20世纪80至90年代出版的人教版小语教材写作板块的设计进行了分析与归纳，对教材的内容与教材要求作了简单的介绍。李维鼎从整体上提出了语文教材编制的三大理念，并提供了在这三大理念指导下结合活动设计写作教材的一个范例。吴立岗则立足其素描教学理论，提出了表达教学与教材设计的内容依据。关于表达课本编制的价值取向、基本原则与操作策略等方面的研究还处于空白状态。

② 从国内小学语文表达课本编制现状来看，存在诸多问题，具体表现在：

—— 在目标设计上，重视"写作的基础训练"，轻视基于日常生活交际的"真正的写作，真实的写作"。

—— 在内容安排上，重视"写什么"，轻视"如何写"，即只提出写作任务，对学生写作的过程基本不作指导，也不提供学习支架。

—— 在编制方式上，以与阅读课本混编为主，使表达课本的编制从属于阅读课本。单独设计表达课本的，只有由吴立岗主编的上海实验学校教材。

（2）国外研究现状

国外在表达课本编制基本理论方面也未取得重大进展，但他们在表达课本编制实践中却有着许多鲜明的特点：(1)明确指出以写作过程理论为依据；(2)重视写作过程的细致指导；(3)将评价与写作过程指导紧密结合起来。

（3）国内外研究趋势

近年来对写作教学效率低下的质疑与忧虑，使人们开始关注表达课本的编制问题，迫切需要在理论研究与操作策略上出现新的理论观点。

2. 理论意义与应用价值

作为表达的"说与写"是小学语文课程的重要组成部分。现行小学语文课程标准从"口

语交际"与"习作"两个方面对说与写的目标作了定位,但是对达成目标"应当教什么"、"应当如何教"并没有作出清晰的理性阐述。我国现行的小学语文课本是选文型课本,对于表达板块的设计极为简单,仅以提出学生的表达任务为限,对于表达教学"教什么"、"如何教"基本没有涉及。广大语文教师因而在教学中处于迷惘状态,找不到科学的依据并据此展开有效教学。如何通过探索表达课本的编制理论,寻找表达课本的有效编制策略,解决小学口语交际与习作教学的困境,已经成为当前一个亟待研究的重要课题。

本课题研究旨在借鉴国外经验与国内相关研究成果,以编制科学的(符合学科的特点与学生认知规律的)、合理的(适合当代学校与学生生活实际的)、有效的(确实能提高学生的表达素养)表达课本为任务,对表达教学"应当教什么"、"应当如何教"展开深入的思考与探究,并形成可以指导教学的研究成果。它的重要意义与价值主要体现在以下几个方面:

(1) 围绕表达课本编制(即应当用什么去教),系统思考"应当教什么"、"应当如何教",构建小学语文表达教学内容与教学方法的理论体系,弥补国内语文课程研究中的空白。

(2) 细致研究国内主要版本的小学语文课本,以及美、英等国的小学母语课本,梳理它们构建表达教学内容与教学方法的基本原则与策略,创建表达课本编制的基本理论,拓宽小学语文教材研究的深度。

(3) 通过表达课本研制与表达教学实践研究,验证、丰富、完善表达课本编制理论,同时为小学语文教学实践提供有用的教学资源与有价值的操作策略,为解决国内表达教学困境,提高表达教学效率提供新的实践解决方案。

(二) 本项目研究的基本内容,说明创新程度及预计突破的难点及关键问题。

1. 研究内容

本项目的研究内容主要包括表达课本编制现状研究、表达课本编制基础理论研究、表达课本编制策略研究与基于课本的表达教学实践研究四个部分。具体内容如下:

(1) 小学语文表达课本编制现状研究

—— 国内小学语文表达课本编制状况与存在问题研究

—— 国外小学母语表达课本编制状况与启示

(2) 小学语文表达课本编制的基础理论研究

—— 小学语文表达课本编制的价值取向

—— 小学语文表达课本编制的主要依据之一:表达教学的内容体系

—— 小学语文表达课本编制的主要依据之二:表达教学的方法体系

—— 小学语文表达课本编制的基本原则

(3) 小学语文表达课本编制策略研究

—— 小学语文表达课本的内容序列设计

—— 小学语文表达课本的学习辅助系统设计

—— 小学语文表达课本的呈现形式设计

(4) 基于课本的表达教学案例研究

——低段基于课本的表达教学案例研究

——中段基于课本的表达教学案例研究

——高段基于课本的表达教学案例研究

2. 创新之处

（1）理论研究创新。突破小学语文课程与教学研究中的盲点，构建表达课本编制的基本理论，填补以往此方面研究的空白。

（2）表达课本编制实践创新。首次系统探究表达课本编制的基本策略，使表达课本编制超越经验，走向理性层面，提升课本编制的水平。

（3）表达课本编制比较研究创新。第一次全面研究英、美表达课本编制的经验，剖析其课本编制的主要观点，为我们的课本编制提供有价值的参考。

（4）研究方式创新。本项目研究不仅仅研究已有课本的编制现状，而且通过实际的课本编制实践，将理论与实践很好地融合起来，通过设计、实施、验证、修正等研究环节，获得有关课本编制的有价值的研究成果。

3. 预计突破的难点与关键问题

（1）预计突破的难点

——阐明小学语文表达课本编制的主要依据，包括内容体系与方法体系。

（2）预计突破的关键问题

——阐明小学语文表达课本编制的基础理论，包括价值取向、主要依据与基本原则。

——弄清小学语文表达课本编制的操作策略，涉及内容序列如何设计，学习辅助系统如何设计，呈现方式如何设计等方面。

（三）本项目的研究思路和方法，研究步骤、进度计划、中期成果等。

1. 研究思路

本课题研究沿着四条思路展开：

（1）文献研究。收集大量资料，对表达课本编制的历史与现状展开细致研究，总结有益的经验与启示，找准亟待解决的问题，并将寻求问题解决方案作为本课题研究的重要内容。

（2）理论建构。阅读大量理论文献，深入剖析表达课本编制的价值取向、主要依据与基本原则，为课本编制实务的展开提供可靠的理论保证。

（3）策略探讨。从内容序列设计、学习辅助系统设计与呈现方式设计等三个方面系统探讨表达课本编制的主要策略，并依据这些策略编制可用于教学实验的表达课本。

（4）实践检验。对依据表达课本实施的教学实践案例展开研究，为验证、修改理论假设与编制策略提供真实依据。

2. 研究方法

（1）文献研究法　主要用于：

——对国内主要版本的小学语文教材与英国、美国等国小学母语教材中表达板块的设计展开研究。

——对国内重要的作文教学理论、语文课程与教学理论、国外的写作过程理论等研究成果进行梳理剖析,并在此基础上建构小学语文表达课本编制的基本理论

(2) 实验法

在上海市选择二至三所小学,对基于表达课本的教学实践展开研究。

(3) 案例研究法

选择教学个案,对表达课本编制的策略与可操作性展开深度研究。

3. 研究步骤与进度计划

(1) ××年××月—××年××月　前期研究阶段

这一阶段主要对国内外表达课本的编制状况进行分析,撰写分析报告。

(2) ××年××月—××年××月　理论研究阶段

这一阶段主要研究表达课本编制的价值取向、主要依据与基本原则。

(3) ××年××月—××年××月　设计研究阶段

这一阶段主要依据上一阶段的基本理论,设计表达课本,并总结表达课本内容序列设计、学习辅助系统设计与呈现形式设计的主要策略。

(4) ××年××月—××年××月　实践研究阶段

根据自身设计的表达课本,在实验学校展开教学实践研究,探寻表达课本运用于实践的可能性,并根据教学实践调整并完善表达课本样稿。

(5) ××年××月—××年××月　结题阶段

整理各阶段研究资料,撰写结题报告,开展结题论证。

4. 中期成果

(1) 研究报告

——国内表达课本编制现状研究报告

——美国表达课本编制现状研究报告

——英国表达课本编制现状研究报告

(2) 论文

——中美表达课本编制比较研究

——中英表达课本编制比较研究

(四) 前期研究基础及资料准备情况,主要参考文献。

1. 前期研究基础

(1) 课题负责人作为课程与教学论的博士,专攻小学语文教材教法,曾去美国访学,对国外小学作文教学的基本状况有着深层次的了解,也曾在国内的小学作过关于作文教学的实证研究。

(2) 课题组成员从 20 世纪 90 年代开始从事小学作文教学研究,曾出版专著《生活中的作文》,对作文的内涵,作文教学的基本理念与学校作文教学的基本策略作了探索,在小学作文教学研究方面积累了丰富的经验,有着较为深厚的积淀。

(3) 课题组成员曾参与上海市语文教材的编写,并负责作文板块的撰写工作,对表达课

本的设计有着丰富的感性认识与实际的编写经验。

2. 资料准备情况

(1) 课题负责人所在单位设有"中小学教材中心",收藏有大量的国内语文课本(包括人教版、苏教版、上海版等)与美国、英国等国的小学母语课本,这为研究国内外教材编制经验与问题提供良好的资料基础。

(2) 课题组主要成员曾参与上海版教材的编撰工作,拥有编写课本的大量的第一手资料,这也能为本课题研究提供资料的准备。

(3) 课题组成员拥有丰富的语文教材研究的著作与论文,这也为本课题研究提供了资料上的保证。

3. 主要参考文献:

(1) 李维鼎. 语文教材别论[M]. 杭州:浙江教育出版社,2004.

(2) 杨九俊. 小学语文教材概说[M]. 南京:南京大学出版社,1999.

(3) 吴立岗. 小学作文教学论[M]. 南宁:广西教育出版社,2005.

(4) 柳士镇,等. 中外母语教材比较研究论集[M]. 南京:江苏教育出版社,2001.

(5) Kemper, D.. Write away [M]. Boston：Houghton Mifflin Company, 2003.

(五) 最终成果形式及考核目标。

1. 研究报告　2 部

—— 国内外表达课本编制现状研究报告

—— 基于课本的表达教学案例研究报告

2. 系列论文　4 篇

—— 中美表达课本编制比较研究

—— 中英表达课本编制比较研究

—— 表达课本编制的基本理论

—— 表达课本编制的主要策略

3. 表达课本样稿　3 部

—— 低段表达课本样稿

—— 中段表达课本样稿

—— 高段表达课本样稿

五、申请人简历

经历(包括学历、工作简历、国内外进修、国际学术交流等)
略

六、经费

教委资助金额	3万	学校配套金额	无
其他经费来源及金额		无	
预算科目	金额(元)	计算根据及理由	
科研业务费	1.5万	研究生助研津贴0.3万元,国内调研0.4万元,学术会议0.4万元,印刷费0.4万元	
小型仪器设备费	0.5万	购买摄像机	
图书资料费	0.75万	购书图书及相关文献资料	
管理费	0.15万	校科研处提取5%的管理费	

七、申请者所在单位的审查与保证

申请书所填写内容属实。课题负责人和参加者均具有良好的政治业务素质,具有承担本课题研究工作的能力。本单位愿意提供完成本课题所需的时间和条件,并承担本课题的信誉保证。

同意申报。

单位负责人签章　　单位公章

年　月　日

八、××市教育委员会审核意见

盖章

年　月　日

思考与练习

1. 请提出一个小学教育中的科学问题,然后加以分析,提出假说,形成课题。
2. 照案例的样子写一份课题申请报告。

第四章 文献检索

第一节 文献工作的过程

文献指包含有关研究对象信息的有历史价值或参考价值的资料。文献方法就是搜集、整理、利用文献的方法。

科学研究立足于资料与事实。在多数情况下，首先要搜集的是文献资料。小学教育要求我们必须站在巨人的肩膀上摘取科学研究的明珠。如果我们没有做好文献的搜集、整理与利用工作，就无法以前人的成果为起点，无法正确判断巨人肩膀的位置在哪里。就有可能错误地把巨人的膝盖、巨人的脚板当作巨人的肩膀，甚至只是站在平地上重新起步，满腔热情、盲目乐观地从事着徒劳无功的工作。事实上，文献工作贯穿了整个科学研究过程的始终。

一、准备阶段——积累资料

机遇只偏爱那些有准备的头脑。这种准备表现为平时对文献资料的日积月累。"飞瀑之下，必有深渊"，说的是飞瀑日复一日，年复一年，凭着一种韧劲，硬是把平地冲击成深渊。搜集资料和积累知识就要有这种持之以恒、坚韧不拔的精神。我们每天挤出一点时间读一些书，摘录几百字的资料，所得可能是微乎其微，但长期积累，就可能得到丰硕的成果。我们建议通过下面几种方式去做积累资料的工作：

1. 广泛阅读

成功的科研人员往往是兴趣广泛的人，多样化会使人观点新颖。在其他条件相同的情况下，我们知识的宝藏越丰富，产生重要设想的可能就越大。此外，如果具有有关学科或者涉及边缘学科的广博学识，那么，独创的见解就可能产生。因此，阅读不应局限于正在研究的问题，也不应局限于自己的学科领域，甚至不应局限于科学本身，事业的发展要求我们在更为广阔的领域里跟上小学教育的发展。因此，学会泛读和略读的技巧是很有帮助的。它可以使我们用很少的时间接触大量的文献，并挑选出有特别意义的部分。我们可以请教有经验的教育研究者，以了解哪些杂志对自己最为重要。文摘报刊总是比原报刊滞后一段时间，但文摘报刊能使我们了解不同的文献内容，对那些接触不到大量杂志的人尤为可贵。作索引卡片的方法也很有用，我们可以在卡片上把自己认为有趣的、有用的文章作简明的摘要。在通篇速读对全貌有所了解以后，我们可以回到刚才充分认识其意义的章节段落，重新阅读，并做笔记。

2. 整体把握

在搜集了资料以后，必须加以解释，予以综合。对于科学研究的准备来说，见森林比见树木更为重要。一个头脑成熟、对教育研究对象深思熟虑的研究者，不仅积聚细节，而且统揽全局。他们对于普遍规律具有清晰的概念，能够把零星琐碎的资料连结在一起，成为一个有规则的整体，形成知识面。而在广阔的领域里泛读和略读能有多大价值，很大程度上取决于读者是否有足够的知识面，是否能迅速衡量所报道的新成果，并攫取其中重要的发现。

3. 寻求联系

在广泛阅读和整体把握的基础上，把文献内容与自己的知识经验加以比较，并寻找有意义的相似处和共同点；寻找好像没有关系的文献资料之间的联系，寻找文献资料与教育现象之间的联系。这时，一旦发现新的事实，或是对客观事实从一个新的角度有所发现，就有可能灵光一闪，产生新的触发、新的联想、新的猜测，溅起创造性思维的火花。科学的假说往往发端于此。

二、假说阶段——搜集资料

有了假说以后，就要搜集文献资料，做到登高博见。我们关起门来冥思苦想一天，不如读相关著作一小时，因为那是别人经年研究的成果。闭目塞听，自以为自己的见解是发明创造，殊不知它是别人早已说过的，甚至别人比自己说的还精彩，或者是别人早已批驳过，实际上是错误的。如果能够尽可能广览博阅，尽可能详尽占有资料，就可以使自己避免盲目摸索。当然，登高博见要有蜜蜂采花酿蜜那种感人的精神。据统计，蜜蜂酿一公斤蜜，要采50万朵花的花粉，约飞行45万公里的路程。我们只要有这种蜜蜂精神，就一定能详尽地占有材料。所谓详尽地占有材料，包括下面几层意思：

1. 在范围上应有所限制

有了假说以后去搜集资料，与没有假说之前的积累资料的区别，就在于在范围上应有所限制。这个范围围绕着假说来划定——解释这个假说的资料，否定这个假说的资料，补充这个假说的资料，修正这个假说的资料，等等。资料的搜集工作都应该限制在这个范围之内。要防止犯这样的错误：在搜集资料的过程中，如果看到关于另一些问题的好文章，也是自己感兴趣的，为了怕今后不容易找到它，就顺便去看这些文章，流连忘返，结果耽搁了时间，影响了当前主攻任务的完成。在直攀峰顶的过程中，如果看到山路上的花草，停步观赏，左顾右盼，就会延缓到达峰顶的时间。

2. 在内容上要力求全面

在上述限制的范围内，我们在搜集的内容上要力求全面。这就要求我们不但要搜集与自己观点相同的资料，也要搜集与自己观点不同的材料，还要搜集与自己观点相反的资料。不但要搜集现实的资料，也要搜集历史资料，还要搜集研究对象发展变化的资料。只有这样，所搜集的资料才准确、全面、新颖。

3. 在来源上要原始资料

我们要培养严谨的治学态度，良好的学习作风。不要满足第二手资料，尽可能查检第一手资料，找到最早的根据。引文不要道听途说，要尽可能查原书。不要简单化地望文生义。看古文资料，要多查辞书，弄懂文言；看外国资料，要多了解外国的历史和社会情况，不要按中国的情况想当然地臆测,以免搞错。第一手资料能确保准确无误。搜集转过几次手又不注明出处的资料,有可能断章取义,有可能错漏跳脱,有可能以偏概全,有可能带有转手者的主观倾向,这都有损于文献资料搜集的准确性。只靠转手的资料做文章,就像自己没有去旅游,只靠旅游说明书来介绍名胜古迹一样可笑。

4. 在时间上要由近到远

因为新文献总是在总结以前资料的基础上形成的,往往显得更新、更全面、更可靠。而且在新文献的后面,一般都列出有关的参考文献。我们利用某一篇论文(或专著)后所附录的参考文献作依据跟踪追查,对文献作由近到远的搜集,既能获得更新、更全面、更可靠的资料,又能从新文献附录的参考文献目录中去按图索骥,以取得多快好省的效果。在获得比较权威性的综述或专著的情况下,利用此法查找文献可以节省好多时间。

上述资料搜集工作大体完成以后,我们可以对假说作出解释、补充、修正,完成提出研究选题的任务。

三、研究阶段——选择资料

有了研究的课题,还要对我们所搜集的资料做一番推敲甄别的工作,做一番分析研究的工作,对它们有所选择。选择资料是伴随着选题研究的深入进行的。选择资料可以如此进行:

1. 区分正误

文献资料能反映出前人对于这个问题已发表的意见。我们在选择资料的过程中随时要用实践去检验前人所说的是否符合实际,是否真有道理。要学会区别:哪些论点对,论据不对;哪些论点错,论据却对;它们的正确体系中可能有错误观点;它们的错误体系中可能有合理因素。在研究的过程中,我们不一定全部同意或者全部不同意前人的见解,把前人有关这一问题的正确见解区分出来,集中起来;在集中其精彩见解的同时,也可以区分前人见解的薄弱环节和不足之处,进而有所补充,有所丰富,有所发挥,有所发展。如果发现前人有错误之处,可以启发我们产生新的正确意见。这样做,选择资料的过程也就是研究的过程,同时也是形成自己观点的过程。

2. 甄别真伪

选择作为论据的资料必须真实、可靠、准确。既要注意事实的真实,又要注意历史的真实。只有用历史唯物主义的观点来处理资料,才能做到本质的真实。我们的研究工作如果立足于虚假而不真实的资料上,就会站不住脚,就不会有说服力。例如,有一位教师在研究上海的历史时,有一个资料说:黄浦江是战国时楚国的春申君开凿的,春申君名叫黄歇,黄浦江因而得名,又给黄浦江加上歇浦、春申江、申江几个别名。相矛盾的资料是:历史地理学有明确的科学论断:现今的上海市区是南北朝以后才成为陆地的。春申君时代这里还是大海,怎能到海里去开河?像这样的资料若不作真伪的甄别,怎么能引用呢?

3. 选择典型

典型资料是指具有代表性的资料。我们在选择典型资料的过程中,就是要剔除特殊例外的个别资料,选取那些能对普遍问题加以说明的有代表性的资料。在这个过程中,要防止先入为主,偏爱与自己论点一致的材料;也要防止不肯割爱花了心血很不容易搜集来的材料,有所失才能有所得。就好像一块丝绸,寸寸宝贵,但为了缝制成合身的衣服,必须把不需要的部分剪裁掉。这样,选择典型资料的过程,就是由博返约的过程。

4. 斟酌意义

要斟酌搜集到的文献资料在自己研究课题中的意义与作用。选择资料的依据,只能是自己研究课题的需要,什么资料可以用,什么资料不能用,都要根据这个需要来决定。有些资料本身很有学术价值,但与本课题的研究不太相关,如果选用,反而会显得牵强附会,臃肿庞杂,因此必须舍去。

5. 归类整理

没有归类的资料往往散乱无章,经过归类的资料才会纲目清楚、一目了然,才能分析资料之间的共同点和不同点。因此,对经过筛选的文献资料,还要分门别类加以汇编。然后在归类整理的基础上写出文献综述。

6. 提炼加工

对规律的认识是在与其他事物的联系、对比中体现出来的。因此,提炼资料的基本方法,就是把资料互相联系起来作比较,同中求异,异中求同,在经过归类整理的资料中,寻觅现有知识上的空当,找出不同作者报告中的差别,揭示目前观察到的现象与原先报告之间的矛盾,发现与当前研究课题相似的地方以及自己在研究中发现的线索。

四、表达阶段——引用资料

经过提炼出来的最重要、最精彩、最有说服力的文献资料,可以在写研究报告和论文时引用。由于文献资料有较高的权威性和较强的理论性,所以引用它能收到"不容置疑、令人信服、精炼深刻、生动活泼"地充分说明论点的效果。常用的引用方式有:

1. 直接引用

这种方式是直接引某书某文的原文作为论据。在直接引用时要注意以下四点:一是详细注明出处;二是仔细核对原文(防止错字漏字、任意增删、移花接木);三是避免繁杂冗长;四是穿插分析议论。

2. 间接引用

这种方式是摘引文献的大概意思,并不完全引用原文。在间接引用时,特别要注意:准确理解原文的基本观点;简明扼要概括原文意思;不能断章取义为我所用。

第二节 文献工作的途径

一、文献资料的来源

由于创造、记录和传播的方式不同,文献资料有多种多样的来源。

1. 书籍

这里所说的书籍,主要是指与研究课题有关的教科书、论著、专著。教科书是根据教学大纲编写的教材,论著是对某一领域进行广泛讨论的著作。它们不仅全面介绍了有关学科的基础知识,而且通常都较好地概括这门学科领域内的科研成果。但是,由于学术上稳定性的要求和出版周期较长、更新速度较慢等因素,因此,教科书和论著的内容往往偏向于反映学术界普遍同意或较为流行的见解,而跟不上学术研究的最新进展。专著则不同,它是针对某个专题进行系统、全面深入论述的书籍,大都是作者多年研究的成果,有独到的见解和新颖的材料,因而更有参考价值。

2. 报纸

报纸具有"消息及时、容易携带、价格便宜"三方面的优点。报纸中有报头的一版是第一版,一般都报道重要的新闻,以及由报社撰写的评论等。翻过来是第二版,第二版的右面是第三版,这两版的内容较具体,往往最能反映报纸的主要特色。报上专门登载某一方面文章的部分叫专栏。专栏一般都有一个概括性的标题,如"基础教育"、"教育纵横"、"教改实践"等。由于报纸出版迅速,所以能报道一些最新情况,尤其是教育专业的报纸,对教育研究者来说,是重要的资料来源。有些国内公开发行的教育文摘类报纸能为我们提供丰富的信息。例如,由中央教育科学研究所主办的《教育文摘周报》,就以信息传播的密集、新鲜、迅速而著称。

3. 期刊

期刊是定期或不定期的连续出版物。由于期刊出版周期短、内容新颖、论述深入,反映了当前最高的研究水平,所以深受科研人员欢迎。能为科研工作提供资料的期刊可分为如下几种类型:

(1) 原始论文期刊。这种期刊发表的原始研究论文或实验报告等,是科研人员直接研究的成果。它专业性强,因而最受研究者的青睐。

(2) 检索性期刊。这主要指文摘和题录性期刊。这类期刊是重要的检索工具,可以帮助我们在较短时间内了解某一特定课题的文献概貌。

(3) 综合性期刊。这类期刊除了发表研究的原始论文外,还刊登综合性论述及评价某一学科或某一专题进展与成就的论文,因而可使读者比较全面地了解该学科或该专题当前的研究水平、动向。

(4) 报道性期刊。快报、简报、简讯、通讯等就属于报道性期刊,有公开发行和内部发行两种。这类期刊是了解研究动态的重要来源。

4. 学术性会议文献

会议文献是指在会前与会后散发的会议报告、纪要、论文集等。这些会议文献往往反映了一门学科的研究动向和研究成果,代表了国内外教育科研近期的发展水平,预示了未来的发展趋势。

二、文献资料的检索

利用检索工具查找文献与情报资料一般由以下几个步骤组成:

1. 制定检索目录

研究课题,一定要了解过去的研究成果。在检索之前,要弄清课题对文献资料的要求,制定一个检索资料的目录,做到心中有数,以便有的放矢,对症下药。

2. 确定检索标志

确定所需文献的作者姓名、文献类别、发表日期、表达主题内容的词语和所属的类目。

3. 选定检索工具

检索工具有书目、文摘、索引,以及数据库等。数据库将在第三节做详细介绍。

(1) 书目。书目指将各种图书按内容或不同学科分类所编制的目录。书目不但可以帮助读者选购、检索图书,还可以指点读书门径。要做到有目的、有系统、有计划地读书做学问,就一定要充分利用书目。

(2) 文摘。文摘即论文摘要。它除题录外,还概括地介绍了原文献的主要内容,所以文摘是论文的浓缩形式。文摘可以帮助我们在较短时间内了解某一课题的文献概貌,并且还可以据此判断是否有阅读原文的必要。

(3) 索引。索引指将书籍或报刊中的内容或项目摘记下来,编成简括的条目,并注明该书籍、报刊的出处、时间、期数、页码等,然后按一定次序排列起来,供人查检,借以指示寻找资料的途径或线索。我国编制的索引主要有《全国主要报刊资料索引》、《全国报刊索引》、《复印报刊资料》等。在综合性检索工具使用以后,再利用专业性的检索工具加以补充,这样就能大体完成一般的检索任务。

4. 确定检索途径

(1) 文献名称途径。利用文献名称检索文献资料是最常用的检索途径。图书馆的书名目录已经提供了这样的检索途径,只要知道文献的名称,就可以按笔画或拼音较顺利地查到所需的文献。论文、研究报告及专业杂志中的单篇文献往往没有被图书馆作这样的编目,因而不易查到。

(2) 著者姓名途径。如果只知道文献作者的姓名而不十分明确文献的准确名称,则可以通过查找著者姓名来查找文献。图书馆均有按著者姓名笔画或拼音音序排列的馆藏文献著者目录,同一著者的所有文献均编排在一起,便于我们检索。这种途径与文献名称途径一样,也不易检索到单篇的文献资料。

(3) 标准书号途径。中国标准书号是由"国际标准书号"和"图书分类——种次号"两部分组成。例如:《教育研究专题》的中国标准书号为:ISBN7-5617-2879-Ⅳ·G630。其含义为:ISBN——国际标准书号的英文缩写;7——中华人民共和国的组区号;5617——出版者号,华东师范大学出版社代号;2879——书名号,华东师范大学出版社自实施中国标准书号以后出版的第2879种书;Ⅳ——校验位,由计算得来,用来检验ISBN编号转录过程中是否有误;G——指中国图书分类法中的G大类——"文化、科学、教育、体育";630——指第630种,即是华东师范大学出版社出版的G大类图书的第630种。在国际标准书号后加上只适用于我国的图书分类种次号,可有助于了解文献资料的线索并便于检索。

(4) 分类途径。分类途径指根据文献资料所属学科类别的分类编号进行检索的途径。分类编号一般依据图书分类法给出。《中国图书馆图书分类法》(中图法)是我国目前使用最普遍的大型综合性图书分类法。它分五大基本部类、二十二基本大类。例如:《中国图书馆图书分类法》将"教育"列在"G——文化、科学、教育、体育"之中,分类编号为 G4。其中,C4—62 为初等教育。

(5) 主题途径。主题途径指根据主题词进行检索的途径。在专业检索中,常常把文献内容的主题作为检索标识,按照一定的规定组织成检索系统,以便将分散在各学科中的与主题有关的文献资料全部检索出来,我国主要使用《中国分类主题词表》这一工具书,它既可用于手工检索系统,也可用于网络检索系统。要利用主题途径检索成功,关键是依照《中国分类主题词表》准确地选用主题词。

5. 查找原始文献资料

通过各种途径,将检索所得的文献资料的线索汇集起来,再根据课题内容和要求加以分析:如果有关线索是题录,则要考虑是否要查看文献;如果有关线索是文摘,则要考虑是否需查看原文。在分析的基础上,我们就可找到所需文献的目录。

利用检索工具查到一些重要的书目或文献资料后,就可以去借阅所需要的文献资料了。

三、文献资料的整理

1. 笔记整理

好记性不如烂笔头,笔记既是阅读的一种方法,又是阅读的继续、深入和运用。做阅读笔记的方法大致有四种:

(1) 批注笔记。在读自己买来的书时,可以作批注笔记。批注笔记中的"批",是指在书上写眉批。眉批可以写在正文上端或下端的空白处。写眉批,就是在著作上的空白处写上自己的见解或评语,或者解释,或者质疑。不管是褒是贬都应说出根据来,都要写得简明扼要,都要想好了再写。笔记中的"注",是指读者在书上对重点、难点和精彩的地方画上各种记号。最常见的记号是在字旁圈点(圆点、圆圈等)或划线(直线、波浪线等)。圈点,又叫"着重点",加点的字往往是全句或全段中最重要的部分。如果要圈点的字过多,就可以用划线来代替。

(2) 摘录笔记。如果阅读的书不是自己买的,可以做摘录笔记。摘录的原文,必须是写得很精辟、很严密的部分,或是写得很有深意、令人深省的部分,或是很有参考价值的部分。摘录时,要注意忠实原文,不要断章取义,不要改动原文的字句和标点。此外,还要注明出处(包括书名或论文题目、作者姓名、出版单位、版本、出版时间、期刊年号和期号、起止页码、报纸年月日等),以便日后查找、核对或引用。

(3) 提要笔记。摘录笔记可以管中窥豹,但要鸟瞰全貌,就得做提要笔记。提要,就是把整篇文章或整本书的内容要点用简括的语句和条举的形式依次地记载下来。做提要笔记的过程,就是把阅读内容"简化"的过程。著名数学家华罗庚说:"一本书,在未读之前,你会感到书是那么厚。在读的过程中,如果你对各章各节都做深入的探讨,在每页上加添注解,补充参考材料,那就会觉得更厚了;但是当我们对书的内容有了透彻的了解,抓住了全书的重点,掌握了全书的精神实质后,就会感到书本变薄了。越是懂得透彻,就越有薄的感觉。"提要笔记,应是透彻理解的结晶,它便于我们掌握全书内容和逻辑结构,掌握全书的梗概,是把书"变薄"的过程。做提要笔记的方法,是把所读的文章或书分成几个大的段落,大段内又分成几个小的层次。经过这一番分析,使层次分明、脉络清晰、事理连贯,然后把每一层意思用最简洁的语言表述出来。在运用文献方法做提要笔记时,更要注意把原文的基本内容、独到观点、发明要点、事实数据等,用自己的话加以概括。当然,也可以引用原文。

(4) 心得笔记。读完书或文章以后,仔细回味一番,经过头脑的思考加工,及时记下读书所得,就是心得笔记。读后感是学生经常运用的一种读书笔记的形式。读后感,是阅读以后的感想。"阅读理解"是感想的前提,"感受联想"则是读后感的重点。读后感一般要写出下面几点:一是写出"什么地方使你最受触动",即在你读的这部作品里有哪句话、哪个场面、哪个情节最使你触动;二是写出"为什么触动";三是写出"你想到什么",即在上面的基础上的触发、思考、联想。

2. 卡片整理

以上几种笔记方法,除了批语之外,其余均可写在本子上。但是笔记本有一个缺点,就是不便于资料的归类整理。怎样才能便于整理呢?那就是使用卡片做笔记。卡片是活的笔记,它便于保存、携带、分类、归纳、查找和使用。怎样用卡片来整理文献资料呢?通常可以这样做:

(1) 制作卡片。卡片纸要大小一致(规格是 7.5 厘米×12.5 厘米)。每张卡片一般只记一个事例,或一个问题,或一段精彩文章,或一篇论文的题目。每张卡片内容要记下原始出处。

(2) 及时分类。按划一的标准对资料进行分类,并在每一类别前放上导卡,写上这一类的标题。

(3) 剔除重复。去掉相互重复的资料和比较陈旧的、过时的资料,并以研究任务的观点评价资料的适用性,筛除不能用于本课题的资料,保留那些全面、完整、深刻和正确地阐明所要研究问题的一切有关资料。

(4) 理顺次序。按说明课题的逻辑关系,理顺各类卡片的次序,理顺各类之间的次序。

(5) 鉴别评价。对资料进行初步分析,对其意义和价值以及可靠性进行鉴别和评价。否则,不正确的材料会得出错误的结论,这比没有结论更加有害。

3. 文献综述

对文献经过阅读、思考,便形成了自己的看法。把这些看法用自己的话表达出来,就是文献综述。综述不仅仅是读者对文献的综合概括,而且实际上加进了读者自己的见解。

(1) 综述的定义。综述是综合论述的简称,指的是对一定时间范围内某一学科领域或某一专题的原始资料,进行系统的调查、整理、归纳、分析、综合和研究以后,编写而成的一种总结性、前瞻性文献。它是一种典型的三次文献,是科学研究和信息工作相结合而生成的高级信息产品。它既是文献检索的工具,又是研究的阶段性成果。

(2) 综述的分类。按照编写方式和传递信息的深浅程度,综述可分为以下两种类型:一是概要性综述。它是从具有相同主题内容的文献群中,选取有参考价值的文献资料,按编写者的思路组织材料并加以撰述而形成的。其本质特征是较为忠实地描述原始文献的主要观点,较少运用自己的观点对原始文献加以评价,因此它的重点在于述。二是评论性综述,即述评。它不仅包括概要性综述的内容,还从一定的高度反映出编写者对该研究课题及研究文献的全面分析和论证性评价,力求揭示出该研究领域的水平及动向,因而它能体现出较高的学术性和权威性,具有引导的职能,其重点在于评。

(3) 综述的特征。综述有如下四个特征:一是综合性,它能全面系统地反映国内外某一领域的概况,它通过广泛占有相关材料,综合论述各种学术观点,同时预测学术动态及学术发展趋势。二是客观性,它要求编写者客观对待和真实反映学术观点,构思出有依据的论述或述评。三是新颖性,它一般以近几年来的热点问题为选题,引用文献也以3—5年的学术期刊论文为主,并注重论文中的新方法和新见解。四是书目性,它一般引用众多的参考文献,并在文末一一列出,这些参考文献可视为专题目录,是研究者进行追溯检索的重要工具。综述具有明显的外部识别特征,一般题名冠以"综述"、"进展"、"概述"、"述评"、"动态"等字样,使人一目了然。

(4) 综述的内容。综述的内容无严格的规定,可以是对一个领域、一个学术分支进行论述,也可以对一个专题、一种方法进行论述,可以是横向的研究,也可以是纵向的研究。篇幅可短可长,视课题的性质、占有资料的多少及作者的能力而定。

(5) 综述的格式。综述的格式也没有严格的规定,一般包括正文与参考文献。单独发表的综述应加上摘要与关键词。综述的正文应介绍综述的主题与时间范围,阐述某一时期研究的主要观点与结论,以及尚未解决的问题与未来研究的展望。参考文献是必不可少的,在综述的最后应尽可能多地列出参考与引证文献。

(6) 综述的撰写。在综述的撰写中,我们应当注意以下几点:一是要将各个研究结果放在一起,努力理清他们之间的关系。二是在资料分析时,可能会发现有些结论是自相矛盾的,要仔细思考他们的不同点,尽可能对它们做出解释。三是要围绕与问题相关的关键点来组织综述,不要勉强以年代顺序来组织。四是引用文献必须先阅读过原文,不能只依靠文摘,否则可能会曲解原意。五是综述的参考文献序号应与文中号码一致,以免读者查找困难。

第三节 网络检索

网络检索指的是通过计算机上网进行文献检索。随着现代信息技术的发展与网络的普及,网络检索成为了最常用、最重要的检索方式。

一、网络检索的特点

1. 方便快捷

网络检索之所以成为用户首选的检索方式,主要原因在于它的方便、快捷。网络检索的方便快捷主要体现在:第一,不需要专门跑去图书馆,只要在能够上网的任何地方,用户可以不分时间和空间,随时利用网络来查阅各类信息资源,寻找自己感兴趣的文献资料。第二,不需要花很多时间学习如何检索。大部分的网络检索工具有着良好的人机会话界面与方便的帮助支持系统。用户只要在指定的地方键入关键词,就可以检索到相关的文献信息,十分简单、方便。

2. 灵活多样

在网上检索时，用户可以运用多种工具，从多种途径入手开展检索。常用的检索工具有搜索引擎与网络数据库。用户可以根据自己的需要与检索的要求自由地选择。在搜索引擎中，用户可以通过点击搜索引擎界面上的"网页"、"图片"、"新闻"等选项，从多个途径入手寻找目标信息。网络数据库的检索途径更为多元，包括题名、摘要、作者、来源等等，这些途径能够帮助用户快速找到自己需要的信息。

3. 查全查准

网络上拥有海量的信息，因此在网络上，只要输入关键词，轻点一下搜索键，就能在极短的时间内检索到大量相关信息，查全率相对手工检索、光盘检索而言，要高得多。除了查全率高之外，一些专业的网络数据库大量收录一段时期以来某些领域的学术文献，利用这些网络数据库检索，就能准确查找到某一时期某一领域的相关文献。

二、网络检索的工具及其使用

1. 搜索引擎及其使用

搜索引擎是网络检索的有力工具，它将互联网上的站名收集、整理与组织起来，形成信息查询系统。它不仅运用庞大的数据库记录网上信息源的地址，还运用自动跟踪技术，定期在网上漫游，查找新的（或改变了的）网站网址，列入自己的数据库中。常用的搜索引擎共有四种：

（1）全文搜索引擎。全文搜索引擎支持关键词检索，检索结果直接链接到网页文字，如百度、谷歌（google）等。这类搜索引擎根据用户输入的关键词，在自身的数据库中检索与用户查询条件相匹配的有关记录，然后按一定的排列顺序（如相关程度、网站点击率等），将包含此关键词信息的所有网址和指向这些网址的链接返回给用户。用户通过点击链接就能找到原文。全文搜索引擎涵盖的信息量很大，其缺点是精度差，用户往往要花费很多的精力，从庞杂的反馈中过滤出所需要的信息。

（2）分类目录搜索引擎。这类搜索引擎不能直接通过关键词检索得到相关链接，而是通过不断地浏览目录，最终得到原文，如雅虎（Yahoo）、搜狐、新浪等等。这类搜索引擎利用大量的人力浏览因特网页面，然后对各种信息（如网址、主题等）进行整理，形成类似图书馆目录的网络分类树型结构目录。用户通过逐级浏览这些目录来寻找自己所需要的资料。这类搜索引擎对人力资源的要求较高，因而常会出现更新不够及时的状况，但是由于它允许用户的搜索一直在某一个分类目录下运行，所以具有全文搜索引擎没有的优点，那就是它能够提供比较准确的信息。

（3）元搜索引擎。元搜索引擎又称多元搜索引擎。它并不直接与网站、网页建立联系，而是与网络上的搜索引擎建立关系，通过搜索其他的搜索引擎，为用户提供相关信息，如Infospace等。元搜索引擎在接受用户查询请求时，同时在其他多个引擎上进行搜索，并将结果返回给用户。由于网络上的信息过于丰富，单靠一种搜索引擎，很难实现查全，使用元搜索引擎可以同时搜索多个常用的搜索引擎，不仅查全率得到提高，检索的时间也大为节约。但由于返回的信息太多,元搜索引擎的精度会稍差些。

(4)学术搜索引擎。学术搜索引擎又称垂直搜索引擎,是专为搜索高度相关的专业信息而设计的搜索引擎,如 google scholar 等。这类搜索引擎通常会对网上某一领域的信息资源进行深度的专业分析,然后通过精细分类与过滤筛选,建成虚拟的免费学术数据库,利用网络在线搜索形式向用户提供各种查询信息,使用户方便地搜索全球较为权威的学术科研信息,如论文、书籍、学术文献、技术报告等等。由于学术搜索引擎能过滤掉普通搜索中大量的与学术无关和无用的信息,因而查准率较高。

2. 网络数据库及其使用

数据库是按一定的结构和规则组织起来的相关数据的集合。网络数据库指的是在网上运行的数据库。根据提供的数据的类型,网络数据库可分为全文库、索引库。全文库为用户提供索引、全文阅览与下载服务。索引库只能提供文章的来源信息,即文章由谁撰写,什么时候发表在哪一本期刊的第几期上。根据数据来源的不同,网络数据库可分为论文库与图书库。论文库收录期刊论文、学位论文、会议论文等,图书库收录电子图书。当前网络检索中常用的论文库主要有中国期刊网、万方数据化期刊、中国科技期刊数据库、中国学位论文全文数据库、中国学术会议论文全文数据库等,常用的图书库主要有超星数字图书馆与方正数学图书馆等。在一般的互联网上,这些网络数据库只提供免费的索引服务,即只提供文献的来源信息,不提供全文信息。用户只有到购买了数据库使用权的单位去使用这些数据库,才能看到原文与全文。大学图书馆、大型公共图书馆与研究机构通常会购买常用网络数据库的使用权。

(1)中国期刊网的使用

中国期刊网拥有目前世界上最大的、连续动态更新的全文数据库,包括中国学术期刊网络出版总库、中国学术辑刊全文数据库、中国优秀博士学位论文数据库、中国优秀硕士学位论文数据库、中国重要报纸全文数据库、中国重要会议论文全文数据库等等。中国期刊网的论文来源于国内 8200 多种重要期刊,以及国内 223 家博士培养单位与 315 家硕士培养单位,内容覆盖自然科学、工程技术、农业、哲学、医学、人文社会科学等各个领域,全部文献总量达 3600 多万篇。

运用中国期刊网进行网络检索时,可在页面上点击"简单检索"。简单检索步骤如下:

第一步,在简单检索页面上键入想要检索的关键词。

第二步,点击搜索框旁边的"简单检索"键,页面上会出现检索结果列表,包括序号、题名、作者、作者单位、文献来源、发表时间、被引次数、下载次数等。

第三步,在列表中选择自己感兴趣的命中记录,单击题名,命中记录的全部信息就会出现在新页面上。

第四步,在命中记录的页面上会出现"摘要"或"正文快照",它们是对论文内容的简单介绍。如果在阅读"摘要"与"正文快照"后,依然对此条命中记录感兴趣,可以点击页面上的"CAJ 下载"或"PDF 下载",将文献下载到本地机上阅读。

第五步,下载 CAJ 阅读器或 PDF 阅读器,浏览下载文献。

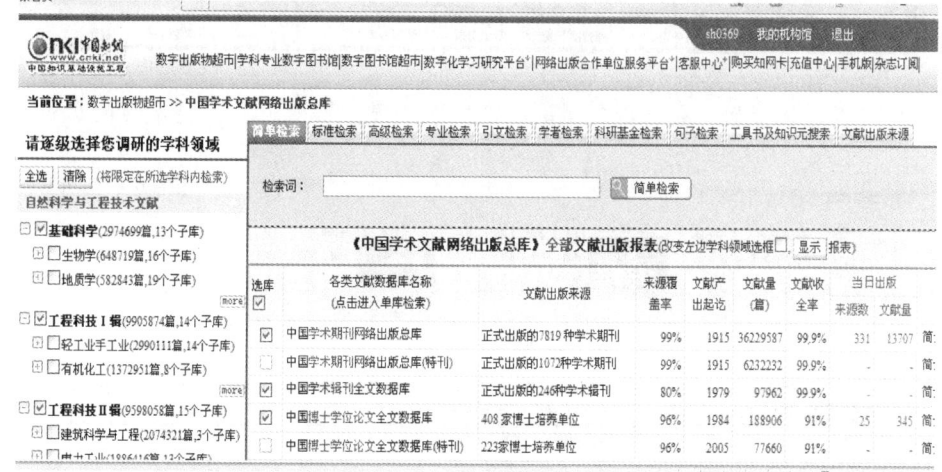

图4.1 中国期刊网简单检索界面

如果要得到更为精确的检索结果,可以使用"标准检索"。标准检索比简单检索查准率高的原因在于:第一,可限定发表时间,缩小范围;第二,如果知道论文来自于哪一本期刊,可在文献来源处键入期刊名称;第三,如果知道论文的作者,可直接在作者处键入作者姓名;第四,一次可对两个关键词进行组配检索。

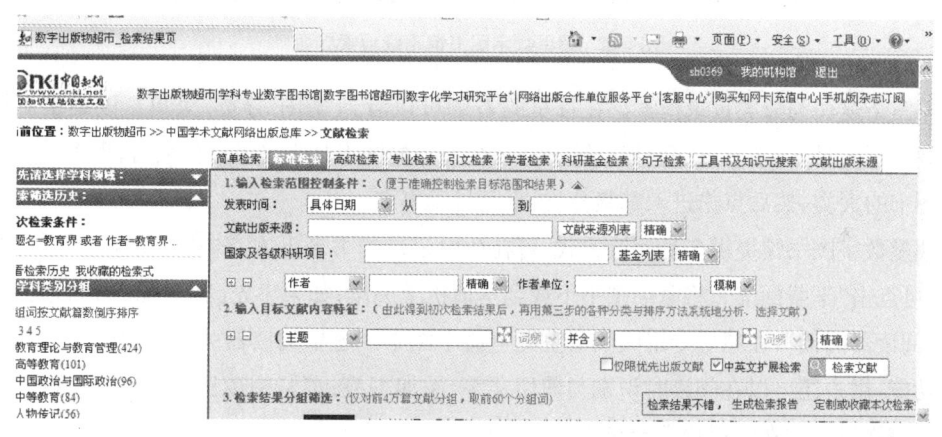

图4.2 中国期刊网标准检索界面

(2) 超星数字图书馆的使用

成立于1993年的超星数字图书馆是全球最大的中文数字图书馆。与中国期刊网专门提供论文检索服务不同,超星数字图书馆拥有专业提供电子图书的大型网络数据库,共收藏图书100多万册,每天仍在不断地增加与更新。

运用超星数字图书馆查找电子图书主要有三种途径:

第一条途径是简单检索。在主页的搜索框下选择检索途径,即书名、作者、目录或者全文,然后在搜索框内键入关键词,点击搜索框旁边的"检索"键,系统就可以搜寻命中记录。

第二条途径为高级检索。点击首页搜索框旁边的高级检索,就进入高级检索的页面。高级检索时,可以自由地对书名、作者、主题、图书出版年进行组配检索,以提高查准率。

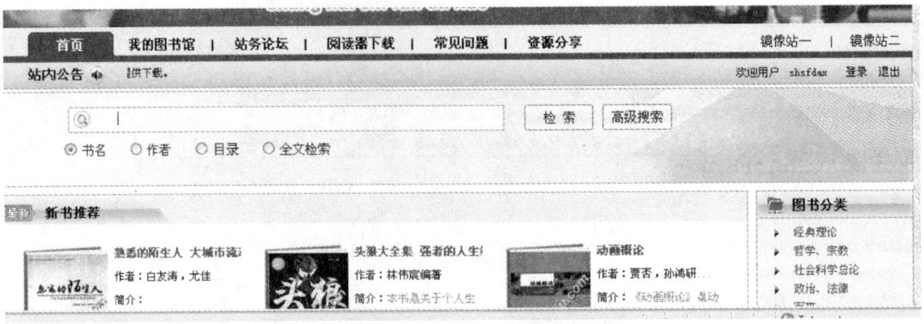

图4.3 超星数字图书馆简单检索界面

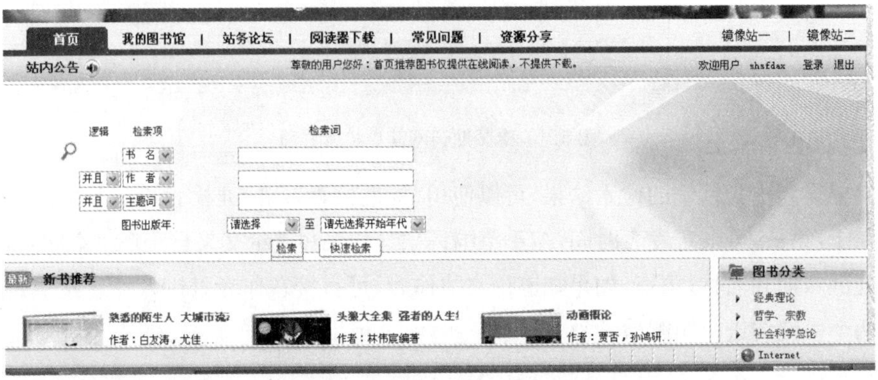

图4.4 超星数字图书馆高级检索界面

第三条途径为分类目录检索。在首页的右侧可以看到"图书分类"菜单。该菜单下按照《中图法》列出哲学、宗教、社会科学总论等22个大类的图书分类目录。检索时,可先选择感兴趣的图书的大类,然后点击进入二级分类,直至显示书名。

超星数字图书馆提供多种阅读方式:可在命中记录的书名下方点击"网页阅读"进行在线阅读;可点击"下载阅读",将命中图书下载到本地机上阅读;如果事先已下载超星阅读器,还可点击"阅读器阅读",在超星专用阅读器上浏览命中图书。超星阅读器为用户提供了多窗口阅读的功能,用户还可以在阅读时识别与剪切文字、添加书签、浏览阅读历史、更换阅读底色、在线搜索书籍以及与在线用户进行交流。

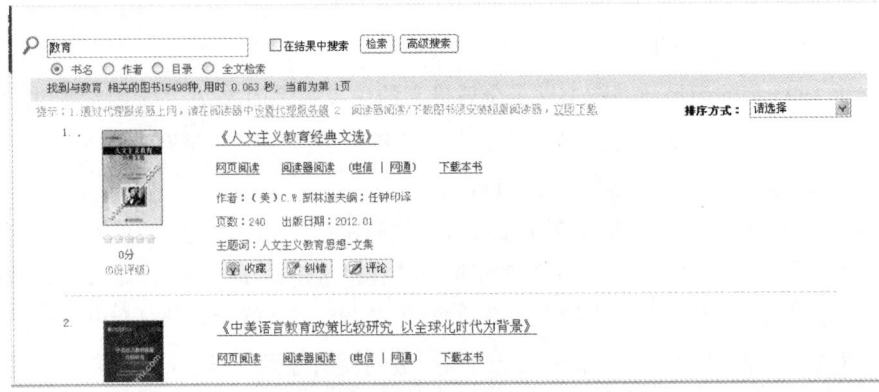

图4.5 超星数字图书馆命中记录界面

三、网络检索的主要策略

1. 明确自己的检索需要

进行网络检索时,首先要想清自己的检索目的与要求,明确自己所需要的文献类型(期刊论文、学位论文、会议论文或电子图书等),预设检索的路径(作者、题名、来源、书刊号等)与所需文献的大致发表时间。

2. 选择合适的检索工具

不同的搜索引擎与网络数据库在收录范围、收录文献的时间跨度、收录文献类型方面存在差异,因此检索时可以先浏览检索工具的使用帮助与使用指南,了解各种检索工具的具体特征,然后根据自己的检索目的与要求选择适合的检索工具。比如查教育学领域论文,可以选择"中国期刊网",查生物学文献,可以选择"中国期刊网",也可以选择"中国科技期刊数据库"。

3. 确定恰当的关键词

网络检索最主要的步骤是在使用检索工具时,在不同的检索路径上键入关键词。关键词的选择在很大程度上决定了检索的效率。确定关键词时,应注意以下几个方面:第一,应尽量选物体名称、专有名词、特定概念或专业术语作关键词,避免选用"研究"、"探索"等词作关键词;第二,围绕主要的关键词作拓展,形成关键词组,这个关键词组内包括主要关键词,也包括主要关键词的同义词、近义词、上位概念或下位概念。检索时可灵活选择关键词组中的某一个或某几个关键词,以提高文献的查全率。如检索小学生习作教学方面的论文,可将"习作"作为主要关键词,并寻找与习作高度相关的其他关键词组成关键词组,以备选用,如"作文"、"写作"、"表达"等等。

4. 利用检索技术缩小检索范围

网络检索常常会出现命中记录太多的现象,要准确找到自己需要的文献可采用以下办法:

(1) 运用高级检索或专业检索,使用"并且(and)"、"或者(or)"或者"不包含(not)"等逻辑运算符号对两个或两个以上的关键词进行组配检索。

(2) 将搜索框旁边的"精确/模糊"选项定位在"精确"。

(3) 在关键词的两边加上引号,进行精确的词组检索。

(4) 利用"二次检索"功能。有些网络数据库具有此项功能,二次检索是在一次检索的结果中进行检索,因此检索范围大大地缩小了。

5. 运用通配符进行检索

有时用户检索时只知道一个关键词的词根,不知道它的准确拼写。面对这种状况,可以先给出这个关键词的词干,然后用一个符号代替其不明确的部分。这个符号叫"截词符"。在不同的数据库中,它可能用"$"表示,也可能用"*"等其他符号表示。

6. 运用命中记录的相关信息进行检索

利用有些网络数据库进行检索时,打开命中记录的页面,会发现许多与命中记录相关的其他文献信息。如中国期刊网的命中记录页面上,有参考文献、二级参考文献、引证文献、共引文献等等。打开并浏览这些文献,可能会发现有价值的信息。

案例：文献综述

全语言研究综述

洪 风

全语言作为20世纪中叶在美国诞生的语言教育思潮，立足于整体与联系的原则，考察语言与语言学习的本质，并以改变以技能为导向的语言教育现状为旨趣，提出了组织语言课程与实施教学的基本理念，在20世纪后半期主导了美国许多地区的语言教育政策，引起了世界的瞩目与国人的关注。本文拟对1997年以来国内全语言研究论文加以综述，以发现研究概貌，并寻找未来研究的起点。

一、研究观点综述

十多年间国内的全语言研究主要涉及四个方面：对全语言内涵的界定；对全语言理论基础的介绍；对全语言教学原则的阐述；在第二语言教学、幼儿教育领域以及中小学母语教育领域内对全语言教学原则的移植与运用。

1. 关于全语言的内涵

对全语言内涵的界定，国内主要有三种观点：第一种将全语言视为关于语言、语言学习、语言教学、教学内容及学习环境的一整套理论和原则。[1]卢凌指出，全语言可以用来描述：合作学习；由学生参与的学习；以学生为中心的学习；对学习社团的集中关注；语言的社会性；真实环境下的语言使用；以意义为中心的语言学习；整体的、非传统的评估技巧；四种语言技能的结合。[2]第二种观点将全语言视为理念与方法的融合。[3]第三种观点则强调要在剖析语言与儿童交流的方式、语言与思维、语言与内容、语言与意义等关系的过程中全面把握全语言概念的内涵。李霞认为语言与思维是统一的，语言与内容（这里指由语言所表达的学科内容）是相互促进的，语言与意义是相互联接的。她特别指出，全语言的内涵之一在于儿童交流方式的整体性。儿童的交流方式与成人的交流方式有着很大的区别，成人的交流主要依靠语词，儿童的交流则包括口头语言、书面语言、音乐、表演、艺术等多种形式。这些交流形式之间不仅没有十分清楚的界限，而且是相互促进、相互关联的，儿童能运用一个交流系统的知识来支持和发展对另一交流系统的认识。[4]

2. 关于全语言的理论基础

许多研究者认为，全语言受教育学、心理学、语言学、社会学等多门学科的交叉影响，它的理论基础主要来源于：

（1）描述阅读过程的理论。古德曼的心理语言学理论揭示了一个关于阅读过程的重要发现，即阅读是一个心理语言的猜谜游戏，而不是一个解码、掌握不同水平的技能的过程。古德曼所强调的阅读过程"以意义为中心"的本质，为理解儿童的语言发展提供了新的视角，成为全语言摒弃"以技能为中心"教学原则的重要基础。[4]

（2）语言习得的相互作用理论。儿童语言习得的认知相互作用理论揭示了儿童在习得语言中的主体作用。在日常生活的交流过程中，儿童的语言与其认知水平之间经常产生矛盾和不平衡,这种矛盾和不平衡构成了儿童学习语言的内部动力,促使儿童不断地进行积极的语言尝试和调整,并在这个过程主动建构意义。儿童语言习得的社会相互作用理论源于维果茨基的社会历史文化理论,维果茨基认为共同活动是言语交往的启动机制,理想形式(即成人的语言)是儿童语言发展的源泉,交往以语言为中介,交往的发展又直接促进语言的发展。儿童语言习得的相互作用理论为全语言建立以"学习者为中心"的课程,倡导合作学习提供了有力的支持。[5]

3. 关于全语言的教学原则

全语言重视语言教学的整体性、目的性、同步性和交际性,它的主要教学原则有:

(1) 整体教学语言。语言教学应从整体入手,然后由整体到部分。语言教学的整体性主要指:将听、说、读、写视为一个整体,不分前后次序,同步发展;将语音、词汇与语法视为整体,不进行人为地分割与孤立的教学;将语言的学与用视为一个整体,使其相互促进,相得益彰。[6]

(2) 以学习者为中心。语言学习是学生主动获取知识和技能的过程,而不是简单地由教师向学生灌输知识的过程。学生是内因,是学习活动的主体;教师是外因,是教学活动的组织者、学习活动的促进者,而不是"知识的权威"。因此,在课堂教学过程中,教师要做到以学生为中心,教学内容要适合学生的能力,教学活动要考虑学生的兴趣以及为发展学生的技能创造条件,而不是把学生当作储存知识的"仓库"。[7]

(3) 创设自然、真实的语言学习环境。教师必须为学生创设大量自然、真实的语言环境,让学习者能在安全的、备受尊重的氛围中,在真实的言语与读写事件中,带着真实的交际目的去理解与表达语言,提高运用语言的能力。[6]

(4) 鼓励合作学习。全语言主张,学习者之间不是竞争对手的关系,而是在合作与交往中共同发展的伙伴关系。[2]

(5) 进行整体评价。从整体着眼,运用档案袋评价的方式,综合评估学生语言能力的发展。[2]

4. 关于全语言课堂教学实践的基本特征

在上述教学原则的指导下,全语言课堂教学实践呈现出以下一些基本特征:

(1) 教学围绕主题组织。全语言认为,以跨学科的方式组织教学能使学生的语言能力在思考、聆听、阅读、讨论和撰写社会、科学和艺术等方面议题的过程中,得到自然的发展。[5]

(2) 教材源于生活,源于经典。全语言拒绝使用基础读物和经过删减的文本,它选用当代的和经典的儿童文学作品作为阅读材料,也选用生活中可以随手拾取的、未经改编的真实材料,如图书、报纸、杂志、书信、食谱、地图、校规、说明书、广告等,让学习者感受完整的、具有生活气息的文本,进行有真实意义的语言学习。[8]

(3) 重视课堂讨论。小组学习是全语言教学的一个重要手段,通过在阅读工作坊和写作工作坊中分享自己的阅读与写作经验,学习者在交往中发展语言。[9]

(4)读写结合。全语言教学强调阅读与写作相结合。每一轮的全语言教学要经历三个阶段:学生通过听、读等接受性语言活动来感知、体验某种知识或经历,然后通过反思来发现新知识、形成新概念,最后通过说、写等活动来表达和创造新知识。[9]

5. 关于对全语言理论的移植与运用

运用全语言的教学理念反思并改进我国当前的教学实践,是许多研究者的目标,相关的讨论涉及三大领域:作为第二语言教学的大学英语教学领域、幼儿语言教育领域以及中小学母语教育领域。

(1)在作为第二语言教学的大学英语教学领域内的讨论。由于多数全语言的研究者是英语教育的专业人员,因而如何借鉴国外的全语言思想,改革我国英语教学成为国内全语言教学研究的热点问题。许多人主张运用全语言教学原则改造大学英语教学,采用多种源于生活的语言材料,注重学科整合,运用教学交易模式等。[10]

(2)在幼儿语言教育领域内的讨论。在幼儿语言教育领域内,研究人员提出了创设幼儿全语言学习环境,开展全语言教学活动的基本设想。[11]袁爱玲提出了三个大类五种形式的幼儿全语言教育活动。三大类包括故事教学活动、诗歌教学活动与散文教学活动。五种形式包括正规的语言教育活动、非正规的语言教育活动、随机的语言教育活动、工具性的语言教育活动与常规性的语言教育活动。[12]徐德江等人在三十多年科学汉字教育研究的基础上,结合全语言理论,于2005年推出《婴幼儿全语言整合教育》读本及操作材料。他们提出,将"全语言"作为0—6岁幼儿课程构建的指导思想,把语言教育内容与其他婴幼儿教育内容整合起来,用完整语言能力的发展来带动婴幼儿各种能力的协调发展。具体地说,就是以汉字为载体,以汉字教育和文学作品为切入点,以完整语言能力培养为教育主线,通过听视、生活、听读和游戏四个途径,伴随其运动、情感、认知和社会性发展,引导婴幼儿在和字宝宝交朋友,在无穷多样"玩汉字"的过程中,没有压力、负担和烦恼,轻松愉快地自然习得完整语言,并带动其各方面能力的发展。他们主要采用单元主题教学,以两种教学途径开展语言教育活动:其一,专门的语言教育。凡属于语言自身要素和规则的学习内容,如语音、词汇、句式,以及倾听、表达、阅读等等属于"专门的语言教育"活动的内容;其二,渗透的语言教育。语言作为学习和交流的工具,承载着其他领域的学习内容,如:科学、社会、生活、健康、艺术等,属于"渗透的语言教育"活动的内容。他们开发大量的婴幼儿全语言整合教育的学习资源,包括婴幼儿全语言整合教育读本、操作材料、读书大范例、小字卡、配乐朗读带等。[13]

(3)在中小学母语教学领域内的讨论。极少数的研究者,能立足全语言本源(全语言最初为母语教育理论),运用全语言的理念与原则对我国的母语教育加以观照,反思当前母语教育的弊端,思考改革母语教育的方略。如李建军认为:语文教育应超越传统的"工具论",增强语文学习的现实意义,积极开发生活中的语文课程资源,引进生活中的语言材料,让学生在真实材料的刺激下,产生真实的学习动机,围绕自己感兴趣的问题,寻求解决问题的办法,自由发表自己的见解,从而促进语文学习与语文应用的完美结合,增强语文教学的活力。

语文教师要改变作为教学活动的控制者的"权威"角色,成为学生语言学习的组织者、对话者,扮演学生语言学习的"中介元素",通过了解学生的需求和潜力,掌握学生的个体差异以及在学习中可能遇到的问题,为学生的学习提供服务,并且通过与学生之间的交流沟通,和学生一起分享语言学习的乐趣,促进学生有目的、有意义地学习语言。[14]杨晶认为,全语言对我国小学母语教学有着极大的参考价值和借鉴意义,小学教材编辑者应当创造性地打破从拼音—识字—阅读—写作的固有体例,在不同的教学阶段提供难度不一、形式各样的材料,让学生在文学的海洋中快乐地学习母语。[15]

二、当前国内研究未解决的问题

综上所述,国内关于全语言的研究取得了一定的成果,但是我们也不难发现,国内研究处于起步阶段,以国外文献的局部介绍以及简单应用为主,缺乏全面的、整体的分析与批判,存在的主要问题为:

1. 没有在全语言发生和发展的背景中去理解全语言。每一个思潮和运动的产生总是有着特定的背景,全语言为何发生,它经历了一个怎样的发生、发展过程,这些在目前的国内研究中几乎寻找不到。

2. 没有对全语言背后的理论根基进行剖析。全语言的理论看似直白,实则蕴含着丰富的教育思想。全语言的理论根基是什么,很少有人去深思。

3. 没有对全语言的理论框架作全面的讨论。全语言的理论框架涉及语言、语言学习、语言发展、语言课程与教学多个方面。现有的研究虽然多多少少涉及到了上述框架的一个方面或几个方面,但是讨论的深度还有待挖掘。

4. 没有真正把握全语言的核心。全语言的核心是其语言学习理论,全语言以此为基点探讨语言课程的设置与教学的展开。如果认识不到这一点,对全语言的研究就只能在外围打转。

5. 没有对全语言进行较为深入的批判与反思。全语言在西方是个引发巨大争议的思潮,如何在全面理解全语言的基础上,分析其贡献与局限性,并在此基础上展开对语言学习问题的新探索,也是一个有待开垦的领域。

三、未来研究展望

基于上述分析,未来的全语言研究应当聚焦以下几方面的问题:

1. 全语言不仅仅是一种教育思潮,同时也是一项影响语言教学与学习实践的声势浩大的运动,那么它是如何发生,又是如何发展与变化的?

2. 作为一种风靡西方国家多年的语言教育思潮,全语言并不是凭空产生的,它有着深厚的理论根基,那么它的理论根基在哪里?

3. 全语言的理论基础包括五个部分,在语言观、语言学习观、语言发展观,以及课程与教学观方面,它持有哪些基本的理论主张?

4. 如何评价全语言?它做出了哪些贡献?又存在哪些缺陷?对我国小学语文教育而言,它能提供哪些启示?

参考文献

1. 侯彤.整体语言教学初探[J].沈阳教育学院学报,2004(3):79—81.
2. 卢凌."整体语言教学"探索[J].课程·教材·教法,2002(08):23—27.
3. 杨洁.全语言与外语教学[J].山东教育科学,2002(1):27—32.
4. 李霞.全语言教学思潮及其对我国幼儿语言教学的启示[J].学前教育研究,2000(4):10—12.
5. 张红霞.外语教育中的整体语言方法[J].安徽教育学院学报,2004(4):75—77.
6. 李炯英."整体语言法"理论对高校英语教学改革的启示[J].四川外语学院学报,2004(3):138—141.
7. 邢立君.整体语言法评介[J].辽宁师范大学学报(社会科学版),1997(2):39—41.
8. 陈德云.让语言学习回归真实世界[J].学科教育,2003(10):46—49.
9. 顾礼芬.论整体语言教学法[J].天津大学学报(社会科学版),2003(2):178—181.
10. 王昉.全语言理论对实施《大学英语课程教学要求》的启示[J].商洛学院学报,2007(1):81—84.
11. 崔同花.幼儿全语言教学理论与实践[M].北京:科学出版社,2002.
12. 袁爱玲.学前全语言创造教育活动设计·大班[M].北京:教育科学出版社,2001.
13. http://www.sharegrow.com/html/product/20061012/0610121343426932.html. 2009-10-24.
14. 李建军.欧美全语言教学及其启示.教学与管理,2003(17):78—80.
15. 杨晶.整体语言教学法对我国小学母语教学的启示[J].内蒙古师范大学学报,2008(6):78—80.

思考与练习

1. 在平时积累资料的基础上,结合前面的开题报告,做好资料的搜集和选择工作,完成文献综述。

2. 就"小学课堂提问有效性研究"这一课题,进行网络检索。考虑可选择哪些数据库?从哪些检索途径入手?如何扩大或缩小检索范围?

第五章 数据处理

第一节 频数分布图表

在教育科学研究中,常常要收集许多数据资料进行整理和分析,以作出合理的结论和预测。绘制频数分布表和频数分布图就是整理数据的一种常用方法。

下列数据是某小学五年级 60 名学生语文测验的成绩:

```
56  58  69  77  73  72  64  68  50  62  61  65  67  75  78
79  80  81  80  78  76  75  82  83  80  81  74  78  75  73
75  76  77  81  82  80  84  86  81  79  79  78  80  81  84
85  88  86  91  92  90  89  95  98  87  84  83  85  83  82
```

我们对以上数据进行适当整理,并进行分组,按照等组距的原则确定每组的上限(最高值)和下限(最低值),然后计算每组的数据个数,这个数称为频数。记录各组数据的频数构成统计表,这就是频数分布表。(见表5.1)

表 5.1 语文成绩频数分布表和累积频数分布表

组序	成绩(1)	组中值(1)	登记(3)	频数(4)	累积频数(5)
1	50—57	54	丅	2	2
2	58—65	62	正	5	7
3	66—73	70	正一	6	13
4	74—81	78	正正正正正一	26	39
5	82—89	86	正正正一	16	55
6	90—98	94	正	5	60
总和				60	

表 5.1 中(1)(2)(3)(4)列构成了五年级 60 名学生语文测验成绩的频数分布表。我们把各组上下限的平均数称为组中值,一般作为各组的代表数。如从数据最小一组开始,把以上各组的频数累积起来得到的表就是累积频数分布表。表 5.1 中第(5)列就构成累积频数分布表。

上列数据,在未经整理前,使人感到杂乱无章,有了频数分布表,就能很容易了解这些学生的语文水平,它们之间最多相差多少,在哪个范围人数最多,等等。这将有助于作出进一步的分析。

在作频数分布表时,要注意以下两点:

第一,确定分组个数是关键。通常数据多,分组也多,反之分组就少。当数据在100之内,常分5到10组,平均每组的个数不小于8。

第二,分组的上下限要覆盖整个数据。如果数据正好等于某组下限,应将它归入数据较大的一组,例如把58归入第2组,把74归入第4组。

为了把频数分布表直观地表示出来,一般采用频数分布图。常用的频数分布图有频数分布直方图(见图5.1)和频数分布多边图(见图5.2)等几种。通过这些图,我们可以形象地看到频数分布的情况:分布的形态是对称、陡峭,还是扁平,等等。

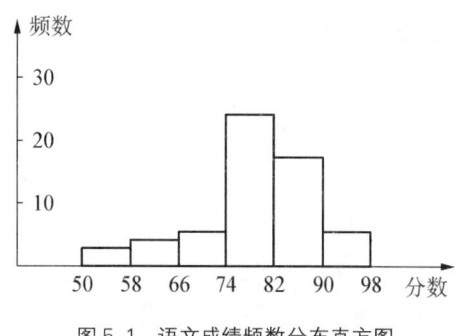

图5.1 语文成绩频数分布直方图

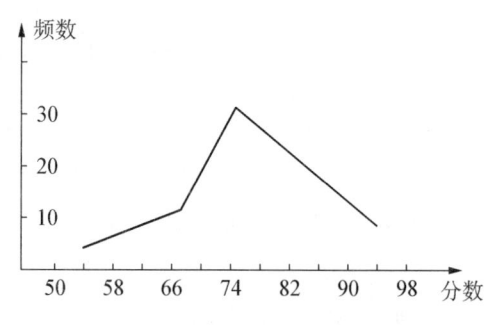

图5.2 语文成绩频数分布多边图

第二节 几种平均数

平均数是教育统计中最常用的集中量。集中量是代表一组数据典型水平或集中趋势的量,它能反映大量数据向某一点集中的情况。常用的平均数有算术平均数、加权平均数、几何平均数和调和平均数。现分述如下:

一、算术平均数

算术平均数是所有单位值除以总单位数所得的商,用 $\bar{X}$ 表示。其公式为:

$$\bar{X} = \frac{\sum X}{N}$$

这里,$\sum$(读作 Sigma)表示总和,X 表示依次的单位值,N 表示单位数。

例1 A组有8位学生,他们的语文测验成绩为:93、89、81、77、73、69、61、57。这组学生的平均分数是多少?

$$\bar{X} = (93+89+81+77+73+69+61+57) \div 8$$
$$= 75$$

答:这组学生语文测验的平均分数是75分。

二、加权算术平均数

加权算术平均数是几个作用比重不同的算术平均数的平均数,用 $\bar{X}_t$ 表示。其公式为:

$$\overline{X}_t = \frac{\overline{X}_1 N_1 + \overline{X}_2 N_2 + \cdots + \overline{X}_k N_k}{N_1 + N_2 + \cdots + N_k}$$

这里，$N_1, N_2, \cdots N_k$ 表示第一组到第 k 组的单位数，也称为权数。它权衡了各小组平均数在总平均数中所起的作用。$\overline{X}_1, \overline{X}_2 \cdots \overline{X}_k$ 表示第一组到第 k 组的算术平均数。当数据彼此之间在总平均数中的比重不同时，可用加权算术平均数来求总平均数。

例 2 利用频数分布表求上节 60 名学生的语文平均分数。

$$\overline{X}_t = \frac{54 \times 2 + 62 \times 5 + 70 \times 6 + 78 \times 26 + 86 \times 16 + 94 \times 5}{60}$$
$$= 78.5$$

答：这 60 名学生的语文平均成绩是 78.5 分。

例 3 某学生的数学期末测验成绩为 78.5 分，平时测验成绩为 83 分，期末测验成绩与平时测验成绩之比为 6 比 4。这学生的学期数学总平均分数是多少？

$$\overline{X}_t = (78.5 \times 6 + 83 \times 4) \div (6 + 4) = 80.3$$

答：这学生的学期数学总平均成绩是 80.3 分。

例 4 某小学五年级有四个班参加数学测验，甲班 35 个学生的平均分数为 82 分，乙班 39 个学生的平均分数为 80 分，丙班 40 个学生的平均分数为 76 分，丁班 36 个学生的平均分数为 75 分，全年级数学测验的总平均分数是多少？

这道题应当用加权算术平均数来计算。

$$\overline{X}_t = (82 \times 35 + 80 \times 39 + 76 \times 40 + 75 \times 36) \div (35 + 39 + 40 + 36)$$
$$= 78.2$$

答：全年级数学测验的总平均成绩是 78.2 分。

三、几何平均数

几何平均数常用于计算平均进步率（或增加率），用 $\overline{X}_G$ 表示。其公式为：

$$\overline{X}_G = \sqrt[n]{x_1 \times x_2 \cdots x_n}$$

例 5 一个学生的阅读能力每周测验成绩如表 5.2 所示，求该生阅读能力平均进步率。

表 5.2 某学生阅读能力测验成绩

周次	成绩（分）	每周与前周的比率	周次	成绩（分）	每周与前周的比率
1	45	（基数）	3	76	1.226
2	62	1.378	4	80	1.053

$$\overline{X}_G = \sqrt[3]{1.378 \times 1.226 \times 1.053} = 1.212$$

这就是说某生阅读能力平均地看，后一周是前一周的 1.212 倍。

$$1.212 - 1 = 0.212(或21.2\%)$$

答：该生阅读能力进步率是0.212。

须注意的是：如果数据中有零和负数，几何平均数据则失去意义。

四、调和平均数

调和平均数是一组数据倒数的算术平均数的倒数，用 $\overline{X}_H$ 表示。

调和平均数（倒数平均数）用于求平均速率等数据可能表现为正逆两种指标的场合。在教育方面，主要是用来求学习速度，如阅读速度、解题速度、识字速度等。平均速度一般用单位时间内的工作量来表示。其计算公式为：

$$\overline{X}_H = \frac{N}{\sum\left(\frac{1}{X}\right)}$$

例6 5个学生每小时解题数目分别为4、4、5、5、8。问平均每小时解题速度如何。

根据公式，则

$$\begin{aligned}\overline{X}_H &= 5 \div (1 \div 4 + 1 \div 4 + 1 \div 5 + 1 \div 5 + 1 \div 8)\\ &= 5 \div 1.025\\ &= 4.878\end{aligned}$$

答：这5个学生平均每小时能解4.878道题。

如果用算术平均数计算，其结果

$$\overline{X} = (4+4+5+5+8) \div 5 = 5.2$$

这就不是平均解题速度，而是平均每人在1小时内解题的数目。因此，求5人的平均解题速度，应首先求出每人解一题所用的时间，即 $1/X$（分母 X 表示每人在每1小时内解题的数目，分子1表示小时）。由于每个人解一题所用时间不同，所以应求5个人平均解一题所用的时间，再求其倒数，这就是他们5个人的平均解题速度。

例7 一个学生阅读3本书，读第1本书时的速度折合为每小时20页，读第2本书时的速度折合为每小时25页，读第3本书时的速度折合为每小时37页。问该生平均阅读速度为多少。

$$\begin{aligned}\overline{X}_H &= 3 \div (1 \div 20 + 1 \div 25 + 1 \div 37)\\ &= 3 \div 0.117\\ &= 25.64\end{aligned}$$

答：该生平均每小时能阅读25.64页书。

须注意的是：如果数据中有零，则调和平均数据失去意义。

第三节 方差、标准差与差异系数

表示一组数据变异程度或离散程度的量叫做差异量。常用的差异量指标有方差、标准差，

还有表示相对差异量的差异系数。现分述如下:

一、方差

方差是离差平方和的算术平均数,用 σ^2 表示。其定义公式为:

$$\sigma^2 = \frac{\sum (X-\overline{X})^2}{N}$$

这里,σ^2 表示方差,$X-\overline{X}$ 表示离差,即每个数据与平均数的差数;$\sum (X-\overline{X})^2$ 表示离差平方和;N 表示总体单位数。

例 8 A、B 两组各有 8 位学生参加同一次语文测验。A 组的测验分数为 93、89、81、77、73、69、61、57;B 组的测验分数为 80、79、77、76、74、73、71、70。问两组的平均分数和方差。

$$\overline{X}_1 = (93+89+81+77+73+69+61+57) \div 8$$
$$= 75$$
$$\overline{X}_2 = (80+79+77+76+74+73+71+70) \div 8$$
$$= 75$$
$$\sigma_1^2 = [(93-75)^2+(89-75)^2+(81-75)^2+(77-75)^2+(73-75)^2$$
$$+(69-75)^2+(61-75)^2+(57-75)^2] \div 8$$
$$= [324+196+36+4+4+36+196+324] \div 8$$
$$= 140$$
$$\sigma_2^2 = [(80-75)^2+(79-75)^2+(77-75)^2+(76-75)^2+(74-75)^2$$
$$+(73-75)^2+(71-75)^2+(70-75)^2] \div 8$$
$$= [25+16+4+1+1+4+16+25] \div 8$$
$$= 11.5$$

答:A、B 两组的平均分数都是 75 分;A 组的方差为 140,B 组的方差为 11.5。

二、标准差

离差有正有负,经平方后就变成正数,但数据的单位也平方了。为了使差异量与数据的单位一致,可以将方差开平方,得到的即为标准差。由此可见,标准差就是离差平方和平均后的方根。也可以说,标准差就是方差的方根,用 σ 表示。其定义公式为:

$$\sigma = \sqrt{\frac{\sum (X-\overline{X})^2}{N}}$$

如果要求例 8 中 A、B 两组语文测验成绩的标准差,可以这么计算:

$$\sigma_1 = \sqrt{140} = 11.83$$
$$\sigma_2 = \sqrt{11.5} = 3.39$$

从这道题中可以看出：A、B两组的平均分数相同,但不等于这两组的水平相同,这是因为两组学生的分数之间的差距不同。A组学生之间的分数差距相当大,B组学生之间的分数差距相当小。所以说,算出平均数,只能了解学生成绩的集中程度；算出方差或标准差,才能了解学生成绩的离散程度。

三、差异系数

方差和标准差都是带有与原观察值相同单位的名数,称为绝对差异量。这种绝对差异量不能用来比较两种单位不同或单位相同而平均数相差较大的资料。要作这样的比较,必须用表示相对差异量的差异系数来进行。

1. 差异系数的定义

差异系数,是标准差与其算术平均数的百分比,用 CV 表示。它是没有单位的相对数,其定义公式为：

$$CV = \frac{\sigma}{\overline{X}} \cdot 100\%$$

从公式中可以看出：差异系数的意义在于它是以算术平均数为参照来衡量差异的程度。差异系数大,表明离散程度大；差异系数小,表明离散程度小。

2. 差异系数的作用

（1）比较不同单位资料的差异程度

例如,1975年上海市6岁男童的体重与身高为：

	平均数	标准差
体重	19.39 公斤	2.16 公斤
身高	115.87 厘米	4.86 厘米

其差异系数为：

体重　　$CV = 2.16 \div 19.39 \times 100\% = 11.14\%$
身高　　$CV = 4086 \div 115.87 \times 100\% = 4.19\%$

可见体重的差异大于身高的差异。

（2）比较单位相同而平均数相差较大的两组资料的差异程度

例如,1975年上海市区两组女童的体重为：

	平均数	标准差
2个月组	5.45 公斤	0.62 公斤
6岁组	19.02 公斤	2.12 公斤

其差异系数为：

2个月组　　$CV = 0.62 \div 5.45 \times 100\% = 11.38\%$

6 岁组　　$CV = 2.12 \div 19.02 \times 100\% = 11.15\%$

可见两组女童体重的差异大体相同。

(3) 分析和掌握班级教学的分化情况　我们知道,防止出现差生,就是以较好学生为标准,缩短较差学生与较好学生成绩之间的距离。采用差异系数可使对距离大小的判断数量化。根据实践经验和理论上的分析,我们可以选定如下指标作为衡量班级分化的标准:若在班内或年级中,某科成绩的 $CV \leqslant 9\%$,可认为无分化现象;若某科成绩的 $CV \geqslant 20\%$,可认为该班或年级在该学科学习上分化现象严重;若 $20\% \geqslant CV \geqslant 9\%$,可认为该班或该年级在该学科学习上有分化的苗头,应引起重视。

(4) 可判断特殊差异情况　根据经验,在教育统计中衡量学生德智体各方面发展情况的资料,一般 CV 值在 $5\% \sim 35\%$ 之间。如果 $CV \geqslant 35\%$ 时,可怀疑所求得的平均数是否失去了意义;如果 $CV \leqslant 5\%$ 时,可怀疑平均数与标准差是否计算有误。

第四节　标　准　分

在比较学生几门学科的总成绩时,如果将学生几门学科的原始分数相加求和,通过比较总分的多少而决定其优劣,这是不够科学、不甚合理的。这是因为,可能由于各科知识的掌握程度不同等,而使各门学科的分值不相等。即同为 1 分,在分数偏高的学科中价值较低,而在分数偏低的学科中价值较高。由于各种原始分数没有恒定不变的相对单位,所以无法将之相加求和,也无法进行比较。如果将各科原始分数转换成标准分数,比较各科标准分数的总和,就较为科学。下面具体介绍标准分的定义及其作用。

一、标准分的定义

标准分是以标准差为单位来度量每个原始分与其平均分之间的离差,用 Z 表示。其公式为:

$$Z = \frac{X - \overline{X}}{\sigma}$$

从定义和公式中,可以看出标准分的意义在于:

(1) 各科标准分的单位是绝对等价的。正因为如此,可以将每个学生各科标准分相加求和,然后比较其总分的优劣。正因为标准分是以标准差为单位来度量每个原始分与其平均分之间的离差,所以无论各科的平均数和标准差多么不同,一经转换成标准分数,就会变成平均数为 0、标准差为 1 的统一的固定不变的标准形式。

(2) 标准分数值的大小和正负,可以分析某一考分在全体考分中所处的地位。标准分正是通过每个考分在全体考分中的位置来比较其优劣的,所以称为相对分数。

(3) 标准分是在正态分布曲线的基础上,从平均数开始,以标准差为单位的一段距离。正态分布也呈常态分配。正态分布曲线的位置是由平均数决定的,形状是由标准差决定的。标准差相同而平均数不同,则相同的分布曲线分别处于底线上的不同位置;如平均数相同而标准差不同,则在底线的同一位置出现不同形状的分布曲线——标准差愈小,峰值愈高,全距愈小;反之,峰值愈低,全距愈大。

通常我们说的正态分布是指标准正态分布(见图5.3)。标准正态曲线有如下几个特点:

第一,曲线以 $Z=0$ 处为中心,两侧对称。

第二,曲线在 $Z=0$ 处为最高点。

第三,曲线从最高点向左右慢慢下降,并无限延伸,但永不与基线相交。

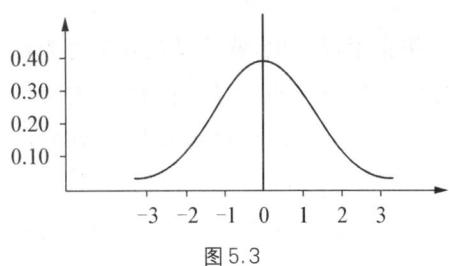

图5.3

第四,从 $Z=0$ 至 $Z=1$,曲线之下面积占总面积的 34.13%;从 $Z=1$ 至 $Z=2$,曲线之下面积占总面积的 13.59%;从 $Z=2$ 至 $Z=3$,曲线之下面积占总面积的 2.15%;在 $Z=3$ 以外的基线之上,曲线之下面积占总面积的 0.12%。平均数的另一侧也是如此。

根据以上特点,统计学家为我们提供了"正态曲线"下的面积表。有不少事物的测量数据(身高、体重、智力、成绩等)近似正态分布。于是,我们可以借助正态分布模型,用标准分来研究它们之间的数量关系。

二、标准分的作用

1. 计算总评分

例9 某学生本学期的四次语文测验分数分别为80、84、75、80,这四次语文测验全班的平均分数分别为70、78、68、81.96,标准差分别为8、6、5、12。又知这位学生的语文考试分数为85,期末考试全班的平均分数为77,标准差为7。平时成绩占总评分的60%,考试成绩占总评分的40%。请计算这位学生的总评分。

习惯的计算方法是把平时几次测验的成绩相加后算出它们的平均分数,然后再按测验成绩和考试成绩的比例算出总评分。显然,这种算法是不科学的,因为几次测验用的是不同的试卷,这样得到的分数就像用几个不同标准的秤所称出的重量一样,价值是不一样的。要得到学期总评分,可按下列步骤进行:

(1) 把原始分数转换为标准分数

测验1　$Z=(80-70)\div 8=1.25$

测验2　$Z=(84-78)\div 6=1.00$

测验3　$Z=(75-68)\div 5=1.40$

测验4　$Z=(80-81.96)\div 12=-0.16$

期末考试　$Z=(85-77)\div 7=1.14$

(2) 将 Z 标准分数转换为 T 标准分数　所谓 T 标准分数,是指将 Z 标准分数乘上一个常数 K,再加上一个常数 C。为了与我国长期使用的百分制取得一致的形式,一般采用 $K=10$,$C=50$,进行转换。即 $T=10Z+50$。

其实,Z 标准分数是以平均分数为0、标准差为1的标准常态分布,Z 标准分数是以平均分数为50、标准差为10的标准常态分布。T 标准分数既保持了 Z 标准分数的优点,又能克服 Z

标准分数在表现形式上的缺陷(Z 标准分数常为小数和负数)。

本例的 Z 标准分数转换为 T 标准分数后,得到:

测验1的 Z 标准分数为:$1.25 \times 10 + 50 = 62.25$

测验1的 Z 标准分数为:$1.00 \times 10 + 50 = 60$

测验1的 Z 标准分数为:$1.40 \times 10 + 50 = 64$

测验1的 Z 标准分数为:$-0.16 \times 10 + 50 = 48.4$

期末考试的 Z 标准分数为:$1.14 \times 10 + 50 = 61.4$

(3) 按照比例计算出总评分　平时测验的 T 标准分数为:$(62.25+60+64+48.4) \div 4 = 58.66$;期末考试的 T 标准分数为 61.4。

总评分 $= 58.66 \times 60\% + 61.4 \times 40\% = 59.76$

2. 比较各门学科之间的成绩

例10　甲、乙两名学生期末的语文和数学考试成绩如下:甲生的语文成绩为 81 分,乙生的语文成绩 73 分;甲生的数学成绩为 75 分,乙生的数学成绩为 90 分。已知全体考生语文平均分为 65 分,标准差为 4 分,全体考生的数学平均分为 80 分,标准差为 10 分,要求比较甲、乙两名学生的语文、数学两门学科的总成绩。

要解决这个问题,可按下列步骤进行:

(1) 先把甲、乙两名学生的语、数两门学科的原始分数转换成标准分数

甲生语文标准分数为:$Z = (81-65) \div 4 = 4$

乙生语文标准分数为:$Z = (73-65) \div 4 = 2$

甲生数学标准分数为:$Z = (75-80) \div 10 = -0.5$

乙生数学标准分数为:$Z = (90-80) \div 10 = 1$

(2) 将 Z 标准分数转换为 T 标准分数

甲生语文标准分数为:$4 \times 10 + 50 = 90$

乙生语文标准分数为:$2 \times 10 + 50 = 70$

甲生数学标准分数为:$-0.5 \times 10 + 50 = 45$

乙生数学标准分数为:$1 \times 10 + 50 = 60$

甲、乙两生两门学科的 T 标准分数的总和分别为 135 分和 130 分,甲生优于乙生。这一结果恰与原始分数的比较结果相反(见表 5.3)。

表 5.3　甲、乙两生语文、数学的标准分数

考试科目	原始分数 X		全体考生		标准分数			
					Z 分数		T 分数	
	甲	乙	$\bar{X}$	σ	甲	乙	甲	乙
语文	81	73	65	4	4	2	90	70
数学	75	90	80	10	0.5	1	45	60
总和	156	163			3.5	3	135	130

3. 比较班级或个人的发展水平

在教学评价中,由于各班或各位学生的原有基础不一样,所以不能从他们某次考试的平均分来评价教学工作有没有成效。为此,就得分别把各班或各位学生前后两次考试的平均分当作一个原始分数,并将它们转换成标准分,再分别以各班后次考试的标准分减去前次考试的标准分,计算出各班两次考试的标准分之差,来比较它们的发展水平。

例11 某校五年级三个班的前次数学考试平均分数为78分,标准差为10分;后次考试平均分数为76,标准差为8。已知甲、乙、丙三个班前次数学考试的平均分数分别为90、80、70;后次数学考试的平均分数分别为85、82、80。比较这三个班级学生数学的发展水平。

解决这个问题的步骤是:

第一,把甲、乙、丙三班前次数学考试的平均分当作一个原始分数,分别计算它们的Z标准分,然后转换成T分数。

甲班:$Z = (90 - 78) \div 10 = 1.2$ $T = 1.2 \times 10 + 50 = 62$

乙班:$Z = (80 - 78) \div 10 = 0.2$ $T = 0.2 \times 10 + 50 = 52$

丙班:$Z = (70 - 78) \div 10 = -0.8$ $T = -0.8 \times 10 + 50 = 42$

第二,把甲、乙、丙三班后次数学考试的平均分当作一个原始分数,分别计算它们的Z标准分,然后转换成T分数。

甲班:$Z = (85 - 76) \div 8 = 1.125$ $T = 1.125 \times 10 + 50 = 61.25$

乙班:$Z = (82 - 76) \div 8 = 0.75$ $T = 0.75 \times 10 + 50 = 57.5$

丙班:$Z = (80 - 76) \div 8 = 0.5$ $T = 0.5 \times 10 + 50 = 55$

第三,分别以各班后次数学考试的标准分减去前次数学考试的标准分。

甲班两次考试的标准分之差:$61.25 - 62 = -0.75$

乙班两次考试的标准分之差:$57.5 - 52 = 5.5$

丙班两次考试的标准分之差:$55 - 42 = 13$

由表5.4可见,虽然后次数学考试的成绩是甲班优于乙班,乙班优于丙班,但是从发展水平来看,是丙班优于乙班,乙班优于甲班。也就是说丙班进步最大,乙班其次,甲班退步了。

表5.4 甲、乙、丙三班数学发展水平比较

序次	各班平均分数			全年级学生		T标准分 $= 10Z + 50$		
	甲	乙	丙	平均分	标准差	甲	乙	丙
1	90	80	70	78	10	62	52	42
2	85	82	80	76	8	61.25	57.5	55
三个班第二次考试标准分减去第一次考试标准分之差						−0.75	5.5	13

4. 把等级评定转换为计量数据

在品质评定或某些学业成绩评定中,常采用等级评定法。如用"优、良、中、差"评定学生的作文、品德行为,评定歌唱、绘画、体操等技巧水平。等级评定的结果不能进行四则运算,所以要将等级评定转换为计量数据。

例 12 为了提高某次绘画比赛评分的客观性,由三位教师用等级评定法分别对参赛的 100 幅画作独立评定。这样,每一幅画都有三位教师评定等级(见表 5.5)。

表 5.5 三位教师对绘画的等级评定

绘画编号	周老师	郑老师	沈老师
1	良	优	良
2	中	良	中
3	中	中	差

给出得分的步骤是:

第一,画出等级评定的次数分布表(表 5.6),表明在这 100 幅参赛画中被各位老师评为优、良、中、差各等级的画各有多少。

表 5.6 三位教师对绘画作等级评定的次数分布表

等级	周老师	郑老师	沈老师
优	10	12	7
良	42	43	43
中	40	38	45
差	8	7	5
合计	100	100	100

第二,计算出被各位老师评为各等级的评分线与平均线之间的面积,周老师把 10% 面积(即直线 EF 右侧的部分)评为优。作一条垂直于基线的直线,将这块面积平分为二垂线与基线相交于 A(见图 5.4)。这样,垂线与平均线之间的面积为:0.50−0.10÷2=0.45(见图 5.5)。用"正态曲线下的面积表"根据面积查 Z 分数。在表中间找到与 0.45 接近的数值 0.4495,与之相对的 Z 分数是 1.64。

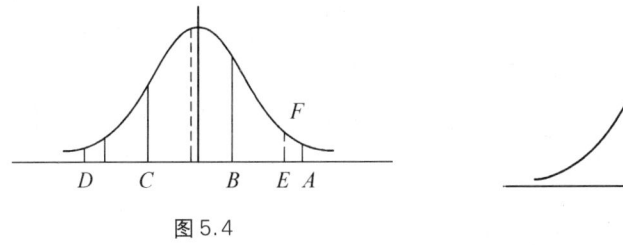

图 5.4   图 5.5

用同样的方法画出评分被周老师评为良、中、差各等级面积的垂直线,分别与基线相交于 B、C、D(见图 5.4),并通过计算得出:

周老师评为良等级的垂线与平均线之间的面积为：

$0.50 - 0.10 - 0.42 \div 2 = 0.19$（见图 5.6）。

周老师评为中等的垂线与平均线之间的面积为：

$0.50 - 0.08 - 0.40 \div 2 = 0.22$（见图 5.7）。

周老师评为差等的垂线与平均线之间的面积为：

$0.50 - 0.08 \div 2 = 0.46$（见图 5.8）

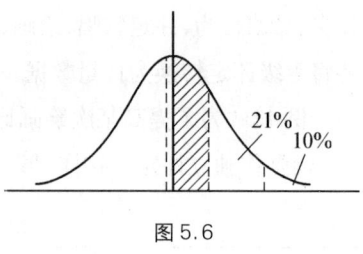

图 5.6

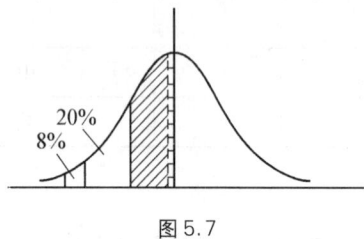

图 5.7

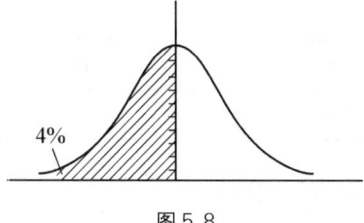

图 5.8

第三，经过查表得到周老师评为良、中、差各等级的测量数据（见表 5.7）。由于 C 和 D 在平均数左侧，所以 Z 是负值。另外两位老师的等级评定都按此方法转换。

表 5.7　从等级评定转换来的 Z 分数

等级	周老师	郑老师	沈老师
优	1.64	1.56	1.81
良	0.50	0.43	0.57
中	−0.58	−0.64	−0.60
差	−1.75	−1.81	−1.96

把每一位老师的等级评定转换为测量数据（见表 5.8）后，就可取三位教师的平均数作为各幅图的 Z 分数。

表 5.8　绘画的 Z 分数

绘画编号	周老师	郑老师	沈老师	平均数
1	（良）0.50	（优）1.56	（良）0.57	0.88
2	（中）−0.58	（良）0.43	（中）−0.60	−0.25
3	（中）−0.58	（中）−0.64	（差）−1.96	−1.06

于是，1 号绘画的 Z 分数是 0.88，2 号绘画的 Z 分数是 −0.25，3 号绘画的 Z 分数是 −1.06，然后分别乘以常数 10，加上常数 50，得到：

1 号绘画的 T 分数 $= 0.88 \times 10 + 50 = 58.8$

2 号绘画的 T 分数 $= -1.06 \times 10 + 50 = 47.5$

3 号绘画的 T 分数 $= -1.06 \times 10 + 50 = 39.4$

思考与练习

1. 试比较算术平均数、加权平均数、几何平均数、调和平均数的适用范围。
2. 试比较标准差和差异系数的适用范围。
3. 怎样比较同科不同次考试成绩？怎样比较同次不同科考试成绩？怎样比较不同科不同次考试成绩？怎样比较不同基础班级或个人的发展水平？怎样把等级评定转换为数据？

第六章 样本抽取

第一节 抽样的定义与类型

一、抽样的定义

抽样,是从研究对象的总体中,按随机原则抽取一部分单位作为样本来研究,然后运用统计手段,把研究结果推及总体。对此定义,可作如下解释:

1. 总体

这是指研究对象的所有个体单位构成的全体,它用 N 表示。总体必须是在所有个体单位具有某种同一质性和特征的条件下组成,不具有同一性质和特征的单位,就不能视为同一总体。作为调查对象的总体要有明确的界限,以便与具有其他性质和特征的总体区别开来。

2. 单位

这是指组成总体的个体。作为构成总体的单位,有自然属性单位和规定性单位两种。自然属性单位如人口总体中的每个人等,不论其大小,是不可再分的单位。规定性单位,是根据调查研究的需要,以最适宜的选择规定的单位。如汉字则可以笔画、部件或整个字为单位,哪种适宜研究需要,就规定哪种为单位。

3. 随机原则

随机原则就是在抽样时,使被调查对象的所有个体单位有同等被抽中的机会。抽样时遵守了随机原则,就可保证被抽中的单位,都是被随机抽取的,避免了调查者主观意识对抽取单位的影响。只有严格遵守抽样的随机原则,才能使得被抽取的部分单位具有必要的和充分的代表性。

4. 样本

这是指从总体的所有单位中抽取出来的部分单位所组成的集体,它用 n 表示。样本是总体的代表,是总体的缩影,是用以估计或推断总体全面特征的依据。影响样本对总体代表性的强弱,一般有下面三个因素:

(1) 总体分布的离散程度。总体分布有不同程度的离散情况,常用总体标准差的大小来反映平均离散程度的不同。如果总体的平均离散程度很小,从中任意抽取部分单位做样本,样本特征很近似于总体特征,样本的代表性就强。反之,如果平均离散程度很大,从中抽取样本单位的随机波动性也很大,那么样本的代表性必然很差。

(2) 抽样单位的数量多少。一般说来,样本单位数以多为好,但太多了就失去了抽样的意义,反之,样本单位数过少,那尽管严格遵守了抽样的随机原则,样本的代表性也不会很高,结论的可靠程度可能就较差。

(3)样本抽取的方式方法。以不重复抽样和不等概率抽样的样本代表性为好。所谓不重复抽样,是指从总体中随机抽取一个单位,经调查观测后,不再放回原总体,就余下的总体单位中,又随机抽取第二个单位,如此继续抽下去,直到抽满预定单位数为止。这样抽取的样本单位数中,不可能有一个是重复被抽取的。所谓不等概率抽样,是指对中间层抽样时,按抽样单位包括下级单位或基本单位数所占比例的不同,给予相应比例的抽样。例如,要调查某区小学生的体质情况,很难对全区小学生作一个层次的直接抽样,于是分区抽学校、学校抽学生这两个层次的抽样,学生为基本的抽样调查单位。在区抽学校时,学生数多的学校,给予较大的被抽概率;学生数少的学校,给以相应较小的被抽概率,所以大小不等的抽样概率要与各校学生数占全区学生总数的比例大小相适应。

5. 统计

这是指在质和量的密切联系中,研究总体某方面特征变异的规律性。统计研究的目的和任务,就是使偶然因素引起各单位标志值的偏差互相抵消,从而显出所有系统因素作用于标志值的典型水平。

(1)标志。它是指总体在某个方面的特征。它是通过总体所有的每个单位具体表现出来的。标志的特征可以直接用数量表示,称为数量标志,如年龄、身高、体重、心跳、成绩等。标志的特征不能用数量表示,只能用一定属性表示的,称为性质标志,如性别、民族、赞同与否等。

(2)标志值。它是指通过各个单位可以观测得到的绝对数值所表现的数量标志,又称变量。各单位间标志值的不同,是数量变异的具体表现。标志值的变异有离散的和连续的两种情况:性质标志常以具有某种特性的不同单位个数,及其在总体所有单位数中所占的不同比率,从数量上表现其变异,亦称为离散变异的标志;数量标志常以连续变异来表示。

(3)偶然因素。它是指事物外部联系的许多次要的、作用微小的因素。它们对每个单位并不产生同样的影响,只对这些或那些单位产生或大或小的影响,使各单位标志偏离特性。在这种情况下,采用等概率结合不重复的抽样,既不会使抽样误差过大,又使计算比较简便。

(4)系统因素。它是指事物内部联系的主要因素。它对总体每个单位都有显著影响,形成每个单位标志值一定的典型水平。

综上所述,在运用抽样方法的时候,直接研究的对象是样本,实际研究的对象是总体,我们是通过研究样本来研究总体。

二、抽样的类型

在小学教育科学研究活动中常用的抽样方法可以分为单阶段抽样方法和多阶段抽样方法这两大类。其中,单阶段抽样方法又可分为单纯随机抽样、机械随机抽样、分层随机抽样和整群随机抽样这四种类型。下面分别加以说明。

1. 单纯随机抽样

这是指直接从总体所有单位中随机抽取预定的单位个数作为样本进行标志数值观测的

抽样方法,又叫简单随机抽样。它适用于单位数较少而又较集中的整体。

2. 机械随机抽样

这是指直接从总体所有单位中按一定间隔抽取预定的单位个数作为样本进行标志数值观测的抽样方法,又叫系统随机抽样。这里的"一定间隔"是用总体的单位数 N 除以样本的单位数 n 得出来的。这种抽样,使相邻的样本单位的间隔距离相等,也就是说使样本的 n 个单位比较均匀地散布在总体中,从而使样本对总体有更好的代表性,所以能保持较好的抽样效果。

机械随机抽样方法与单纯随机抽样方法的区别在于:它不用查随机数表抽样,而是在总体所有单位中按一定间隔抽样的。例如,我们要在1000名学生中抽取58名作为样本,那就得按下列步骤进行:

(1) 将全部单位编号。即将总体的1000名学生,从1号编到1000号。

(2) 计算抽样间隔。计算公式为:

$$K = \frac{N}{n}$$

这里的 K 为抽样间隔,N 为总体的单位数,n 为样本的单位数。计算结果为:$K = 1000 \div 58 = 17.24$。

(3) 在抽样间隔数内随机决定起抽号。即在1号到17号中间随机决定起抽号。比如说随机决定从7号起抽。

(4) 计算抽样号组成样本

X	$X+K$	$X+2K$	$X+3K$	$X+4K$	……	$X+(n-1)K$
7	24	41	59	76	……	990

这里需要注意的是:因为是以人为计数单位,所以对计算出来的小数点后面的数字要四舍五入成整数。又因样本的数量不是很少,所以抽样间隔的小数点后的数字不能先四舍五入后再计算,而应在计算后再四舍五入。

3. 分层随机抽样

这是将总体包含的所有单位,按影响单位标志值变异较大的某种因素作为划分类型(或层次)的标志,分为有限的若干类型(或层次),在所有各类型(或层次)内随机抽取一定单位数,总合起来组成样本的方法。分层抽样按重大影响因素划分类型(或层次),使得同一类型中的各个单位有更大的标志性。在这种情况下,采用等概率结合不重复抽样,既不会使抽样误差过大,又使计算比较简便。例如,某个学校有五个年级,每一个年级即为一个层次。我们分别从每一个年级中抽取一定的单位数,再把这五个年级中抽取的单位总数合起来,组成样本。这种抽样的方法称为分层随机抽样。又如,某校某年级学生按数学期末考试成绩可划分为优、良、中、及格、不及格这五个等级,我们分别从这五个等级中抽取一定的单位数,再把这五个等级中抽取的单位总数合起来,组成样本。这里用的也是分层随机抽样的方法。

4. 整群随机抽样

这是将总体所有的基本单位,按一定的标志或要求,分成 N 个大的群体(或集体),每个群体(或集体)包括若干个基本单位。抽样时,就在总体的 N 个群体中随机抽取 n 个群体作样本,对被抽每个群体所包括的基本单位进行全面调查,不再进行抽样。例如,某校有30个班级,我们把每一个班级当作一个单位,用单纯随机抽样方法抽出6个班级,由这6个班级的学生组成样本,通过研究这6个班级学生的某方面的情况来研究全校学生这方面的情况。这种抽样的方法称为整群随机抽样。

整群随机抽样,因每抽一个群体单位就是一群基本单位,使得组成样本的基本单位的标志值也有变异程度的不同。这些因素就影响了样本的代表性,使得整群随机抽样的效果较之直接抽取基本单位的效果可能要差一些。

5. 多阶段随机抽样

当我们面临的总体,不但单位数多而且分布在广大区域内时,就很难通过一次抽样产生完整的样本。因此,必须根据实际情况,将整个抽样过程分成若干个阶段(等级),一个阶段一个阶段地进行抽样,以完成整个抽样过程。为了讨论方便,我们以两阶段随机抽样为例加以说明。至于更多阶段的抽样,道理基本相同,可以类推。

多阶段随机抽样与整群随机抽样最主要的不同点在于:整群抽样是对总体中抽取的每个样本所包含的基本单位进行全部调查,而多阶段抽样则把总体所有的群体单位视为一级单位,对每个被抽的一级单位所包括的基本单位,不是进行全部调查,而是再进行一次抽样调查。即两阶段抽样,产生两级样本,最后综合估算出一级样本指标。

在上述五种抽样方法中,分层随机抽样、整群随机抽样和多阶段随机抽样,都得运用单纯随机抽样或机械随机抽样的方法。所以,单纯随机抽样或机械随机抽样是最基本的抽样方法。

第二节 单纯随机抽样调查程序

为了便于说明,我们以解决两个具体问题为例,向大家介绍单纯随机抽样调查的程序。

一、计量数据的抽样调查程序

例1 调查某小学200名毕业班学生平均每天得花多少时间做作业?

为解决这一问题,可按下列程序进行:

1. 预备调查

(1) 预备抽样。凭经验,我们先在200名学生中用单纯随机抽样方法取40名学生作为样本。其步骤如下:

A. 将总体内的全部单位编号,即将200名学生从1号编到200号。

B. 确定查随机数表的数位和数额,200的数位是3位,数额是200。

C. 查随机数表抽样,重复的跳过,组成样本。即从随机数表的任意一面任意一栏的任意一行开始,依着向下或向上、向左或向右的顺序,查取编号范围内的数字。如我们从随机数表第一页第二栏第一行开始向下查,就可以得到 54859 55043 60350 74951 61718 69381 28859 20478 13181 72633 52392 01081……如取前3位数字(取后3位数字或中间3位数字均可),即为:548、550、603、749、617、693、288、204、131、726、523、010……这些数字凡是大于200的,就

减去 200,减下来仍大于 200 的,继续减 200。这样就得到下列数字:

148、150、3、149、17、93、88、4、131、126、123、010……

如果出现重复号数时,就跳过这些号数,挨次抽取下一个号数,直到抽满 40 个数字为止。这 40 个编号的学生就被随机抽出来,组成了预备抽样的样本。

(2) 调查预备样本得到数据。调查者调查 40 名小学毕业班学生,平均每天得花多少时间做作业。通过调查,得到如下数据:

时间(分钟)	80	78	77	76	75	74	73	70
人数	2	4	5	6	12	7	3	1

(3) 计算预备调查的平均数和方差

$$\overline{X} = (80 \times 2 + 78 \times 4 + 77 \times 5 + 76 \times 6 + 75 \times 12 + 74 \times 7 + 73 \times 3 + 70) \div 40 = 75.5$$

$$S^2 = \frac{\sum (X - \overline{X})^2}{n-1}$$

第五章第三节公式的 σ^2 是研究对象自身的方差。这里的 S^2 是用该对象作为样本来估计总体时的方差。根据公式,则

$$S^2 = [(80-75.5)^2 \times 2 + (78-75.5)^2 \times 4 + (77-75.5)^2 \times 5$$
$$+ (76-75.5)^2 \times 6 + (75-75.5)^2 \times 12 + (74-75.5)^2 \times 7$$
$$+ (73-75.5)^2 \times 3 + (70-75.5)^2] \div (40-1)$$
$$= 3.74$$

2. 计算样本容量

如前所述,样本对总体的代表性,不仅与抽样的方法有关,还与样本容量的大小有关。样本过小,抽样误差较大,对总体的代表性较差;样本过大,则浪费人力、物力和时间。样本容量以多少为宜,可以用下面的公式来计算:

$$\hat{n} = \frac{Z_\alpha^2 S^2}{\Delta^2} \cdot \frac{N}{N-1+\frac{Z_\alpha^2 S^2}{\Delta^2}}$$

其中,主要部分是 $Z_\alpha^2 S^2 / \Delta^2$,后面部分是起调节作用的。这里的每个符号表示如下含义:

(1) Z_α 中的 α 表示精密度。它是指样本研究结论重复性好坏的程度。如 $\alpha = 0.05$,意思是从总体中反复抽取 100 个容量相同的样本进行调查,可以保证有 95 个样本调查结论不超过极限抽样误差范围。如 $\alpha = 0.01$,意思是从总体中反复抽取 100 个容量相同的样本进行调查,可以保证有 99 个样本调查结论不超过极限抽样误差范围。

(2) Z_α 表示 α 为某值时的标准分。如 $\alpha = 0.05$,$Z_\alpha = 1.96$;如 $\alpha = 0.01$,则 $Z_\alpha = 2.58$。在教育研究中,α 大多选择在 0.05,即 $Z_\alpha = 1.96$。

(3) S^2 表示样本的方差

(4) Δ 表示极限抽样误差。它是指样本的调查结论与总体实际情况相符的程度。要调

查 200 名毕业班学生平均得花多少时间做作业,如规定 $\Delta=0.5$,即样本调查结论与总体数值相比,允许相差+0.5 分钟或-0.5 分钟。Δ 的大小由研究者根据研究任务的需要自己确定。

(5) N 表示总体的单位数

知道了这些符号的含义,我们就可以得出这样的结论:样本容量与 α 为某值时的标准分成正比,与方差成正比,与极限抽样误差成反比。

如果我们确定 Δ 为 0.5 分钟,则样本容量可以这样计算:

$$\hat{n} = 1.96^2 \times 3.74 \div 0.5^2 \times 200 \div (200-1+1.96^2 \times 3.74 \div 0.5^2)$$
$$= 57.47 \times 200 \div 256.47$$
$$= 11494 \div 256.47$$
$$= 44.82$$

因为人数是不含小数点的,且计算出来的是至少需抽取的样本单位数,所以不管后面的小数是多少,都得增加一个人数,即 n 为 45 人。

这就是说,为了保证 $\alpha=0.05$,Δ 为 0.5 分钟,至少需要有 45 名学生组成样本。

3. 正式调查

(1) 计算补充抽样数。这项研究的样本应有 45 个人组成,现已调查了 40 人,还需补充调查 5 名学生。

(2) 补充抽样。仍用单纯随机抽样方法,在 160 名学生中抽取 5 名学生。

(3) 调查得补充样本的数据。即调查这 5 名学生平均每天得花多少时间做作业。其结果如下:

时间(分钟)	76	73	71
人数	1	2	2

(4) 归并正式调查的全部数据

时间(分钟)	80	78	77	76	75	74	73	71	70
人数	2	4	5	7	12	7	5	2	1

(5) 计算正式调查样本的平均数和方差

$$\bar{X} = (80 \times 2 + 78 \times 4 + 77 \times 5 + 76 \times 7 + 75 \times 12 + 74 \times 7 +$$
$$73 \times 5 + 71 \times 2 + 70) \div 45$$
$$= 75.2$$

$$S^2 = [(80-75.2)^2 \times 2 + (78-75.2)^2 \times 4 + (77-75.2)^2 \times 5$$
$$+ (76-75.2)^2 \times 7 + (75-75.2)^2 \times 12 + (74-75.2)^2 \times 7$$
$$+ (73-75.2)^2 \times 5 + (71-75.2)^2 \times 2 + (70-75.2)^2] \div (45-1)$$
$$= 4.44$$

4. 估计总体平均数

$$\mu : \bar{X} \pm Z_\alpha S_{\bar{X}}$$

这里，μ（读作 mu）表示总体平均数；$S_{\bar{X}}$表示平均分数的标准误差；$\pm Z_\alpha S_{\bar{X}}$表示置信区间，即为从样本平均数推算出总体平均数的误差范围。估计总体平均数的步骤如下：

(1) 计算平均分数的标准误差。它是指平均数抽样分布的标准差。计算公式为：

$$S_{\bar{X}} = \frac{S}{\sqrt{n}} \cdot \sqrt{\frac{N-n}{N}}$$

其中，主要部分是$S/\sqrt{n}$，后面部分是起调节作用的。根据公式，则

$$S_{\bar{X}} = \sqrt{4.44 \div 45} \times \sqrt{(200-45) \div 200} = 0.276$$

(2) 估计总体平均数

μ：$75.2 \pm 1.96 \times 0.276$

75.2 ± 0.54

$74.66 - 75.74$

答：在这小学 200 名毕业班学生中平均每天用于做作业的时间在 74.66 分钟至 75.74 分钟之间。

二、计数数据的抽样调查程序

例 2 某地区有 5000 名小学生，要调查独生子女占学生总数的比率是多少。

1. 预备调查

(1) 预备抽样。用单纯随机抽样方法从 5000 名学生中抽取 500 名作为预备抽样样本。

(2) 调查预备样本得到数据。对这 500 名学生作调查，得知其中有 375 名学生为独生子女。

(3) 计算预备调查样本中独生子女所占的比率

$$375 \div 500 = 0.75$$

2. 计算样本容量

$$\hat{n} = \frac{Z_\alpha^2 pq}{\Delta^2} \cdot \frac{N}{N-1+\frac{Z_\alpha^2 pq}{\Delta^2}}$$

其中，主要部分是$Z_\alpha^2 pq/\Delta^2$，后面部分是起调节作用的。

这里，p 和 q 都是样本比率：p 是样本中具有某特征的单位数与样本总数的比率，q 是样本中不具有某特征的单位数与样本总数的比率。所以，$q = 1 - p$。如果我们确定这次调查的极限抽样误差 Δ 为 0.03，则样本容量为：

$\hat{n} = 1.96^2 \times 0.75 \times 0.25 \times 0.03^2 \times 5000 \div (5000 - 1 + 1.96^2 \times 0.75 \times 0.25 \times 0.03^2)$

$= 690$

3. 正式调查

(1) 计算补充抽样数

$$690 - 500 = 190$$

(2) 补充抽样。仍用单纯随机抽样方法,在 4500(5000－500)名学生中抽取 190 名学生,组成补充样本。

(3) 补充调查。对 190 名学生作调查,得知其中的 156 名学生为独生子女。

(4) 归并正式调查的全部数据

$$156 + 375 = 531$$

(5) 计算正式样本中独生子女的比率

$$531 \div 690 = 0.77$$

4. 估计总体比率

$$P: p \pm Z_a S_p$$

这里,P 表示总体比率;p 为样本比率;S_p 表示比率的标准误差;$\pm Z_a S_p$ 表示置信区间,即为从样本比率推算出总体比率的误差范围。估计总体比率的步骤如下:

(1) 计算比率的标准误差

$$S_p = \sqrt{\frac{pq}{n}} \cdot \sqrt{\frac{N-n}{N}}$$

(2) 估计总体比率

$P: 0.77 \pm 1.96 \times 0.015$

　　0.77 ± 0.029

　　$0.741 - 0.799$

答:这地区 5000 名小学生中,独生子女占全体学生的比率是在 74.1% 至 79.9% 之间。

思考与练习

1. 根据本章内容,分别整理出"计量数据抽样调查程序表"和"计数数据抽样调查程序表"。表中的左侧列出每一个步骤,它的右面写上与这些步骤相对应的公式,在右面注明公式中每一符号的含义。

2. 某校在学生会改选前,为确定候选人名单,在全校 1200 名同学中随机调查 150 名。结果是:90 名同学赞成安谦担任候选人,60 名同学不赞成安谦担任候选人。设:$\alpha = 0.05$,$\Delta = 0.06$。

(1) 计算正式调查的样本容量。

(2) 还需补充调查多少名学生?

(3) 若经补充调查后,在正式样本中有 131 人赞成安谦担任候选人,其余的不赞成,则样本比率的标准误差是多少？

(4) 估计全校赞成安谦担任候选人的比率是多少？

3. 某学校有 1500 名小学五年级学生，为了调查他们平均每天做作业的时间，先随机抽取 120 名学生调查，结果是：平均每天做作业 65 分钟，这 120 名学生的标准差为 3.2 分钟。调查要求极限抽样误差为 0.5 分钟。

(1) 计算抽样的样本容量。

(2) 还需补充调查多少名学生？

(3) 补充调查后得知，正式样本每天做作业的平均时间为 63.5 分钟，平均数的标准误差为 0.27 分钟，试估计这 1500 名学生平均每天做作业的时间。

第七章 观察方法

第一节 观察与课堂观察

  观察是科学研究的重要手段。简单地说,科学研究主要包括两个要素:一个是观察,另一个是逻辑。观察主要的功能在于收集研究资料,逻辑则强调对收集到的资料进行分析、综合、比较等方面的研究,从中寻找言之成理的线索,构建经得起推敲与检验的研究结论。

  观察法作为重要的研究方法,广泛运用于自然科学实验、心理学行为研究、人类学研究等科学活动中。从二十世纪五六十年代开始,教育领域也开始重视观察法的运用,尤其关注在课堂中运用观察方法开展教育教学研究。贝尔思(Bales, R. F.)对课堂人际互动的"社会交互作用分析"、弗兰德斯(Flanders, N. A.)对课堂言语互动的编码分析开创了课堂观察的先河。

  课堂观察是观察者在明确目的的指引下,凭借自身感官以及相关的辅助工具(如观察量表、录音录像设备),直接或间接从课堂上收集资料,并依据资料进行研究的一种教育科学研究方法。

一、课堂观察的特性

1. 目的性

  与日常观察相比,课堂观察有着明确的研究目的。课堂观察在课堂上实施,一定是为了研究某种特定的教育现象,比方说教师教的行为、学生学的行为、师生互动等等,以弄清这种教育现象所隐含的本质或寻求解决问题的方案。根据这一目的,观察者会去确定观察对象、观察内容、观察工具以及观察实施的具体步骤。因此,目的性是课堂观察的基本特性,也是有效实施课堂观察的基点。

2. 情境性

  与科学实验研究不同,课堂观察具有情境性,是在自然情境下开展的一项研究。研究者在课堂教学的现场实施观察,记录自己看到的、听到的、想到的东西,获得第一手的资料。

3. 选择性

  课堂观察与信息选择是密不可分的。课堂是一个有机的整体,蕴含着丰富的信息,包括课程内容信息、学生学习状态信息、教师教学状态信息、师生交往信息与教学环境信息等等。这些信息交杂在一起,既体现了课堂教学的复杂性,又体现了课堂教学的生机与活力。为了深入了解某一种教学现象,研究者必须根据事先设计的观察框架,从错综复杂的课堂信息中选择与研究目的密切相关的那部分信息,舍弃与研究目的关系不大与无关的信息,使得课堂观察更为精确。这是课堂观察的重要特征。

二、课堂观察的意义

1. 洞察课堂教学现象的本质

课堂观察能够帮助教师洞察教学现象的本质,加深对教育教学的理解。课堂教学是教师、学生、教学内容、教学环境等多个要素共同作用、相互影响的活动,是具体的、生动的、情境化的。在具体的、生动、情境化的教学现象背后是什么?是不是存在教学的基本结构?教师与学生作为课堂教学中的主体是如何建构与分享意义的?师生的行为蕴含着怎样的教育原理与原则?要回答与解决上述问题,需要我们运用观察方法关注课堂教学实践,详细记录课堂教学场景中的媒介、言语、动作、氛围等,分析课堂教学现象的流转与变化,揭开日常教学现象的面纱,揭示现象的本质,洞察教育的意义与价值。

2. 促进教师的专业发展

课堂观察是促进教师专业发展的主要途径。在当代教育实践中,教师的工作职能出现了深刻的变化,这种变化极大地提高了教师劳动的复杂程度和创造性质,要求教师具有专业品质,有着良好的教育理想与信念,能运用专业的眼光看待课程、教学与学生,能掌握教学设计、分析学情、创设环境、组织与实施教学、反思教学等方面的专业技能。观察是新手教师入行的重要方法,通过观察成熟老师或专家教师的教学行为,新手教师逐渐建立起教学实践的基本框架。同样也是通过观察,新手教师不断反思自己的教学行为与技能,逐渐发展为一个成熟教师。对于成熟教师与专家教师而言,观察也是其增进教育理解、改进教学、提高教学质量的主要手段。

3. 培育教师的合作精神

课堂观察常常需要教师团队成员的共同参与,这有利于培养教师的合作精神。课堂观察活动是一项在复杂环境实施的研究活动,要在瞬息万变的自然情境中准确收集信息,单靠教师个人是远远不够的,它需要一个教研组或者教师团队合理分工、通力合作。对收集到的信息进行准确分析,作出合理的解释与科学的批判,提出建设性的改进建议等等都需要团队成员的积极参与,因此课堂观察有助于培养教师的合作精神,发展教师的合作能力。

三、课堂观察的分类

按照不同的分类标准,我们可以将课堂观察分为以下几类:

1. 直接观察与间接观察

按照观察时是否运用仪器设备,可将课堂观察分为直接观察与间接观察。直接观察不使用仪器设备,观察者运用自身的感官收集与记录课堂教学信息。由于课堂信息的丰富性与易变性,许多观察者为了获得可以回放和回看的信息,常常借助录音、录像设备收集与记录信息,这种观察的方法就是间接观察。在日常的观察活动中,为了确保信息收集的完整性,观察者一般会同时使用直接观察与间接观察。直接观察的优点是简便,而且能够帮助观察者捕捉微妙的现场信息与自身感受,但是信息收集的广度有限。间接观察能较大范围地记录多方面的信息,但是对信息的分析和处理比较耗时耗力。

2. 参与式观察与非参与式观察

按照观察者介入研究活动的程度,可将课堂观察分为参与式观察与非参与式观察。我们可以粗略地将观察者定义为"闯入者"与"旁观者"两种角色。"闯入者"指与研究对象建立了良好关系的观察者,或观察者本身就是研究对象中的一个成员。"旁观者"指在研究中与对象撇清关系,置身事外的观察者,或者与研究对象保持距离的观察者。以"闯入者"角色实施的观察是参与式观察,以"旁观者"角色实施的观察一般是非参与式观察。参与式观察强调深入课堂教学场景,介入研究对象的活动,并根据自己的理解对课堂教学做出描述与诠释。它的特点是能够了解研究对象的真实情况,并做出深度解释。它的缺点是研究结论的主观感情色彩较浓。在非参与式观察中,观察者不介入研究对象的活动,只是以一个旁观者的身份进行观察。这种观察的优点在于由于观察者与被观察者之间较少发生相互影响,观察结果较为客观。这种观察的缺点在于观察较为表面与肤浅。

3. 结构观察、准结构观察与非结构观察

根据观察的结构化程度,可将课堂观察分为结构观察、准结构观察与非结构观察。判断结构化程度的主要依据是课堂时间与行为的分解程度,分解越细,结构化程度越高。一般而言,结构观察强调规范,其主要特点在于:第一,事先拟订周密的观察计划;第二,按照研究目的,制定或选择结构性观察工具;第三,运用观察工具对预先规划的观察内容进行观察;第四,依照事先拟订的程序进行观察。结构观察有利于信息的收集、统计与分析,但往往可能得到表面的、片断的、僵化的数据。非结构观察与结构观察相反,即不制订严格的观察计划,也不用结构化的观察工具,仅根据简单的观察提纲对课堂教学中的事件广泛加以记录。至于观察什么与不观察什么,都可以在观察现场加以决定。非结构观察的优点在于贴近情境,观察具有很高的灵活度,有利于发挥观察者的主观能动性,但是由于没有统一的分析框架,对收集到的信息的分析处理较难。准结构观察介于结构观察与非结构观察之间,既关注课堂观察的规范性,又兼顾课堂观察的灵活度。一般来说,准结构观察会依据事先计划运用观察工具进行观察,但是工具的结构化程度不高,仅列出观察范围或者观察的大类,或者对记录方法不作硬性规定,观察者可以在观察现场根据需要选用合适的记录方法。

4. 定量观察与定性观察

根据观察所使用的记录方式,可将课堂观察分为定量观察与定性观察。定量观察运用定量的、结构的方式收集信息,运用数据来呈现和解读课堂。定量观察的优点在于运用结构化的工具,通过量化的分析较为客观地呈示课堂的本来面貌,但是量化的方法往往在追求客观、科学的同时远离了具体的情境,因而在解释课堂教学现象的深度方面存在一定的局限性。定性观察用图画、语言文字的方式收集信息,运用非量化的方式解释课堂。定性观察常常依赖研究者自己的感官来记录、感悟、体验课堂情境,生成对于课堂现象的较为主观的印象与诠释,所以作为一项研究,它的信度常常为人诟病,但是研究者深入课堂情境,并且在丰富的课堂境脉生成了对课堂的理解,因此在某种程度上,它对于课堂现象的认识可能更接近于真实。

第二节 课堂观察的实施

一、课堂观察的基本步骤

1. 确定观察目的

想清"为什么观察"是课堂观察的第一步。观察目的不同,观察的内容与运用的工具也会有所不同。因此,在进入课堂观察之前,首先要思考观察的目的,并将其作为观察的起点与归宿。

2. 拟订观察计划

课堂观察的第二步是根据观察目的拟订观察计划。观察计划的内容主要包括:确定观察内容与对象;明确合作观察者;选择观察的具体方式;明确观察的地点、时间以及进度安排等事宜。

3. 准备观察工具

观察工具是观察者实施观察,实现观察目的的手段,通常指录音、摄像设备或者用于记录观察信息的观察表。观察工具的准备一般有两种方式。一种是选用他人开发的、已得到广泛应用的、较为成熟的工具,另一种是根据自己的观察需要设计或制订观察表格。

4. 培训观察人员

在明确了观察计划与确定了观察工具之后,为了保证观察的一致性,就需要对观察人员进行培训。培训内容包括了解观察目的,理解观察内容与观察工具,讨论观察记录的原则与技巧等等。

5. 实施观察与记录

在完成上述准备工作后,观察者就可以进入课堂实施观察了。在实施观察时一定要选准观察的位置,以便捕捉观察信息。另外,观察者还要及时记录相关信息,并在可能的情况下记录自己的感悟与体验。

6. 分析观察结果

实施观察后需要及时整理、统计与分析观察结果,以免因时间拖延,遗漏或曲解相关信息。对观察信息的分析可从定量与定性两方面进行。运用定量的方法可以获得准确的数据,加深我们对课堂事实的了解。运用定性的方法则可以结合情境思考分析观察信息,并提高分析的深度。

7. 撰写观察报告

课堂观察的最后一步是撰写观察报告,总结与反思课堂观察的全过程,并与他人共享观察的结果与发现。课堂观察报告一般包括引言、观察方法、观察结果与分析、讨论四个部分。在"引言"中,可以阐明观察的目的与内容,以及观察的意义与价值,即说清观察什么,为什么要做观察。在"观察方法"部分,应当说清观察的对象、观察的时间、观察工具、观察信息的记录与分析方式等。"观察结果与分析"这一部分要说清在观察中实际"看到了什么",可按照一定的结构分类、分步呈示观察中收集到的数据、记录下来的语言文字等相关信息,并作一定的分析。"讨论"作为观察报告的最后一个部分,要揭示的是通过此次观察"发现了什么",要求研究者透过数据及其他信息的表层,思考此次观察对于有效教学、对于学生发展与教师自身发展的意义。

二、课堂观察实施中应注意的几个方面

1. 做好充分的准备

在进入观察现场之前,观察者除了明确观察任务,准备好观察工具之外,还必须较好地把握进入现场的时间,选择最佳的观察位置。一般而言,观察者需要提前几分钟进入课堂,并根据观察任务确定观察位置。比如,要观察学生的学习表现,观察者可以选择坐在教室的前面,以便能够全面掌握学生学习表现情况。有时观察者还需要做几次试观察,以便收集到真实的信息。比如,要倾听学生在小组学习中的发言,第一次观察者接近并观察学生,可能会给学生带来困扰,并造成其学习行为的变化,因此观察者可以在有意接近该小组学生几次之后,在学生接受并忽视自身的存在的状态下,再开始正式的观察记录。

2. 重视合作的力量

观察信息的收集与记录十分耗时耗力,一位观察者在一次课堂观察中只能收集某一方面的信息,不能同时收集几个方面的信息,因此观察中的合作显得尤为重要。为了提高合作的效益,必须要寻找志同道合者组成合作团队。合作团队之间要通过多次的沟通,以达到对观察目的、观察任务的共识,同时要进行明确的任务分配,以保证信息收集的完备性与准确性。

3. 运用联系的原则

对课堂观察信息的分析,尤其是定量信息的分析一定要慎重,不能只作表面的推论与下一个简单的结论,而是要运用联系的原则,将这些信息放回信息生成的境脉中去,结合境脉对信息背后的原因及意义做出较为合理的解释。比如对教师教学行为的观察,要与学生学习状态与学习行为、与课程的性质、与这一课堂所处的时空环境等联系起来,使信息的解读更有说服力。

4. 避免不必要的推论

课堂观察的主要目的在于理解教学现象,解决教学问题,提高教学效率并促进教师的专业发展。不要将课堂观察信息的解读等同于教师教学能力高低的评价。课堂观察信息的记录与分析在一定程度能够让我们发现教师的优势与智慧、教师教学中的劣势与短板,但是课堂观察的使命不在于评判教师能力的高低,而在于探讨这种现象背后的原因,以及它对于理解教学、提升教学水平的意义。

第三节 课堂观察工具的类型

课堂观察工具的运用直接影响课堂观察的成败,因此它是课堂观察的核心。除了录音、录

像等仪器设备类观察工具之外,课堂观察工具一般可分为编码体系、记号体系、等级量表、图式记录等等。

一、编码体系

编码体系通常指将某类特定的教学现象或教学行为进行分类,给分类后的现象或行为赋予编码(即用阿拉伯数字、英文字母等符号进行标识)的一种观察工具。观察时,可以用编码代替某类现象或行为,这有助于观察者系统记录某种现象或行为的发生,以及对其进行统计分析。

最著名的编码体系为弗兰德斯互动分类体系(详见表7.1),它聚焦的教学行为是师生的言语互动行为。它按照行为主体对师生的言语互动行为进行分类,分为教师言语、学生言语两类。教师言语又按照教师对学生的影响分为直接影响与间接影响两类。直接影响涉及到四种经过编码的行为:编码1为"接纳学生的感受";编码2为"表扬或激励学生";编码3为"采纳学生的观点";编码4为"提问"。间接影响涉及三种经过编码的行为:编码5为"讲解或发表个人看法";编码6为"给予指示";编码7为"批评或维护权威"。学生言语涉及二种行为与一种现象:编码8为"被动回应";编码9为"主动发言";编码10为"沉默或混乱"。

表 7.1 弗兰德斯互动分类体系①

教师言语	间接影响	1. 接纳学生的感受
		2. 表扬或激励学生
		3. 采纳学生的观点
		4. 提问
	直接影响	5. 讲解或发表个人看法
		6. 给予指示
		7. 批评与维护权威
学生言语		8. 被动回应
		9. 主动发言
		10. 沉默或混乱

运用弗兰德斯互动分类体系进行观察前,须对观察者进行培训。观察者须理解各类言语互动行为,能在课堂实际言语行为与编码行为之间建立高度的匹配,比如在课堂上,教师说:"请同学们把课本翻到第10页。"对于这一行为,观察者应知道将其归为"给予指示"。除此之外,观察者还需熟记各类行为的编码,看到教师提问,就知道应当将其归为编码4。

观察时,观察者需每隔3秒用最能描述师生言语互动行为种类的编码记录课堂言语状况,如下文所示。

---

① 霍普金斯著,杨晓琼译.教师课堂研究指南[M].上海:华东师范大学出版社,2009:90.引用时作了修改.

师生言语互动	编码记录
老师：请看第50页的地图	6（给予指令）
老师：红色的部分代表哪个国家？	4（提问）
（停顿3秒）	10（沉默）
学生：我认为是美国	8（点名回答问题）
……	……

运用该编码体系观察课堂，会形成一张数据表，如表7.2如示。3秒钟记录一次，1分钟需依次记录20个编码，排为一行。观察10分钟，可记录10行。根据数据表研究者可以分析：课堂教学的大致流程；教师言语的时间、类别；学生言语的时间、类别；教师行为的恰当性（如教师是否给予了积极的反馈，教师是否给予学生思考的空间等等）；课堂氛围等等。

表7.2 编码体系：弗兰德斯互动分类体系数据表

	1	2	3	4	5	6	7	8	9	10	11	12	13	14	15	16	17	18	19	20
1	6	4	10	8	2	6	4	10	10	4	10	10	10	8	3	6	6	6	6	6
2	4	9	9	4	9	2	4	8	8	5	5	5	5	5	5	5	5	5	5	5
3	6	6	6	4	6	10	10	8	8	4	10	8	8	10	10	8	2	8	6	6
4	6	6	10	10	10	10	10	10	10	10	10	10	10	10	10	10	10	10	10	10
5	10	10	10	10	10	10	10	10	6	10	10	10	10	10	10	10	10	10	10	10
7	10	10	10	10	10	10	10	10	10	10	10	10	10	10	10	10	10	10	10	10
8	6	8	8	8	8	8	8	8	8	8	8	8	8	8	8	8	8	5	5	5
9	5	6	4	7	9	9	9	9	9	9	4	4	2	4	8	8	8	8	3	5
10	5	5	5	5	4	10	5	10	8	7	5	8	8	6	6	8	6	6	6	10

编码体系由于对现象或行为作了细致的分类，并加上了编码，因此易学易用，使得运用定量的方法收集与分析大量的数据信息成为可能。但是运用编码体系观察课堂依然存在问题：第一，编码体系的构建，即现象与行为的准确分类较为困难；第二，过于强调定量的分析，使得有机的课堂存在被僵化分析的可能。

二、记号体系

记号体系指运用符号给事先分类的现象与行为打上记号，以核查该种行为是否发生的观察工具。记号体系与编码体系有很多共同点，比如两者都运用定量的方法来记录信息，两者记录的都是事实信息，不是评价信息。但是与编码体系相比，运用记号体系收集的信息量较少，因为它只关注现象是否出现，行为是否发生，不关注现象或行为间的相互关系等等。

运用记号体系前需思考拟观察的现象或行为，并按照现象（行为）与时间两个维度设计观察表格。如表7.3,纵向维度表示的是拟观察的学生的各类学习行为,横向维度表示的是观察的单位时间。

运用记号体系进行观察时,观察者可在单位时间内扫视课堂观察对象,并将出现的目标现象与行为记录下来。如运用表7.3可对一名学生15分钟的课堂学习行为进行记录。这个观察表格的单位时间为1分钟,观察者可对该生实施的主要学习行为进行观察,并每隔一分钟在表格上加以标记。15分钟的记录能使观察者了解:该生每个单位时间各类学习行为出现的情况;该生15分钟内各类学习行为的频度分布;该生学习行为的总体特点。若能结合教师的教学,观察者可进一步分析该生出现上述特点的可能原因。

表7.3 记号体系:某位学生课堂学习活动观察表[①]

	1	2	3	4	5	6	7	8	9	10	11	12	13	14	15
学习准备	√														
无关活动									√	√	√	√	√	√	√
听	√		√	√	√	√									
发言		√													
阅读															
思考				√	√	√									
做练习							√	√							
写	√		√	√	√										
观察						√									

注:无关活动指开小差、打瞌睡、捣乱等

有些记号体系更为简单,只列出一个维度,即需要观察的现象与行为。只要现象或行为出现就在表格上作个标记,这种记号体系也可称为核查清单,如表7.4。

表7.4 记号体系:课堂教学行为观察表[②]

教师行为	观察到符合要求的打钩
上课期间与学生保持眼神的交流	
每一个学习步骤完成后,给学生一些时间练习	
给学生时间自由活动	
给学生思考的时间	
问许多问题	
把学生创造的成果归功于学生	
把学生的成功归因于他们自身的努力	
不讲题外话或模棱两可的话	

[①] 陈瑶. 课堂观察指导[M]. 北京:教育科学出版社,2002:49. 引用时作了修改。
[②] 霍普金斯著,杨晓琼译. 教师课堂研究指南[M]. 上海:华东师范大学出版社,2009:81—82. 引用时作了修改。

续 表

教师行为	观察到符合要求的打钩
直呼学生的姓名	
检查学生是否了解学习内容	
在学习任务的表述中充满热情	
制止学生讲粗话	
从学生中得到正确答案的比率很高	
让学生换一种方式重述答案	
给予学生清楚的、详细的指导与解释	
给出种种具体实例	
给予学生提示、线索	
给予适度的表扬	
对原先所学的知识进行简短的回顾	
在开始练习时,对学生进行指导	
与个别学生短暂接触(不超过30秒)	
让学生问问题,让学生发起口头言语互动	
强调本节课的要点	
十分了解主题内容	
必要时,监督学生的学习	
在课堂上四处走动,接触所有的学生	
得到所有学生的回应	
当学生精力不足时,安排休息时间	
在活动之间组织简单的过渡	
循序渐进呈现新知识	
提供答案,要学生用自己的话重述,并补充其他例子	
提供系统的反馈与修改	
换一种方式提出问题	
对不正确的回答做出积极回应,指出回答正确的部分	
明确说明期望学生达到怎样的学习绩效	
明确说明学生取得成功所必须做的事情	
教学节奏快慢适中	
插入与学习任务有关的轶闻趣事	
运用幽默	

由于记号体系明确规定了需要观察的现象或行为,对观察到的现象或行为的标记也比较简单,因此记号体系的运用是比较方便的,数据的统计与分析也较为简便。但是记号体系只能记录事先确定的有限现象或行为,并且只记录行为是否发生,因此对课堂教学的解释是有限的。

三、等级量表

等级量表指的是根据等级对课堂教学现象或行为的程度作出主观评判并加以记录的观察工具。虽然它与编码体系、记号体系相似,也以定量的方式收集信息,但是与它们不同的是,它记录的是观察者的评价信息,而不是按时间记录现象或行为发生的频度信息。

运用等级量表也需要事先确定拟观察的现象或行为,同时还需要对现象或行为作出程度上的分类,如表7.5,纵向维度列出需要观察的教学行为,横向维度关注的是行为的完成程度,分为"无"、"完成得一般"、"完成得较好"三个等级水平,并赋值"1"、"2"、"3"。观察时,观察者可根据自己的印象在代表程度水平的相应数值打钩或画圈。

表7.5 等级量表:有效教学观察表[①]

教师行为	无	完成得一般	完成得较好
清晰告知本课教学目标	1	2	3
阐释本次教学内容与前几次教学内容的关系	1	2	3
按照逻辑顺序呈现教学内容	1	2	3
回顾整节课的教学内容	1	2	3
概括本课的主要观点	1	2	3
在本次教学与未来教学之间建立关联	1	2	3
教学速度恰当	1	2	3
运用语调变化强调教学重点	1	2	3
恰当地运用体态语	1	2	3
清晰地阐释观点	1	2	3
对学生不熟悉的术语、概念、原理作出解释	1	2	3
用例子澄清观点	1	2	3
在新观点与已学概念间建立关联	1	2	3
在恰当时机重申重要观点	1	2	3
对复杂与难度较大的学习材料作出多种解释	1	2	3
倾听学生的问题与讨论	1	2	3

---

① http://www1.umn.edu/ohr/prod/groups/ohr/@pub/@ohr/documents/asset/ohr_46.pdf. 引用时作了修改.

续 表

教师行为	无	完成得一般	完成得较好
对课中生成的问题作了回应	1	2	3
保持与学生的视线接触	1	2	3
运用幽默促进学生对学习内容的保持,并维持他们的兴趣	1	2	3

等级量表为观察者评价课堂教学状况提供了一个易于操作的工具,在当前的课堂教学观察中运用较为普遍。使用等级量表的一个主要问题是等级划分的主观性。课堂教学现象是具体的、多样的,而等级是固定的,观察者对教学现象的评价是主观的。对某一种具体的教学现象来说,不同观察者给予的等级可能是不同的,这会影响观察的一致性程度。

四、图式记录

图式记录是运用位置图、环境图加上文字、字母或数字进行观察记录的观察工具。图式记录可以具体还原课堂教学的真实场景,清晰地呈现教师与学生、学生与学生之间的互动,学生的课堂学习状况等事实信息。

运用图示记录进行师生互动观察时,观察者须事先画出教室内教师讲台与学生座位图,观察时可在图上相应位置记录师生互动的状况,如图7.1,该图展现的是某个教室的位置图。图上长方形表示的是教师的讲台,圆圈表示的是学生的座位。当学生回答问题时,问题的编号就可以记入表示该生位置的圆圈内。如果一个学生参与问答的次数为零,那么表示其座位的

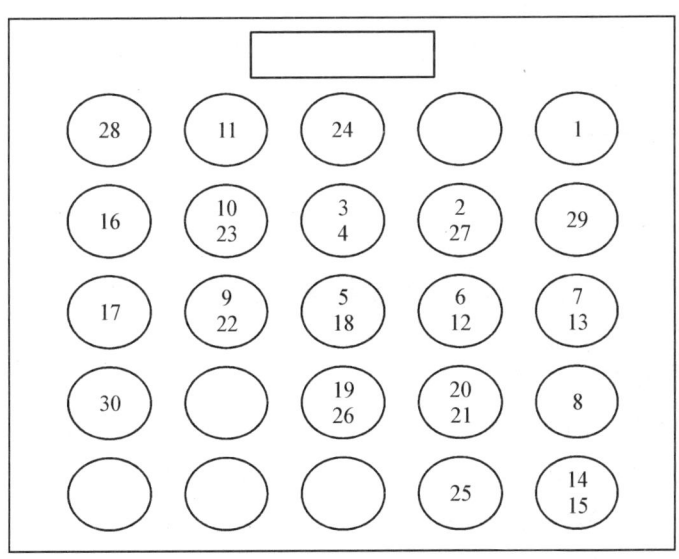

图7.1 图式记录:参与问答位置图①

---

① 霍普金斯著,杨晓琼译.教师课堂研究指南[M].上海:华东师范大学出版社,2009:83.引用时作了修改.

圆圈就是空白的。运用这张图,我们可以得到如下信息:教师一共提了多少个问题;有多少学生参与课堂问答,参与的广度如何;每个学生参与了多少次,哪些学生参与多,哪些学生参与少,平均参与次数是多少。如果结合课堂教学实录,观察者可以进一步探讨:教师选择回答对象的依据是什么?这样的互动是否合理?它揭示了教学上的何种倾向性?如果要做出改变,应当如何改变?

在位置图上运用不同的符号标记,可以收集不同的信息,如图 7.2。在该图的圆圈上多了两个英文字母,一个是"A",一个是"V"。"A"表示该生自愿回答问题,"V"表示该生是被点名回答问题的。这张图可以告诉观察者如下信息:学生参与问题的态度;哪些问题学生是主动回答的,哪些问题学生是被动回答的。结合课堂实录,观察者还可以进一步思考课堂教学的氛围如何,以及造成学生主动或被动的原因等等。

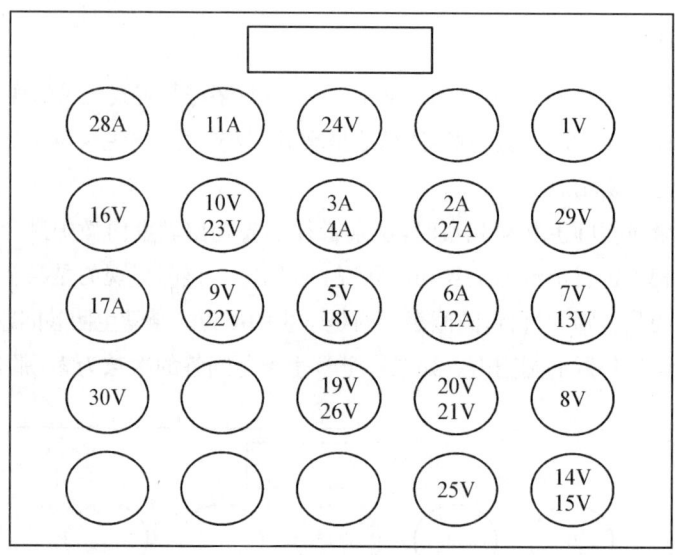

图 7.2　图式记录:参与问答态度图①

第四节　课堂观察工具的开发

一、寻找观察点

课察观察一般都是聚焦一点的观察,所以在开发课堂观察工具时首先要思考的是观察什么,观察点在哪里。所谓观察点指的是观察的具体指向,比如要研究教师教学的有效性,可选择性的观察点很多,如果着眼于教师本身,可供选择的观察点如教师的讲解行为、提问行为、板书行为、媒体播放行为等等。

观察点的寻找可以通过多种途径。第一,从研究兴趣出发寻找观察点。比如如果对学生

---

① 霍普金斯著,杨晓琼译.教师课堂研究指南[M].上海:华东师范大学出版社,2009:84.引用时作了修改.

小组合作感兴趣,就可以将观察点定为"学生的小组合作",然后围绕这个点对学生小组合作的组织、学习方式、学习效率等进行观察。第二,从自身的困惑出发寻找观察点,将自己感兴趣却又无法清晰解释的教学现象或教学行为作为观察核心,在设计与实施观察的过程解决自己的困惑。第三,可从已有的研究成果中寻找有价值的观察点,作为自身研究课堂教学的起点。有研究者从学生学习、教师教学、课程性质、课堂文化四个维度出发,设计了68个观察点(详见图7.3)。

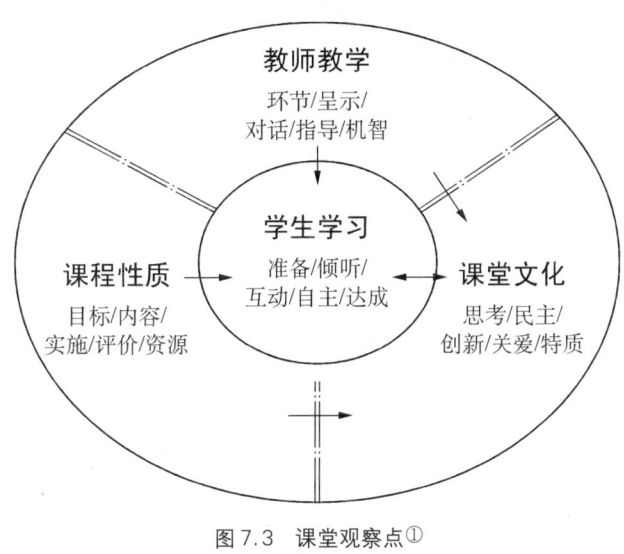

图7.3 课堂观察点[1]

二、确定观察框架

观察框架是观察点的具体化,展现了与观察点相关的概念与指标的结构关系,观察框架是设计观察量表的基础。确定观察框架,首先应当将表征观察点的核心概念具体化,找到它的下位概念,然后确定与下位概念相关的观察指标,画出观察框架,理清关系。以观察课堂问答行为为例,观察框架的确立可按如下步骤进行:

第一步,明确与观察点相关的核心概念:课堂问答;

第二步,将核心概念具体化,找出其下位概念:问题类型、叫答、候答、理答;

第三步,确定与下位概念相关的观察指标:

与问题类型相关的指标:事实性问题、观点性问题、非学术性问题;

与叫答相关的指标:提问举手的学生、提问不举手的学生、对所有学生提问;

与候答相关的指标:叫起学生前没有停顿、叫起学生前停顿几秒;

与理答相关的指标:认可、激励/表扬、否定、批评、追问、转问他人、不作回应;

第四步,画出观察框架(见图7.4)。

---

[1] 沈毅,崔允漷.课堂观察:走向专业的听评课[M].上海:华东师范大学出版社,2008:107.

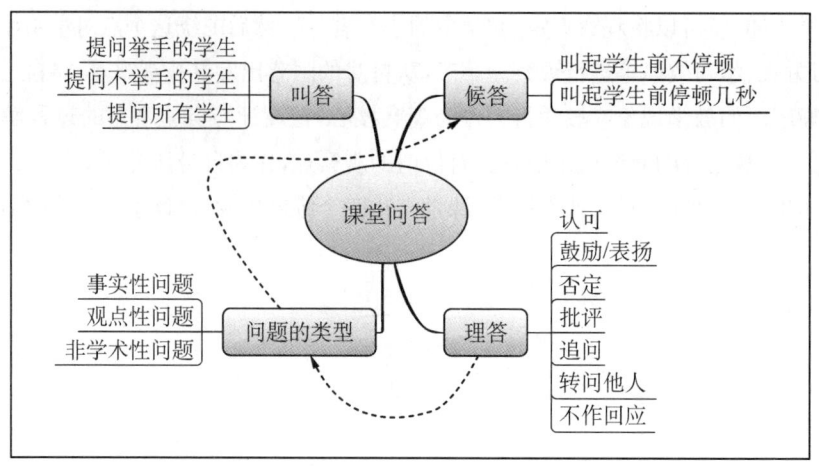

图 7.4 "课堂问答"观察框架

三、设计观察表

确定观察框架后,就可以设计直接用于课堂观察,进行现场信息采集的观察表了。为了便于信息的记录,有时需要在观察表上增加一些信息,如为指标加上注释,以利于指标的理解与信息收集的一致。为了使信息的记录与统计更为便捷,有时还需在观察表上用数字、字母或其他符号为相关指标编码(见表 7.6)。

表 7.6 问答行为观察表[①]

维度		指标	问题 1	问题 2	问题 3	……	问题 n
问题的类型 A	A1	事实性问题:一般是封闭性问题,答案明确					
	A2	观点性问题:开放性问题,答案多元的					
	A3	非学术性问题:纪律方面的问题或者组织教学的程序性问题					
叫答 B	B1	提问举手的学生					
	B2	提问不举手的学生					
	B3	对所有学生提问					
候答 C	C1	叫起学生前没有停顿					
	C2	叫起学生前停顿几秒					
理答 D	D1	认可					
	D2	鼓励/表扬					

---

① 陈瑶.课堂观察指导[M].北京:教育科学出版社,2002:181—82.引用时作了修改.

续 表

维度	指标	问题1	问题2	问题3	……	问题n
	D3 否定					
	D4 批评					
	D5 追问					
	D6 转问他人					
	D7 不作回应					
	D8 其他					

四、检验与修正观察工具

观察工具开发的最后一个环节是对观察工具的检验与修正。在课堂观察中运用观察工具能够有效收集大量信息,分析教学现象。工具的实践运用也能为工具本身是否合理,是否满足观察需要提供了检验的机会。如果在运用工具的过程中发现有些重要信息无法得到有效记录,那么,研究者需反思观察框架的合理性,并根据需要对观察工具加以修正,以利于以后的观察。

案例:课堂观察报告

小学英语课堂提问技术观察报告
——三年级牛津英语《shapes》教学实录片段评析
郭 心

一、引言

提问是课堂教学的"常规武器",是小学英语语言训练中最常用的行之有效的方法。它不仅是教师输出信息、调整教学进程的重要渠道,还是教师及时检查学情,开拓学生思路,启迪思维,活跃课堂气氛,促进师生语言有效互动和课堂教学和谐发展的重要手段。因此教师必须重视提问策略和艺术,以点燃学生的思维火花,激发学生的表达欲望,促使学生在思考过程中巩固、提高语言能力。对课堂教学中教师的提问技术加以观察研究,就显得十分必要。

二、观察方法

1. 观察对象

为研究有效课堂提问与促进学生语言发展的关系,笔者以一堂小学三年级牛津英语《shapes》新授实录课为观察对象,观察教学开始后第4分钟至第8分钟(教师新授单词"circle"的教学过程)教师的提问状况。

2. 观察工具

使用《提问技巧观察量表》(见表7.7),对教师提问的类型以及叫答、候答策略进行分析。

3. 记录方法

观察课堂实录，采用手工记录方式，记录教师的问题，观察教师的叫答、候答行为，记录教师等待回应的时间，并对数据进行统计与分析。

表7.7 提问技巧观察量表

行为类别

A. 问题的类型
1. 事实性问题：问题与简单事实有关，学生只需通过回忆就能得到答案；
2. 观点性问题：涉及较为复杂的问题，学生必须经过仔细思考与推理才能得出答案；
3. 非学术问题：与课程内容无关的问题，与组织教学的过程、纪律等有关。
B. 挑选回答者的方式（叫答）
1. 提问前点名；
2. 提问后请举手的学生；
3. 提问后请没有举手的学生。
4. 对所有学生提问
C. 提问之后的停顿（候答）
1. 叫一位学生前，先停顿几秒；
2. 叫一位学生前，几乎没有停顿；
3. 在提问前先叫起学生。

三、观察结果与分析

1. 数据统计

本教学片断中，教师共提了7个问题，有些问题的提问次数不止一次，问题次数为19，每个问题的相关数据详见表7.8。我们还对每个观察指标的出现频次作了分析，详见表7.9。

表7.8 原始数据

问题序号	A	B	C
1	1	2	2
1	1	2	2
1	1	2	2
1	1	4	2
2	2	2	2
2	2	2	2
2	2	2	2
2	2	2	2
3	2	2	1

续 表

问题序号	A	B	C
3	2	2	2
3	2	2	2
3	2	2	2
4	2	2	1
4	2	2	2
4	2	2	2
4	2	2	2
5	1	4	2
6	2	2	2
7	3	4	2

表7.9 各类指标频数统计数据

指标		次数	百分比
A1	问题数	2	28.6%
	语言互动数	5	26.3%
A2	问题数	4	57%
	语言互动数	13	68.4%
A3	问题数	1	14.3%
	语言互动数	1	5.3%
合计	问题数	7	100%
	语言互动数	19	100%
B1		0	0%
B2		16	84%
B3		0	0%
B4		3	16%
合计		19	100%
C1		2	11%
C2		17	89%
C3		0	0%
合计		19	100%

2. 分析

(1) 在4分钟内,教师提出的问题个数为7,共提问19次。因此,问题的频率为约1.75

个/分钟,平均每个问题占时 34.3 秒。

(2) 在所有问题中,事实性问题(2个)占 28.6%,观点性问题(4个)占 57%,与课文内容无关的非学术性问题(1个)占 14.3%。在 2 个事实性问题中,其中 1 个被提问 4 次;4 个观点性问题中有 3 个被多次提问。

(3) 在挑选回答方式方面,选择齐声回答的有 3 次,占 16%;请举手自愿回答问题的学生有 16 次,占 84%。

(4) 在提问后的停顿方面,先停顿几秒的频数为 2 次,占 11%;未停顿的频数为 17 次,占 89%。

四、讨论

1. 从教师的提问类型和候答方式的统计信息看,可以推测出该教师不仅注重学生对事实性知识的识记与掌握,还特别重视对学生思维能力和语言表达能力的培养。因为在 4 分钟内,提出思考性问题的权重占 57%。我们还可以发现,该教师注重语言互动的"面",即没有把语言互动局限在"一对一"的情景之中,扩大了问题的覆盖,在提问人次上达到足够的量。因为在 7 个问题中,有 4 个被多次提问。

2. 教师充分利用语境因素提问,以促进学生的语言发展。英语教学的目的是培养学生运用语言进行交际的能力。虽然小学阶段英语教学的内容比较简单,词汇、词语和语言材料都十分有限,但如果教师能在英语课堂教学中,既强调初学阶段学生模仿正确的语音、语调,学习基本词汇和进行简单的句型操练,养成新的语言习惯,还能通过有效问题的设置,引导学生进行积极的自主性思考,为学生构建表述与解释观点的平台,就能提高学生理解和处理语言信息的能力,促进语言能力的发展。如本实录课片断中教师通过第一个问题"Who can read and spell the word?"多人次的回答,学生基本建立了单词"circle"音、形、义之间的联系。在此基础上,教师设计了三个富有趣味性、思考推理性的 Read and Guess 问题:It's a circle. It's red and hot. What is it? It's a circle. It's orange and sweet. What is it? It's a circle. It tells us time. It goes 'Tick-Tock'. What is it? 由于问题以谜语形式呈现,充分激发了学生的学习兴趣,调动了学生探索问题的热情。当问题被逐个呈现时,学生如饥似渴地阅读着文本,新旧语言知识在思考推理的过程中碰撞、结合;新单词在语境中体现了语用功能,使语言形式和意义联系起来。当学生们顺藤摸瓜,把语言和生活经验联系起来,个个跃跃欲试,抢着举手回答问题,课堂气氛一下子就活跃起来,从而实现了群体间的思维交互,促进学生语言思维能力的发展。

3. 教师对学困生的关注度还不够。在课堂教学中,教师互动的对象局限于那些课业表现较好的学生。这些学生在课上能够积极思考,并且主动举手要求发言。但是一些学困生,却常常因为没有自信或者对英语不感兴趣,而不愿积极地参与课堂学习。课堂提问的功能很多,既是推动教学进程的有效手段,又是检验教学成效的重要途径,同时它还是激励学生参与课程学习的重要方法。关注质优生的提问教学往往重视教学流程的顺畅性。这种表面的顺畅性是有局限的:掩盖了部分学困生学习上的困惑,使这部分学生的学习成效受到影响;降低了对学困生的关注度,为他们游离于课堂教学之外推波助澜。

  4. 教师的候答方式还可以作进一步的改进。不同的问题留给学生的思考时间应当是不一致的。事实性问题思考的时间可以稍短一些。对于观点性问题,教师应当多留一些时间,让学生有时间整理自己的思维,组织自己的语言。

思考与练习

  1. 课堂观察报告案例呈示了《提问技巧观察量表》,该量表属于哪一类课堂观察工具?为什么?

  2. 仔细阅读图7.3——课堂观察点,选择其中的一个课堂观察点,与同学一起设计一张课堂观察量表。

  3. 课堂观察报告由哪几部分组成?要写好课堂观察报告应当注意什么?

第八章 调查方法

第一节 访谈方法

用正确的方法抽样以后,怎样才能调查到客观情况呢?常用的方法之一是访谈法。教育调查中的访谈法是研究者通过与研究对象进行单独的谈话来收集资料的方法。访谈有别于自由谈话:自由谈话是不拘形式的日常交谈;访谈则是按预先周密制定的计划进行一问一答式的个别谈话。自由谈话不受拘束,但花费时间较多,资料不易及时记录,并且不能量化;访谈则能在较短时间里获得较多信息,所获得的资料能进行统计分析。下面介绍访谈法的作用、访谈法的实施步骤,以及运用访谈法的要求。

一、访谈法的作用

与问卷法相比较,访谈法有如下的长处:

1. 有较大的灵活性

访谈法可得到较具体的回答,而且当我们从问题的回答中了解到回答者对题意有误解时,可用回答者能理解的形式复述这个问题。访谈的情境还能使研究者有可能决定什么问题是适宜于面对回答者的。

2. 有较高的回答率

访谈法有较高的回答率是因为不能读和写的人(如低年级学生),却能在交谈中回答问题;有些不愿花精力写出其书面意见的人,也可能乐于谈话。

3. 能观察非言语行为

研究者可在现场观察非言语行为,然后参考它评估回答的真实程度。

4. 能记下自发性的回答

在访谈时,回答者往往脱口而出,不像填写问卷表那样,有机会撤销其第一个回答而另写答案。自发性的回答能比经过考虑后的回答提供更真实的信息。

5. 能有效地控制环境

研究者可将访谈环境标准化,即确保访谈在私下进行,没有嘈杂声等。回答者在这样的环境中,不会接受他人的暗示,从而保证了单独作答。

6. 能控制访谈进程

研究者一直控制着访谈进程,能保证回答者按顺序回答问题,保证所有的问题都得到回答。正因为访谈法有这些长处,所以它对研究学生的个性,了解学生的思想状况和各种行为表现的原因,了解学生的思维过程,发现学生在学习上产生困难的原因,了解学生的家庭情况及父母对孩子的态度,了解教师的经验体会,了解学生的兴趣爱好等,是比较适宜的。特别是用它来进行个案调查,或用它来调查年龄较小、还不会写字的孩子,就更可以发挥它的长处。

二、访谈法的步骤

1. 确定访谈的目的与话题

访谈法运用的范围很广,既可以向被访者了解他们的兴趣、爱好、态度、情感、体验,也可以了解被访者对某事物或某现象的意义与看法。在访谈之前,研究者需思考:访谈的目的是什么？通过交流什么话题能够实现访谈目的？

2. 选择访谈对象

选择访谈对象时,可以先根据访谈的目的确定对象的大致范围,再运用随机抽样的方法,从总体中选取一定数量的样本。

3. 编制访谈问卷

为了提高访谈的效度,必须事先编制访谈问卷。编制访谈问卷时,可对访谈的话题进行分析,确定要测定的变量,再根据变量拟定问题。访谈问卷一般包括三类问题:第一类问题用于了解被访者的基本情况,如被访者的年龄、性别以及其他基本信息;第二类问题用于了解被访者的观点与态度,如"您对当前的教学评价制度有何看法？"第三类问题用于了解被访者的行为,如"您一般用什么方法对学生的学习做出评价？"访谈问卷初步编成后,可找与被访者情况基本相似的对象做"预访",以发现问卷中存在的问题,并及时做出修正。

4. 拟订访谈计划

对上述三方面做了思考与准备后,就可以拟订访谈计划了。访谈计划一般包括以下内容:访谈目的、访谈对象、访谈问题列表、访谈人员与分工、访谈的时间、地点与进度安排等。

5. 培训访谈人员

培训访谈人员可从以下方面入手:介绍访谈的目的、话题、变量与问卷;介绍访谈程序、重点与要领;明确访谈的分工;介绍访谈的方法与技巧,并让访谈人员练习模拟访谈;讨论访谈前的准备工作等等。

6. 实施现场访谈

在与被访者建立联系,明确访谈的具体时间与地点后,就可以实施访谈了。访谈人员在访谈过程中应按照访谈问题列表与被访者交谈,并准确、及时、详尽地记录谈话的原貌。

7. 整理访谈资料

分析访谈记录时,可根据访谈记录的具体情况,建构资料分析的编码框架,再根据这个编码框架,对资料进行归类与整理。

8. 撰写访谈报告

访谈一般是某项研究中的一种方法,它常常与问卷法配合使用,所以往往无须单独撰写访谈报告。如果一项研究只采用访谈法收集资料,那么就需要撰写访谈报告。访谈报告是调查报告的一种,与问卷调查报告的结构相似,一般包括四个部分:第一部分,问题的提出或引言,介绍访谈的背景与意义;第二部分,对象与方法,介绍访谈的对象、访谈问卷的结构、访谈的程序以及访谈资料的整理与分析的方法;第三部分,结果与分析,介绍访谈中收集到的资料;第四部分,讨论,阐述从访谈中发现的问题,提出解决问题的对策与建议。

三、运用访谈法的要求

在访谈时,研究者必须做到友好诚恳、适应性强、反应灵敏,并注意以下几点:

1. 态度亲切自然

研究者要告诉回答者自己是谁,是代表谁来与他谈话的,必要时还可以出示自己的工作证;告诉回答者为什么要进行这次谈话,说明调查结果会有什么作用。如果发现回答者最初不怎么自在,可先谈些他乐意交谈的问题(如他的爱好等)使他轻松起来,打开话匣子,绝对不能让回答者感到自己好像在进行一次考试或在受审问。在提问和转移话题时要自然。

2. 避免任何暗示

研究者对每个回答者都问同样的问题,避免对问题作阐述,以免导致问题含义的微妙变化。如果有可能,研究者声调的抑扬顿挫也应对每个问答者都一样。某些研究者在提问时可能很小心地保持中立,以便不会引导回答者,而未意识到自己可能通过对问题答案的反应来引导回答者——无意识的"身体语言"(如同意的点头、皱眉蹙额或眼眉拱起等)都会泄露天机,使回答者接受暗示而影响到以后的回答。如果被调查对象回答含糊不清或不完全时,怎样既不暗示又可以使他的回答更充分更准确呢?可以采用的办法是:

(1) 复述问题。每当回答者支支吾吾或者看来不理解问题时可复述问题。

(2) 复述回答。当研究者不能肯定自己是否正确地理解了回答者的回答时,可使用这一方式。复述回答可给予回答者一个考虑的机会,以便进一步详尽阐述,并防止研究者误解回答者的意思。

(3) 表示关注。研究者可表示自己已听到回答,从而鼓励回答者继续回答下去。

(4) 适当停顿。若回答显然不完全,研究者可停顿,不说话,以表示知道回答者已开始作答,并等待他答完。

(5) 中立提示。如"你这是什么意思"、"给我多讲些"、"好,下一个原因是什么",以此向回答者表示他的回答完全切题,并希望他多讲些情况。

3. 创设良好情境

这一点,在以儿童为调查对象时显得尤为重要。常用的方法是:

(1) 访谈前做游戏。研究者在访谈前邀请儿童玩一种游戏,这游戏应使孩子不太难以掌握,也不要太有趣。太难的游戏会使孩子遭受挫折而不利于访谈;太有趣的游戏会使儿童一直想玩下去,欲罢不能,拒绝参加访谈。

(2) 将访谈游戏化。这可通过使用图片或玩偶之类的道具问有关问题的方法来完成。访谈可通过玩具电话或与娃娃(木偶)进行谈话的方法进行。

(3) 围绕图片提问。可以拿出一系列可替换的图片,让孩子选取适当的一张,从中了解他的兴趣、爱好或态度。

(4) 结合图片续讲。结合图片,由研究者讲故事的一部分,然后要求孩子把它讲完,从中了解孩子的心向。

4. 按照顺序提问

必须按照问题的顺序提问题对于相关的问题更应如此。因为如果没有问过前一个问题,则后一个问题可能几乎没有或根本没有意义。若回答者拒绝回答一个问题,就应该记录为无回答,然后再进入下一个问题。这样,就能把每个问题都问到。

5. 耐心倾听回答

要给回答者留下回忆、思考的时间,不要急躁。即使让回答者沉湎于不必要的絮说,也要比使他感到回答必须是简短的,答在点子上要好些。

6. 做好记录

要准确、及时地运用多种方法做好访谈记录。可手工记录对方的回答,如果被访者同意,也可用录像或录音的方法记录访谈内容。

第二节 问卷方法

另一种常用的调查方法是问卷法。研究者为了要了解某些情况,了解一些事实或者意见,可以向研究对象分发印好的表格或卷子,要求选择或填写答案,然后收回整理研究。问卷是书面形式的标准化访谈,所以它的步骤与访谈相似。问卷调查结果的成功与否,很大程度上与问卷调查表的编制有关。为了编制一份能达到课题研究目的的问卷调查表,须了解下面几方面的知识。

一、问卷的结构

一张问卷调查表,通常包括下面几个部分:

1. 标题

问卷标题可以从逻辑角度来提,如"关于儿童推理能力发展的调查"、"五年级学生观看电视时间的调查"。也可以从心理学角度提出来,如上述两个标题可以这样表述:"想一想,哪几对词有相同关系","算一算,你每天看电视的时间是多少"。如果调查的对象是小学生,那么从心理学的角度提出更为适宜。

2. 介绍词

介绍词,又称为前言,用于向调查对象介绍问卷。问卷调查一开始,调查者首先应该说明:自己的身份;简要阐明这次问卷的目的;告知问卷大致需要多少时间;提出希望调查对象回答要求和填写问卷的规则(包括在答卷时不能和别人商量,以及怎样打"√"问卷才有效等等);说明调查对象的意见对调查结论的重要性(可以告诉对象,他们是按照科学方法选出来的代表,代表着好多人的看法);允诺会将调查结果告诉调查对象,等等。另外,我们可以在卷首中恰当地指出问卷采用无记名的形式(这是因为影响调查对象如实答卷的因素之一是他们担心调查结果将对自己产生不利影响。运用无记名问卷形式将在某种程度上消除调查对象的顾

虑)。例如:

> 我们不需要知道您的真实姓名,我们感兴趣的是您本人的想法和事实的真情,因为这才是最主要的。您所选择的答案只是被概括地汇总成数字表达出来。

3. 问卷题

这是问卷的主要部分。问卷题编得好不好与调查质量有密切的联系。问卷调查表的问题在内容安排上应记住以下五个不要问:①可问可不问的问题不要问;②比较复杂和难以回答的问题不要问;③调查对象多半不愿回答的问题不要问;④需要查阅资料才能回答的问题不要问;⑤可以通过别的调查手段解决的问题不问。

二、问题的类型

问卷调查表的问题按照调查对象不同的回答要求,可以分为以下三种主要类型。

1. 不定案型

这是一种由调查对象自行填写答案的提问形式,又称开放性问题。例如,调查师生关系,可提出这样的不定案型问题:你最喜欢什么样的教师?为什么?这类问题在问卷中占很小的比例,只有当问题不知有多少答案,或者想让调查对象自由发挥的时候,才设计这类问题。

2. 定案型

这类问题要求调查对象在问卷表上选择已经列出的,而且认为合适的答案。定案型问题通常可以分为以下几种形式:

(1) 正误式。这类问题设计时,可在问题后让调查对象用"＋"、"－"或"√"、"×"符号表示肯定或否定。

(2) 择一式。这类问题设计时,可以把所有的备选答案都列在问题后面,要求调查对象选择其中的一种意见。择一式问题还可以用对话的形式加以表述,以借交谈者之口将问题变成直观的对话,既容易理解,又减轻对象在回答有些问题时可能带来的心理压力。例如:

> 对低年级开设外语课有两种不同意见:有的认为它有利于发挥儿童记忆的优势,有的认为这加重了低年级学生的负担。你的意见是:
> ① 同意第一种观点。
> ② 同意第二种观点。

(3) 编序式。这是让调查对象把问题的答案按自己认为的重要程度依次编序。例如:

> 把下列课程按你喜欢的程度在它们后面的括号里分别编上1、2、3、4、5、6、7、8 这几个号码:
> 语文　　(　　)　　　　数学　　(　　)
> 外语　　(　　)　　　　美术　　(　　)

    体育　　　（　　）　　　　　音乐　　　（　　）

    社会常识　（　　）　　　　　自然常识　（　　）

(4) 等级式。这是列出某种倾向、态度等两个对立的概念,中间分成若干级段,调查对象勾出其中符合自己倾向的级点。例如:

    你父亲对你的态度通常是 …………………………………………（　　）
    ① 很严肃。
    ② 严肃。
    ③ 很难说。
    ④ 亲切。
    ⑤ 很亲切。

(5) 数量式。要求调查对象在问题后列出的几个定距数据中选择其一。例如:

    估计你每月的零花钱 ……………………………………………（　　）
    ① 不到 10 元。
    ② 10 元至 20 元以下。
    ③ 20 元至 30 元以下。
    ④ 30 元至 40 元以下。
    ⑤ 40 元至 40 元以上。

3. 半定案型

有些问题的答案,由于调查者没有全部想到,或者需要留有一定余地让调查对象补充写出等,往往在选项中列出"其他(请作具体说明)"一栏。这是一种折衷的形式。例如:

    你现在能够运用较好的学习方法是 ……………………………（　　）
    ① 请教家长。
    ② 请教老师。
    ③ 请教同学。
    ④ 阅读相关书籍。
    ⑤ 自己思考领悟。
    ⑥ 其他＿＿＿＿＿＿＿

应注意,如果许多调查对象都填写"其他"这一类,我们的资料统计工作就无法进行,这道问卷题就形同虚设。究其原因,是因为这道问卷题的大多数备选答案都没有列出来,因此得重新编制。

三、设计问卷题的要求

问卷题设计得不符合要求,有可能使调查失实,造成的后果是以虚假掩盖真实,误导我们的决策,造成失败和损害。为了说明掌握问卷题设计要求的重要性,请看下面例题:

不少同学上课前都读书,你呢?……………………………………………(　　)
① 经常读书
② 老师要求读书就读书
③ 很少读书
④ 从不读书

在上面这个问卷题中,"读书"这个词语意义模糊,容易产生歧义:这个"读"可以有好几种解释——是读内容提要,还是随手翻翻? 是读过部分篇目,还是读完整本书等。这个"书"也可以有好几种解释——是小说,还是散文? 是课外书,还是教科书等。即便是教科书,那里的"读书"是指复习,还是预习等。这就启示我们设计问卷题要做到以下几点。

1. 问题必须明确

按照"问题必须明确"这一要求,我们把上面这道问卷题作如下的修改:

不少同学上课前都预习,你呢?……………………………………………(　　)
① 经常预习。
② 老师要求预习就预习。
③ 很少预习。
④ 从不预习。

修改以后的问卷题带有明显的倾向性暗示:暗示了调查者是主张预习的。这样,学生就会接受题目的暗示,较多地选择"经常预习",从而使调查失实。这又启示我们设计问卷的问题必须中立。

2. 问题必须中立

按照"问题必须中立"这一要求,我们把上面这道问卷题再作如下的修改:

上课前,你……………………………………………………………………(　　)
① 经常预习。
② 老师要求预习就预习。
③ 很少预习。
④ 从不预习。

经过第二次修改的问卷题仍然有缺点:有的同学每天都预习,可是在上面这个问卷题中,没有一个选项可以供他们选择。于是,又启示我们设计问卷题选项必须穷尽。

3. 选项必须穷尽

按照"选项必须穷尽"这一要求,我们把上面这道问卷题再作如下的修改:

　　上课前,你……………………………………………………………( )
　　① 每天预习。
　　② 经常预习。
　　③ 老师要求预习就预习。
　　④ 很少预习。
　　⑤ 从不预习。

为了做到备选答案穷尽,必须事先把问题的答案搜集全。答案可以由调查者作初步的估计,还可以向与调查对象同一类型的人作预备调查,以达到搜集更多答案的目的。增加"其他"这一项,也是为了防止百密一疏的情况发生。

经过第三次修改的问卷题还是有缺点:有的同学说,老师经常布置预习,他也经常预习。那他在回答这道问卷题的时候,既要在括号里填②,又要在括号里填③。同一位调查对象对同一个问卷题有两个答案,这给统计分析造成混乱。于是,又启示我们设计问卷题选项必须中立。

4. 选项必须中立

按照"选项必须中立"这一要求,选项与选项之间不能是从属关系,也不能是交叉关系。为此,我们把上面这道问卷题中"老师要求预习就预习"这一个选项删除,修改成:

　　上课前,你……………………………………………………………( )
　　① 每天预习。
　　② 经常预习。
　　③ 很少预习。
　　④ 从不预习。

经过第四次修改的问卷题还有没有缺点呢?依然有。对于"什么是经常"、"什么是很少",不同的人有不同的判断标准,比如有的人认为"2天预习一次"是"经常",有的人认为"一周预习一次"是"经常"。所以在调查行为的频率时,我们应避免把一个模糊的判断扔给调查对象。那么如何解决这个问题呢? 我们可以调查行为的具体次数,使选项更加清晰无歧义,而把判断标准留在调查者那儿,调查者可以在分析调查数据时,对"几次属于经常"、"几次属于很少"作出明确的界定。

5. 选项必须无歧义

按照"选项必须无歧义"这一要求,上面的问卷题可作如下修改:

上课前,你……………………………………………………………………（　　）
　　① 每天预习。
　　② 2—3 天预习一次。
　　③ 一周预习一次。
　　④ 几周预习一次。
　　⑤ 从不预习。

这个问卷题,改正了五个错误,满足了上述五个要求,可以放在问卷里使用。

四、设计问卷题的策略

在出问卷题的过程中,应尽量避免提出可能使调查对象产生顾虑的问题,以免答卷失真;更要避免在问题中带有刺激性的词,以免伤害调查对象的感情,使人受窘或引起反感。但是,有些问题又不得不问。在不能回避的情况下,让我们通过讨论下列问题逐步掌握敏感性问题设计的策略。例如,当前,没有明文禁止高校学生谈恋爱,但不提倡高校学生谈恋爱,不少高校有这样一种舆论:学生在校学习期间以不谈恋爱为好。如果研究者要了解高校正在谈恋爱的学生占学生总数的比例,设计了下面的问卷题,它的答案有可能失真。

　　你现在是不是在谈恋爱 ………………………………………………（　　）
　　① 是
　　② 不是

为了解决这个问题,使调查对象脱敏,我们建议在问卷题的设计时采用以下策略。

1. 用具体化取代定性结论

在上述的问卷题中,是在"谈恋爱"或不是在"谈恋爱",是一种定性结论,现在我们把它用"单独与异性朋友保持亲密接触"这一个具体化的行为或表现来取代。这样,问题的敏感性就淡化了:

　　你是不是单独与异性朋友保持亲密接触 …………………………（　　）
　　① 是
　　② 不是

这种策略淡化了问题的敏感性程度,但这种敏感还是存在。

2. 用委婉词弱化敏感程度

上题中的"是"或"不是"要求调查对象作直截了当的判断,我们把它修改成"愿意"或"不愿意",在语气上就委婉多了:

你愿意不愿意单独与异性朋友保持亲密接触 ……………………………… （　　）
　① 愿意
　② 不愿意

这样的修改,使问卷题的敏感程度又一次得到减弱,但由于受到社会舆论的影响,学生对这样的问题依然敏感。为了达到完全脱敏的效果,还可以运用反暗示抵消社会舆论的策略。

3. 用反暗示抵消社会舆论

不少同学愿意单独与异性朋友保持亲密接触,你呢? ……………………… （　　）
　① 愿意
　② 不愿意

五、问卷的编制

问题应从易到难排列。较复杂或较敏感的问题应放在问卷表靠后些的地方,不定案型的问题应放在问卷表末尾的地方。但是,应注意问题不能按照固定的逻辑联系排列,如果问题的顺序在意义上有某种逻辑联系时,调查对象就可能产生某种心理定势(倾向性),并按照这种定势来回答问题。

此外,问题的答案序列应随机排列,或肯定、否定交替排列,而不应该用一种固定的顺序来排列(前面有些例子中备选答案的顺序排列,是为了说明问题,不能以此为范例)。另外,应尽量采用长度大致相仿的答案,使答案之间趋于平衡。

第三节　显著性检验(χ^2 检验)

要想知道从样本调查中所得到的两个以上的计数数据之间的差异有没有超过抽样误差范围,从而推断相应的总体差异情况,就得做显著性检验。运用调查法所得到的数据大多是计数数据,即按一定属性分类调查所得的数据,因此,它常用 χ^2 检验来做显著性检验。

χ^2 读作"卡方"。χ^2 检验用于计数数据的分析,而不用于计量数据的分析;是用以比较实际调查次数与理论次数(即期望次数)差异的最有效的方法之一。它能在总体分布未知的条件下对两个以上的统计量做显著性检验。

χ^2 检验,有单项表检验和多项表检验这两种方法,现分别介绍如下。

一、单项表的 χ^2 检验

例1　向 150 名学生作问卷调查:你喜欢教师用哪一种方法给你上课。结果如下:喜欢用讲解法上课的有 78 名学生,喜欢用讨论法上课的有 55 名学生,喜欢用自学法上课的有 17 名学生。问:做出这几种选择的学生人数有没有显著差异?

1. 画出 χ^2 检验表

方法	讲解法	讨论法	自学法	合计
人数	78(50)	55(50)	17(50)	150

说明：表中的 78、55、17，是实际调查得到的频数，称作实际频数；括号内的数字则是假设总体分布是真实时的期望频数，称作理论频数。由于单项表的理论频数的计算方法是总数除以栏数，所以括号里的数字均为：

$$150 \div 3 = 50$$

2. 计算 χ^2 值

计算的公式为：

$$\chi^2 = \sum \frac{(f_o - f_e)^2}{f_e}$$

这时，f_o 表示实际频数，f_e 表示理论频数，$\sum$ 表示总和。于是本题的 χ^2 值为：

$$\chi^2 = (78-50)^2 \div 50 + (55+50)^2 \div 50 + (17-50)^2 \div 50 = 37.96$$

3. 统计决断

(1) 确定自由度　自由度用 df 表示。它是指能用来估计总体某方面性质的变量值独立自由变化的数目。这就好比有 4 个人去旅游，下火车后带的东西没有地方存放，所以还留下 1 人照看行李，其他 3 人可以自由活动。这时，我们说自由活动只是在 $4-1=3$ 的范围内变动。即称其自由度为 3。

但是，自由度并不都为 $n-1$，它会随着受限制的因子个数的变化而变化。比如，我们检验两个班学生学习成绩的差异时，因为每个班都有一个受限制的参数，所以就会出现 $df = n-3$、$df = n-4$ 的情况，等等。在作 χ^2 检验时，自由度是指实际频数与理论频数的差数中能独立变化的个数。自由度越小，χ^2 分布偏斜度越大，分布形态越趋于对称。单项表的自由度 $df = c-1$。这里的 c 表示表中纵列的栏数。本例题的自由度 $df = 3-1 = 2$。

(2) 查 χ^2 值表　找出 $\chi^2_{(2)} 0.01 = 9.21$

(3) 将计算出的 χ^2 值与之相比较　$\chi^2 = 37.96 > 9.21$

按照下面的统计决断规则（见表 8.1），结论为：作出这三种选择的人数有非常显著的差别。

表 8.1　统计决断规则

$\|\chi^2\| < \chi^2_{(df)} 0.05$	无显著差异
$\chi^2_{(df)} 0.05 \leq \|\chi^2\| \leq \chi^2_{(df)} 0.01$	有显著差异
$\|\chi^2\| > \chi^2_{(df)} 0.01$	有非常显著差异

二、多项表的 χ^2 检验

例 2　向 150 名学生作问卷调查：你喜欢教师用哪一种方法给你上课。结果如下：喜欢用

讲解法上课的,优等生有 2 名,中等生有 56 名,差等生有 20 名;喜欢用讨论法上课的,优等生有 12 名,中等生有 40 名,差等生有 3 名;喜欢用自学法上课的,优等生有 10 名,中等生有 6 名,差等生有 1 名。问:学生对不同教学方法的态度是否和学生的学习水平有关?

1. 画出 χ^2 检验表

类别	讲解法	讨论法	自学法	合计
优等生	2(12.48)	12(8.80)	10(2.72)	24
中等生	56(53.04)	40(37.40)	6(11.56)	102
差等生	20(12.48)	3(8.80)	1(2.72)	24
合计	78	55	17	150

说明:作多项表的 χ^2 检验时,括号内理论频数的计算方法是:它的横行实际频数的合计数乘以它的纵列实际频数的合计数,再除以被调查的总人数。本例题中:

2 边上括号内的理论频数 $= 24 \times 78 \div 150 = 12.48$

56 边上括号内的理论频数 $= 102 \times 78 \div 150 = 53.04$

20 边上括号内的理论频数 $= 24 \times 78 \div 150 = 12.48$

12 边上括号内的理论频数 $= 24 \times 55 \div 150 = 8.80$

40 边上括号内的理论频数 $= 102 \times 55 \div 150 = 37.40$

3 边上括号内的理论频数 $= 24 \times 55 \div 150 = 8.80$

10 边上括号内的理论频数 $= 24 \times 17 \div 150 = 2.72$

6 边上括号内的理论频数 $= 102 \times 17 \div 150 = 11.56$

1 边上括号内的理论频数 $= 24 \times 17 \div 150 = 2.72$

2. 计算 χ^2 值

$$\chi^2 = (2-12.48)^2 \div 12.48 + (56-53.04)^2 \div 53.04 + (20-12.48)^2 \div 12.48$$
$$+ (12-8.80)^2 \div 8.80 + (40-37.40)^2 \div 37.40 + (3-8.80)^2 \div 8.80$$
$$+ (10-2.72)^2 \div 2.72 + (6-11.56)^2 \div 11.56 + (1-2.72)^2 \div 2.72$$
$$= 41.91$$

3. 统计决断

(1) 确定自由度 多项表的自由度 $df = (R-1)(c-1)$。这里,R 表示表中横行的行数,c 表示表中纵列的栏数。

本例题的自由度: $df = (3-1)(3-1) = 4$

(2) 查 χ^2 值表 找到 $\chi^2_{(4)} 0.01 = 13.28$

(3) 将算出的 χ^2 值与之相比较 由于 $\chi^2 = 41.91 > 13.28$,按照决断规则,结论为:不同水平的学生对不同教学方法的态度有非常显著的差异。

在进行 χ^2 检验时,须注意一定要看清题意。如果在上述例题中,问的不是"学生对不同教学方法的态度是否和学生的学习水平有关"而是"不同水平学生对教师用讲解法进行教学的态度有没有显著差别",这就使之成为一个单项表的检验。

χ^2检验表

优等生	中等生	差等生	合计
2(26)	56(26)	20(26)	78

$$\chi^2 = (2-26)^2 \div 26 + (56-26)^2 \div 26 + (20-26)^2 \div 26$$
$$= 58.15$$

自由度：$df = 3 - 1 = 2$

查 χ^2 值表，得：$\chi^2_{(2)} 0.01 = 9.21$

因为 $58.15 > 9.21$，所以根据统计决断规则可知：不同水平学生对教师用讲解法进行教学的态度有非常显著的区别。

又如，在上述例题中，如果问的是"优等生和中等生对教师用讲解法和讨论法进行教学的态度有没有显著差异"，则该这样作 χ^2 检验：

χ^2检验表

类别	讲解法	讨论法	合计
优等生	2(7.38)	12(6.62)	14
中等生	56(50.61)	40(45.38)	96
合计	58	52	110

自由度：$df = (2-1)(2-1) = 1$

当 $df = 1$，其中只要有一个组的 $f_o > 10$，就要运用连续性校正法。即在每一组实际频数与理论频数差数的绝对值平方之前，各减去 0.5。用公式表示，则

$$\chi^2 = \sum (|f_o - f_e| - 0.5)^2 \div f_e$$
$$= (|2-7.38| - 0.5)^2 \div 7.38 + (|56-50.61| - 0.5)^2 \div 50.60$$
$$+ (|12-6.62| - 0.5)^2 \div 6.62 + (|40-45.38| - 0.5)^2 \div 45.38$$
$$= 7.82$$

查 χ^2 值表，得：$\chi^2_{(1)} 0.01 = 6.63$

因为 $7.82 > 6.63$，所以根据统计决断规则可知：优等生和中等生对教师用讲解法和讨论法进行教学的态度有非常显著的差异。

案例：调查报告

小学语文口语交际教学现状调查

吴 欢

1 问题的提出

口语交际是人类特有的一种社会活动，神经语言学的研究表明，儿童从出生开始经过辨

声练音期(0—7个月)、声语过渡期(8—12个月)、形成发展期(1—3岁)及成熟完善期(4—6岁)四个阶段才能基本掌握母语。至六岁时,儿童已有了相当稳定的语言,能基本正确地运用语法进行交谈,能随语境与交际对象的不同调节自己的说话方式,以基本满足日常言语交际的需要,但儿童言语与成人言语之间还存在很大的差别,尤其是在语体方面。因此从儿童基本掌握母语到形成运用母语的熟练技能,大约还需要10年的时间,小学阶段无疑成为了儿童口语交际能力发展的最佳年龄阶段。纵观小学语文教育的历史,口语交际教学显示出自身跌宕起伏的命运,从春秋战国时期说学盛极一时至两汉以后说学的销声匿迹,从辛亥革命以后会话、演讲、诵习及辩论的重新崛起到文化大革命的重归沉寂,直至1986年以培养学生口语能力为目的的听说教学才在小学语文课程标准中确立了稳固的位置。然而在教学实践中,由于重知识轻能力,重书面轻口头的倾向根深蒂固,听说教学并没有得到真正的重视。与同期轰轰烈烈,众多流派百家争鸣的识字、阅读、习作教学研究相比,除了几种听说能力结构模型以及听说测评指标,我们很难找到指导成功实践的成熟理论。在2000年小学语文教学大纲修订版中首次出现的口语交际教学,作为对听说教学的深化和发展,让我们看到小学语文教学突破自身樊篱,实现与多学科融合的趋势,也使我们重新认识到口语交际教学的重要性及口语交际教学研究的紧迫性。那么口语交际在小学语文教师的心中到底是一个怎样的概念,口语交际教学应该如何开展,迄今为止我们还未能找到这方面的调研报告,因此我们在上海市组织了一次中等规模的调查,以了解口语交际教学的现状,找出其中存在的问题,为教学决策提供参考。

2 对象与方法

2.1 调查对象

参加本次调查的小学语文教师来自上海14个区县,共91名,其中女教师85名,占93.4%,男教师6名,占6.6%。这91名教师的年级分布为:一年级教师14名,占15.4%,二年级教师18名,占19.8%,三年级教师17名,占18.7%,四年级教师19名,占20.9%,五年级教师23名,占25.2%。

2.2 调查方法

本次调查主要采用问卷调查法,在编制调查问卷前我们举办了由部分小学教师参加的小型座谈会,了解小学语文教师对口语交际教学的认识及自身的教学实践状况,在此基础上自编了《小学语文口语交际教学调查问卷》。该问卷采取封闭式和开放式相结合的方式,共设计了21题。问卷制成后,我们先在一所小学内进行小范围试测,并根据试测结果对问卷进行了适当的调整,然后才开始正式调查。由于在正式调查中有不少教师对开放式部分没有作出回答,因此对这部分内容我们未作处理,仅作为定性分析时的参考。

2.3 数据处理

本次调查共发放问卷93份,回收问卷91份,问卷回收率达97.8%。所有的调查数据输入电脑,用EXCEL系统进行处理。

3 结果和分析

3.1 口语交际教学的地位

口语交际教学的重要性如何是我们极为关心的一个问题。调查结果显示,60.4%的教师认为口语交际教学与识字写字教学、阅读教学、习作教学一起构成了小学语文教学这个整体,是不可或缺的四大板块之一,39.6%的教师认为口语交际教学不能成为独立的一块,而只是附属于识字写字教学、阅读教学、习作教学,为发展学生的书面语言打基础。

3.2 口语交际教学的内涵

对口语交际教学内涵的理解,教师中出现了较大的分歧,65.9%的教师认为口语交际教学是口语理解和口语表达教学,20.9%的教师认为口语交际教学就是听说教学,是听说教学的代名词,7.7%的教师认为口语交际教学是一种口头表达教学,另外还有5.5%的教师认为口语交际教学应另作他解,见表8.2。

表8.2 口语交际教学的内涵

	口语表达教学	口语理解和表达教学	听说教学	其他
人数	7	60	19	5
%	7.7	65.9	20.9	5.5

3.3 口语交际教学的内容

关于口语交际教学的内容,25.3%的教师认为教学内容就是教材中规定的内容,19.8%的教师认为教学内容就是课程标准规定的内容,29.7%的教师认为教学内容就是口语交际的意图、环境和风格,14.3%的教师认为学生日常生活中的口语交际内容就是教学内容,见表8.3。

表8.3 口语交际教学的内容

	教材规定的训练内容	课程标准规定的内容	口语交际的意图、环境和风格	学生日常生活中的交际内容	其他
人数	23	18	27	13	10
%	25.3	19.8	29.7	14.3	11.0

3.4 口语交际教学的方法

在调查前的小型座谈会上,我们了解到小学教师对采用情境法进行教学已形成了共识,但是如何来创设情境呢,教师们认为情境创设应当依次围绕:①真实的社会生活情境;②语法项目;③课文情境;④其他,见表8.4。

表8.4 口语交际教学的方法

	围绕课文情境	创设真实的交际情境	围绕语法项目	其他
人次(94)	10	54	25	5
%	10.6	57.4	26.6	5.3

3.5 口语交际教学的途径

对于教学途径,我们给出了14个项目:日常会话、问答、生活报告、读书报告、看图说话、复述故事、自编故事、讨论、演说、辩论、会议发言、访问、表演及其他,教师们对于低、中、高三个阶段各应选择哪些项目进行了认真的思考,结果见表8.5。我们运用聚类分析法对这14个项目来进行分析,可将这14个项目分为三个层次,第一层次为训练的主要途径,第二层次为训练的次要途径,第三层次为训练中可忽略的途径,见表8.6。

表8.5 口语交际教学的途径

	日常会话	问答	生活报告	读书报告	看图说话	复述故事	自编故事	讨论	演说	辩论	会议发言	访问	表演	其他
低年级人次(367)	75	35	9	8	73	40	43	14	4	2	4	3	51	6
%	20.4	9.5	2.5	2.2	19.9	10.9	11.7	3.8	1.1	0.5	1.1	0.8	13.9	1.6
中年级人次(404)	53	32	25	35	29	44	44	48	16	8	9	19	38	4
%	13.1	7.9	6.2	8.7	7.2	10.9	10.9	11.9	4.0	2.0	2.2	4.7	9.4	1.0
高年级人次(525)	46	25	36	47	12	28	36	53	56	53	38	40	50	5
%	8.8	4.8	6.9	9.0	2.3	5.3	6.9	10.1	10.7	10.1	7.2	7.6	9.5	1.0

表8.6 口语交际教学途径的聚类分析

	低年级	中年级	高年级
第一层次	日常会话 看图说话	日常会话 复述故事 自编故事 讨论	日常会话 读书报告 讨论 演说 辩论 访问 表演
第二层次	问答 复述故事 自编故事 表演	表演 问答 生活报告 读书报告 看图说话	问答 生活报告 复述故事 自编故事
第三层次	生活报告 读书报告 讨论 演说 辩论 会议发言 访问	演说 辩论 会议发言 访问	看图说话

3.6 口语交际教学的序列

除了极少部分的教师外,被调查的大部分教师都认为口语交际教学应按照一定的教学序列进行,他们认为设计口语交际教学序列的主要依据依次为:①学生思维发展的特点;②学生日常生活需要;③语言的交际功能;④教材编排的先后顺序,见表8.7。

表8.7 口语交际教学的序列

	教材编排的先后顺序	学生思维发展的特点	语言的交际功能	学生日常生活需要	无需安排教学序列
人次(109)	2	46	20	35	6
%	1.8	42.2	18.3	32.1	5.5

3.7 口语交际教学的课时

有24.2%的教师认为口语交际教学无需安排专门的课时,只需结合识字写字、阅读、习作进行教学,53.8%的教师认为口语交际教学应当1周1课时,11%的教师认为应当2周1课时,8.8%的教师认为需要1周2课时,见表8.8。

表8.8 口语交际教学的课时

	2课时/1周	1课时/1周	3课时/2周	1课时/2周	无需专门安排课时
人数	8	49	2	10	22
%	8.8	53.8	2.2	11.0	24.2

3.8 口语交际教学的评价

关于口语交际的教学评价,我们设计了三个维度,第一是评价者维度,第二是评价过程维度,第三是评价媒体维度。关于评价者,86.8%的教师认为评价者既可以是教师也可以是学生;关于评价过程,73.6%的教师认为应在师生、生生的交际活动过程中进行评价;关于评价媒体,74.7%的教师选择现场评价,25.3%的教师选择录音带评价和录像带评价。

4 讨论

4.1 当前小学语文口语教学中存在的问题

以上的调查结果表明,广大教师对口语交际教学有了初步的认识,在教学方法方面,形成了采用情境法的普遍共识,在教学评价方面,形成了多元评价观念,但是本次调查也显示出目前小学口语交际教学中存在的许多问题:

4.11 对口语交际教学地位的认识存在片面性。在调查中我们不难发现,许多教师对口语交际教学地位的认识存在片面性,认为口语交际教学应附属于识字、阅读、写作教学,因此在实践中他们认为无需设计专门的系列,安排专门的课时来进行训练。我们认为造成这种认识的根本原因至少有两点:一是没能很好地把握小学语文课程的本质。语文课程的根本性质是言语教学,从言语交际过程来看,言语教学可分为言语的理解教学与言语的表达教学,从言语交际本身的分类来看,言语交际可分为口语交际与书面交际,由此可见口语交际与书面交际是并列关系,而不是从属关系。二是没能正确理解口语与书面语的区别。我们可以用四个参数来说明口语与书面语的区别:(1)情境率,指的是言语个别成分省略的程度,口语的情境率大大高于书面语;(2)不重复词的取样率,即词汇的丰富程度,书面语的不重复词的取样率大大高于口语;(3)鉴定率,即对事物特征详细反映的程度,书面语的鉴定率远远高于口语;(4)积极率,即动词的丰富程度,书面语的积极率高于口语。口语与书面语的区别要求我们必须根据他们自身的特点来分别加以培养。

4.12 对口语交际教学内涵的认识存在肤浅性。许多教师肤浅地认为口语交际教学等于听说教学。我们认为听说教学是从心理语言学角度提出的概念,而口语交际教学是从言语交际学角度提出的概念。心理语言学着眼于言语的心理方式,从言语的内部过程出发研究言语活动,将口头言语交际解释为编码、发码、接码和解码的过程,编码和发码就是说话,接码和解码就是听话,口语即听话、说话,口语能力就是听说能力。言语交际学着眼于言语的行为方式,主要从言语的外部过程来研究言语,即从人际交往的角度来研究言语,研究语言运用于交际的运动状态。因此在言语交际学的视野中,口语交际是一个双向信息交流的运动过程,是一个多层次的动态复合系统,在这个系统中,除了语言及其伴随手段之外,还包括交际活动的参与者、交际动机、交际环境等多种因素。这些因素的存在使口语交际教学突破了听说教学的狭隘框架,使教师不仅要教会学生发出一定意义的语音,掌握一定数量的词汇,说出结构正确的句子,而且要指导学生较好地把握交际过程中的诸多因素,能正确理解每一具体语境下的话语,说出正确、流利、得体的语言,较好地达到自己的交际目的。

4.13 对口语交际教学内容的理解存在模糊性。对于口语交际学的内容,大多数教师有着模糊的认识,他们中有人认为口语交际的教学内容是由课程标准、考试大纲规定,有人认为教学内容就是教材、课本。我们认为课程标准规定的是教学所要达到的目标,包括知识、技能和态度,教材是教学内容外在的物质载体,教学内容则是达到教学目标的凭借,是隐含在教材之中的口语交际知识以及对口语交际知识的活用。指导学生根据每一个具体的语境,正确理解言语的意图,准确、流利、得体地表达自己的意图,逐步形成自己的言语风格,是口语交际教学的目的,因此我们认为口语交际的教学内容应当包括口语意图的教学、口语语境的教学及口语风格的教学。也许这种认识还不完整,但它至少能揭示出口语交际教学内容中最本质的部分。对口语交际教学内容的正确理解对教师来说是至关重要的,它能激发教师的教学积极性,促使教师抛弃对教材的依赖,努力从学生的学校生活、社会生活选择口语交际的典型例子,创设真实的交际环境,逐步提高学生的口语交际能力。

4.14 对口语交际教学序列的构建上存在着盲目性。如果我们对根据调查结果构建出的一条训练序列(见表8.7)作认真的分析,就会发现很难找出其中的逻辑体系,即很难发现构建教学序列的科学依据,这是小学语文口语交际的教学实践缺乏一条科学、清晰道路的真实写照。口语交际能力的发展是一个循序渐进的过程,如何循序渐进地培养学生的口语交际能力,我们认为应当根据儿童语言交际功能发展的特点、儿童思维发展的特点以及言语知识技能训练的特点来构建言语交际的训练序列。小学低年级的思维特点是想象能力的敏感期,学生的主导活动是读写算入门和游戏活动,主要应通过口语交际发展学生语言想象和自我表现的功能,中年级是观察能力的敏感期,学生的主导活动是比较系统的学习活动,主要应通过口语交际发展学生观察和自我表现的功能,学生在高年级的思维特点是抽象概念思维能力,学生的主导活动是人际联系活动,主要应通过口语交际发展学生个别影响和自我教育的功能。

4.2 解决问题的建议

4.21 在课程层面上加强对口语交际教学内容的研究。口语交际教学应当教什么,一直以来是个模糊不清的问题。对于这个问题认识不清,会直接影响课本的编制与教学效率的提高。那么,这个问题应当由谁来解决?笔者认为,我们不能把这个问题抛给大多数的一线小学语文教师。小学语文课程是国家基础性课程,应当由教育部组织专家团队来深入地思考与研究此问题,找到解决方案。这个团队中可包括语文课程标准的编制者、大学的研究者,当然也可以包括一些特别优秀的小学语文教师。该团队应当在课程层面上思考口语交际教学到底应当教什么,应当包括哪些板块,并以小学语文课程实施指导纲要的形式颁发,以便为语文课本的编写、一线教师的教学提供权威的依据,以减少口语交际教学的混乱局面。

4.22 在教师培训层面上增加口语交际教学研究板块。当前小学语文教师培训比较关注阅读教学与习作教学,忽视口语交际教学。由于缺乏研讨与培训,教师对口语交际教学教什么、怎么教没有清晰的认识,也找不到有效的方法,由此造成口语交际教学在小学语文课程中长期得不到重视,教学效果的评价也是自由、随意的,极大地影响了学生口语交际能力的提高。要切实改变当前的口语交际教学现状,必须从教师抓起,重视教师培训,提高教师的认识水平与教学能力。

思考与练习

1. 与问卷法比较,访谈法有哪些长处?

2. 说明下面这道问卷题错在哪里,并改正。

你每月的零花钱 …………………………………………………………… (　　)

① 100元到200元以下。

② 200元到300元以下。

③ 300元到400元以下。

④ 400元以上到500元以下。

⑤ 500元和500元以上。

3. 对某幢教师楼的200名教师作问卷调查:你最喜欢参加哪一项球类活动?结果如下:

年龄	足球	篮球	羽毛球	乒乓球	合计
老年	5	10	20	25	60
中年	15	31	14	15	75
青年	25	24	6	10	65
合计	45	65	40	50	200

(1) 老年教师最喜欢参加的球类活动是否有显著差异？

(2) 老年教师和青年教师最喜欢参加足球、篮球和羽毛球活动的人数是否有显著差异？

(3) 不同年龄教师最喜欢参加的球类活动是否有显著差异？

第九章 测验方法

第一节 测验的定义

在小学教育科研活动中,常用测验方法来评估研究对象的知识、能力、兴趣、态度和性格等。为了正确运用测验方法,我们必须先对测验的定义有所了解。

测验,是行为样组的标准化测量。这里,有测量、标准化和行为样组三个概念,现分别解释如下。

一、测量

测量,是按照一定的规则,用数字来表示研究对象某种属性的活动。

例如,用单项选择题让学生对100个词语作解释,每解释对一个词语得1分,以此来测量学生理解词语的能力。在这里,学生的"词语理解能力",就是我们所要测量的研究对象的属性;由100个词语解释组成一份试卷,答对一个得1分,这就是测量所依照的规则;学生得到的分数,就是我们用来描述学生词语理解能力的数字。

从上例中可以看出,测量有三个要素:

1. 研究对象的属性

事物的属性虽然不能直接测量,但它必定会在人的具体活动或行为中有所表现。因此,只要我们对测量对象有明确的操作定义,便可根据它编制一组作业(即一组测试题或问卷),用以引起被试的反应,从中推测事物的属性。例如,要测量智力,便得先弄清"智力是什么"、"哪些活动是智力活动",而后才能编制一组作业,让被试对此作出反应,以得到他完成这组作业的成绩,再由这成绩来推测他的智力。

2. 数字

我们之所以要用数字来表示事物的属性,是因为数字系统有如下一些特性:

(1) 区分性　1就是1,2就是2,没有任何数与1这个数相同或与2这个数相同。

(2) 有序性　例如,1<2<3。

(3) 等距性　如1、2、3三个数,它们之间差的绝对值相等。

(4) 可加性　这是我们能对数进行运算的基础,因为我们能把数相加,也就能相减("加"的逆运算),或者乘除("乘"即同一数的连加,除是连续减同一个数。)由此可见,数的系统是很合乎逻辑的。如果我们能依照规则运用它的特性来表示事物本身所具有的属性,那么就能通过数的运算结果来描述事物。

3. 测量规则

测量规则是用数字来表示事物属性的依据,包括测量的内容、测量步骤的规定、评分标准,以及测定结果数量化的方法。例如,我们要评定学生的品德,这时规则可描述为:根据学生的表现而分派1至5的数字,非常好的学生分派数字5,极差的学生分派数字1,而介于两极端中间的学生,则分派数字2至4。规则的作用在于建立事物的属性与数字间的对应关系。规则制订得越好,这种对应关系也就建立得越好,测量的精确性越高。

二、标准化

标准化,是指测验实施、情境、记分等方面误差的控制。在教育科学研究活动中,只有标准化的测验才可以获得真实的测量结果。标准化测验由命题标准化、测试标准化(使学生在相同条件下进行测试)和评分标准化三方面组成,必须根据目标规定测验的要求、内容、形式和评分原则。此外,指导语、实施过程、考试时限都应明确规定。这些应在正式测验前让所有被试知道,以便他们有可能事先就注意到该测验的总范围。与此同时,也应向被试提供测验题的题例,使他们全面了解这种测验的方法和技术。但是,试题分配的百分比和各类内容所占的比重不能让被试事先知道。

此外,还必须建立常模样本。常模是标准化测验用来解释测验结果的标准。例如某一门课程各年级现有的水平就是各年级的常模,这是根据各年级学生在某一量表上所得的平均分数及其上下一定范围确定的。如果某一学生的得分是在某一年级平均分数上下的一定范围内,那就表明他已达到这个年级的水平。通常这种常模样本可由原始分数转变成标准分数,用它可以表明个人所得的考分在常模样本中的相对地位,也可以用来比较个人在不同学科中考试成绩的好坏。建立常模样本必须包括不同地区、不同类型学校的学生,也就是说要有充分的代表性。

标准试卷不应只有一份,而应由好几个等价试卷组成。这里,"等价"试卷是指主要数量指标大致相等、测验内容不重复的试卷。通常把这样的试卷叫做复份。有了这些众多的复份就可以建立题库。

三、行为样组

行为样组,是指能正确地测量出被试某方面属性的试题。这组试题能否正确地测量出被试某方面的属性(如儿童概括能力的发展),取决于试题的性质和数量。如果试题没有代表性,或者只有某一方面的代表性,那么就不能用它来进行正确的测量。以下是一个测验实例。

《儿童概括能力发展的测验》

【测验目的】

概括能力是思维的一种重要表现。儿童语言的发展与思维的发展有着密切的关系。将扩展的书面语言变成压缩的书面语言,就需要儿童具有一定的概括能力。本测验拟通过儿童对句中词语的归纳概括,来研究不同年龄儿童概括能力发展的特点。

【测验对象】

小学二至五年级的学生。

【编制原则】

试卷中共有 3 类句子，每类 3 句，第一类句子组中的每个句子要求儿童概括的意义单位只有一个。例如：喜鹊长着两只脚。燕子长着两只脚。老鹰长着两只脚。要求儿童把"喜鹊、燕子、老鹰"概括成"鸟儿"。第二类句子组中每个句子要求概括的意义单位有两个。例如：妈妈正在洗衣服。爸爸正在洒水扫地。我正忙着打苍蝇。要求儿童把"妈妈、爸爸、我"概括成"全家"或"我们"，再把"洗衣服、洒水扫地、打苍蝇"概括成"搞卫生"。第三类句组中每个句子要求概括的意义单位有三个。例如：我们五月一日去北海。你们六月一日去景山。他们十月一日去天坛。要求儿童把"我们、你们、他们"概括成"大家"或"小朋友们"，把"五月一日、六月一日、十月一日"概括成"节日"，把"北海、景山、天坛"概括成"公园"。句子中的字词是儿童熟悉的常见词。句子的长短也大致相等。

【试卷内容】

今天请大家做一个练习。这里每个题目都有三句话，请你们仔细想一想，照样子在三句话下面的横线上写出一句话，这句话要能很好地代表上面三句话的意思。

例 1 金鱼在池子里游泳。鲤鱼在小河里游泳。黄鱼在大海里游泳。

<u>鱼儿在水里游泳。</u>

例 2 小红爱吃苹果。小明爱吃梨。小琼爱吃香蕉。

<u>他们爱吃水果。</u>

1. 喜鹊长着两只脚。燕子长着两只脚。老鹰长着两只脚。

_____

2. 同学们都喜欢做操。同学们都喜欢游泳。同学们都喜欢打球。

_____

3. 我们应当不乱花钱。我们应当随手关灯。我们应当不掉饭粒。

_____

4. 在进门处放着圆桌。窗户旁放着书架。靠墙边放着椅子。

_____

5. 妈妈正在洗衣服。爸爸正在洒水扫地。我正忙着打苍蝇。

_____

6. 地里玉米又粗又壮。地里谷穗又大又长。地里小麦一片金黄。

_____

7. 我们上课专心听讲。我们课后用心复习。我们回家认真做作业。

_____

8. 我们五月一日去北海。你们六月一日去景山。他们十月一日去天坛。

_____

9. 祖国高山修起梯田。祖国沙漠种满绿树。祖国荒地开出果园。

_____

【评分标准】

每个词语和句子的评分为0分、1分和2分三等。词语答案正确为2分,答案错误或回答不出为0分,介于两者之间为1分;句子表达完整为2分,语法上不成句子、意义上不合逻辑为0分,介于两者之间的为1分。这三类句子组的词语和句子的评分,都依这种标准累计计算。例如,从词语评分来说,概括包含一个因素的3组句子最高得分2×3,每人的得分从0到6分。概括含两个因素的3组句最高得分为(2+2)×3,每人的得分从0至12分。概括含3个因素的3组句子最高得分为(2+2+2)×3,每个人的得分从0至18分。从句子的评分来说,每类句子的最高得分均为2×3,每类句子的得分从0到6分。

第二节 试卷的编制

测验由这么四个程序组成:一是编制试卷;二是测验被试;三是分析结果,即分析被试的反应;四是得出结论,即确定反应的意识。其中,编制试卷是首要的环节,试卷的质量是获得良好测验效果的前提。为了编制好试卷,我们就得明确命题的要求、步骤的要领。

一、命题的要求

1. 目的明确

(1) 要明确自己所编制的试卷是用来测量什么的。要明确是测量儿童智力发展水平,还是测量儿童的学业成绩,或是测量儿童的情绪、兴趣、态度、性格、需要、动机,等等。

(2) 须明确要测量的是哪些对象。要明确是哪个年龄段的儿童,是生活在哪种环境中的儿童,是具有哪种特性的儿童,等等。

(3) 须明确为什么要作这次测试。要明确是为了选拔优等生,还是为了获得反馈信息以改进教学。如果是为了获得反馈信息以改进教学,还得明确要获得的是关于哪门学科哪方面的反馈信息。同样是出"看拼音写汉字"这类题,是要明确目的是考查学生区别前、后鼻音的能力,还是考查学生区别平、翘舌音的能力,或是考察学生区别形近字的能力,等等。

2. 重点突出

如果要测量智力,就要突出数字、言语、理解、空间知觉、词汇流畅、推理、强记、知觉速度等因素。如要测量学业成绩,可以从这三个方面来突出重点:

(1) 要抓住学科特点。如语文学科的特点就是字词句篇的内在联系和听说读写的内在联系,因此,语文学科的测试题就应以这些"内在联系"为重点。

(2) 以学科课程标准的分年级要求为重点。对语文学科来说,要吃透这年级的重点是词,是句,是段,还是篇。要是一张小学高年级的试卷以字词为命题重点,就很难测出这年级学生的学业水平了。

(3) 重点是测试能力,而不是知识的记忆。即使是考查知识,也不要照抄课文,而应提出重新组织语句的要求。

3. 选材得当

测验材料选择是否得当,对测验的有效性有很大影响。不同的测验对材料选择有不同的要求。

(1) 智力测验。一是选材要丰富,至少应选择五六种不同类型的测验材料。否则就不能推断一个人智力的高低。二是材料不应与学校课程的内容有联系。否则该测验就不是测量对象的智力,而是测量对象的知识或技能了。三是测验的材料要有普遍性,而不是属于某一团体或地区专有的。如以"小米"这一粮食种类为测验材料,北方儿童可能认识,南方儿童就不知道了。四是要选择一些可以考查理解、推理、判断、记忆、适应等能力的材料。如选用动作的敏捷与否这类材料,就很难测量出人的智力(因为这是动物也会有的反应)。五是材料须由浅到深、由易到难、由简到繁,依次排列,以鉴别各年级儿童的差别。六是材料要能引起被试的兴趣,以减少被试由于注意力减退而造成测量误差。

(2) 教育测验。一是材料要适合测量的目的,要考虑是诊断性的测验,还是形成性的测验,或是总结性的测验。如果编制一个诊断性的算术测验,必须把算术中各种方法的计算能力和步骤都编进去,以便测量出学生在哪一方面有缺陷。二是所选择的材料要有较广的覆盖面,使之能代表该科教材的全部内容。三是材料是大多数儿童所学过的,使之有普遍性。四是材料要能鉴别学生的学习水平,应当把优等生、中等生、差等生区分开来。

4. 题意浅显

(1) 文字要浅近。用来表达题意的语言不要有阅读难度。

(2) 指导语要完整。不可遗漏必要的条件。像"下面这句话有什么作用"这类指导语,就是不完整的。学生可以回答这句话对表达文章的中心思想有什么作用,也可以回答这句话在文章的结构中起什么作用。只有写明这句话在什么方面起什么作用,才不会使学生对题意产生歧义。

(3) 举例要典型。在小学试卷中,常有"照样子做练习"之类的要求,这"样子"必须非常典型,才不会引错路,使学生文不对题。例如,要了解学生是否掌握因果关系,可出这样的题目:

照样子在括号里填上适当的词语

例　下雨——(地湿)

　　开灯——(　　)　　　　虚心——(　　)

　　洗手——(　　)　　　　骄傲——(　　)

5. 防止连环

(1) 上题不能暗示下题。例如,前面一题要默写某一词,那在后一题中就不能让学生再填这个词。

(2) 下题不能依赖上题。例如,上题要求学生分析这段话中有几层意思,则下题就不能要求学生用这同一材料来概括每一层的意思。否则,由于上题的错误,会导致下题的错误。

6. 切合实际

(1) 要符合学生水平。命题既要有一定的难度,又不能作过高的要求,要切合大多数学生的实际水平。有些题目要出得比学生平均掌握的程度稍低,使程度最低的学生也可能做对,从而增强他们的信心;有些题目要出得比学生平均掌握的程度略高,这样就使程度较高的学生也不易答对,从而激发他们努力进取。

(2) 要贴近学生生活。命题要贴近学生的生活实际和知识实际,否则学生的理解就不能如实地反映出来。而且,由于命题贴近社会生活实际,会使题目有较高的应用价值。

(3) 要控制题目总量。命题的数量必须让绝大多数的学生能在规定的时间里全部完成。

二、命题的步骤

命题的一般步骤是:确立目的和选择材料→试题的制定→预试和试题分析→试题的选择、编排以至集合成最后试卷形式→确定试卷的信度和效度,并计算常模→编写试卷使用说明书。诚然,各种测验的命题步骤不尽相同。教育测验的命题步骤通常是这样的:

1. 定目标

这就是说要回答下述问题:"这个考试是用来考什么?应考的对象属于哪一种群体?"回答了这两个问题,实际上就给考题难度和内容范围加以限定了。

2. 列要点

要认真分析全册教材,把教材中的知识点全找出来。然后,把其中的要点列出来。通常是把新授的、经过一定训练的知识点作为测试要点。

3. 分轻重

在这些列出来的知识要点中,分出哪些是次要的,哪些是主要的,哪些是重要的。

4. 划比例

划出每一个知识要点所占的分数比例。

5. 制图表

绘制双向细目表(试题分数分配表)。双向细目表按知识点进行纵向设计,按能力水平进行横向设计。这样,能提高试卷的精确度,控制它的自由度。在横向设计时必须使能力水平的要求从左到右逐步提高,后一栏目的要求包含着前一栏目的要求。美国心理学家布卢姆把认识能力由低到高分为六个层次:

(1) 识记　这是对特殊和一般事物的回忆,对方法和过程的回忆,对结构和背景的回忆。

(2) 理解　要求对教材用自己的话作解释,并能根据有关材料,推断出结果或发展趋势。

(3) 应用　要求将抽象概念应用于不同情境。

(4) 分析　要求将材料分解为因素或部分,明确各因素或部分之间的关系。

(5) 综合　要求将各因素或部分构成一个新的观念体系。

(6) 评价　要求能根据一定标准,对材料的价值作出评价。

我们在绘制双向细目表的时候,可参照布卢姆的分类作横向设计,并根据各种教材的具体内容加以变通。如在表9.1中,"理解"能力水平的要求比"识记"高,又包含着识记的要求;"简单应用"能力水平的要求比"理解"高,又包含着理解的要求;"综合应用"能力水平的要求比"简单应用"高,又包含着"简单应用"的要求;"灵活应用"能力水平的要求比"综合应用"高,又包含着"综合应用"的要求。对某一个知识点,如果既有前一栏目要求,又有后一栏目的要求,则要填入后一栏目中。如对某一知识点既要学生识记它,又要求学生理解它,就把该题的分数填入"理解"这一栏目里。整个能力水平呈正态分布(15、20、30、20、15)。如果双向细目表设计的能力水平呈左偏态,则能力水平要求偏低;如果设计的能力水平呈右偏态,则能力水平要求偏高。

表9.1 双向细目表

知识点	识记	理解	简单应用	综合应用	灵活应用	小计
A	3	4				7
B	2	2	10			14
C	3	4		10		17
D	2	3	5			10
E	1	2			15	18
F	2	2	15			19
G	2	3		10		15
小计	15	20	30	20	15	100

6. 选题型

选择试题形式的依据是测验的目的、测验的性质和测验的具体条件。

试题分客观和主观型两大类。选择题、配对题、填充题、是非题、排列题、改错题等,属客观型题目。论文式的问答题、作文题等属于主观型题目。客观型题目具有如下优点:一是要求明确;二是答法单纯;三是评分客观,确保得分的准确性、可靠性和可比性;四是由于答法单纯,所以题量多,对知识点的覆盖面广。但客观型题目也有它的局限性。比如,它编制起来较困难,得分会受到考生猜测因素的影响。我们在命题时,应根据测验目的、测验性质和测验的具体条件来选择题型。如果要考察被试组织材料能力,书面语言的表达能力和合乎逻辑地自由发挥的能力(如阐明概念、讨论问题、评价问题、阐明关系等),则要选择主观型题目。如果要考察被试掌握教材的水平,则要编拟客观型题目。对某份试卷来说,要做到客观型和主观型这两种类型题目相结合。

7. 出题目

即按试题分数分配表、命题的要求和不同题型的命题要领(下面将详细说明)来命题。编拟试题特别是编拟选择题,是一项艰巨的智力劳动。在学业成绩测验过程中,编题过程就是深入钻研教材的过程,是回忆教学和分析学生思路的过程。编识记题需要罗列有关联的事实。编理解、应用等试题,一方面必须深入分析教材内容的差别、矛盾和联系,另一方面必须分析优、中、差学生的思路特点。以学生作业作为依据编拟的试题质量一般都比较高。教师如把编拟试题工作分散在平时进行,就能提高编题效率和试题质量。

8. 试测验

试测验的要求应与正式测验相同,但试测验的时间应放宽,给学生有足够时间完成作业。要随时记录预试时学生的反应,供修改试题时参考。预试会使题目泄露,比较妥善的措施是将预试题分散插入几个样本的平时考查题里,用分散预试来代替集中预试。然后,将分散的测题的数据集中起来进行分析,并计算它们的难度和区分度,调换区分度不够和难度不适当的题目(计算方法详见本章第三节)。

须注意的是:测验目的的不同,试测验的样本也不同。为了编制各科的学业成就测验,试测验的样本应从日后应该测验的总体中随机抽取;若要编拟学科竞赛试卷,试测验样本应从优等生的测试水平中随机抽取。

9. 编试卷

(1) 编排的方法。试题编排必须根据测验的目的与性质,并考虑被试的作答心理,还要考虑试题格式的类型和试题的难度(由易到难排列)。有两种主要的编排方式:一是并列直进式。这种方式是按试题材料的性质分为若干份测验,同一份测验中的试题则按其难度由易到难排列。二是混合螺旋式。这种方式是将各类试题依难度分若干不同层次,再将不同性质的试题予以混合,作交叉式排列,其难度则逐渐升高。采用这种编排方法,主要是让被试不至于在一段时间内只对同一性质试题作答,保持被试作答的兴趣。

(2) 复份的编制。一份测验如应用两次,不免有练习的影响,其结果常不可靠。如有两份水平相等的测验卷,就可以免除这种困扰。所以,为增加应用效率起见,一种测验最好有两个水平相等的复份。

编制复份的手续很简单,我们按照项目的难易排列之后,其次序为1,2,3,4,5……如欲分成两个复份,则可采用下列方式分配项目:

甲份:1,4,5,8,9,12,13,16,17,20

乙份:2,3,6,7,10,11,14,15,18,19

如分成三个复份,则可采用下列方式:

甲份:1,6,7,12,13,18,19,24,25,30

乙份:2,5,8,11,14,17,20,23,26,29

丙份:3,4,9,10,15,16,21,22,27,28

依照上述方式所编制成两个或三个复份,其平均数和标准差可大致相等。不过复份编成之后,还要再试一次,以决定各份是否相等。所谓相等是指下列几点而言:一是各份测验卷须测量同一种能力;二是各份测验卷所用的材料不应重复;三是各份测验卷的难度须相等;四是各份测验的鉴别力相同。

10. 订标准

要订出每一题的标准答案和评分标准。由于事先明确了标准答案和评分标准,就大大提高了评分的准确性。如果忽略了这一步,直到学生把试卷交上以后才订标准,就很被动。至于口试,由于要即时评分,就更需要事先有明确统一的标准。

三、命题的要领

1. 单项选择题

单项选择题在结构上包含两个部分:一部分为题干,可由问句或不完全的叙述句组成;另一部分为选项,即备选答案(或称选择肢),它包含一个正确答案及若干错误答案(或称迷惑答案)。单项选择题的命题要领是:

(1) 每道题只能测量一个重要的问题。题干所陈述的问题必须非常清楚,使学生可以不必阅读备选答案即可了解题意。题干如果包括一个以上的问题,通常会增加意义的复杂性,同时还会减少试题的诊断价值。因为当学生答错时,我们不知道究竟是哪个问题使学生难以作答。

(2) 试题叙述必须简单、清晰、准确。题干要尽可能简明,并且要避免不必要的复杂用字或句型结构。过长的、复杂的句型结构使试题变成阅读理解能力的测量,而不能达到预期的测量结果。备选答案要尽可能简短,必要的叙述或相同的字词宜置于题干中。例如:

《井底之蛙》这则寓言 ……………………………………………………………（   ）
　　a．告诉我们耳听是虚,眼见才是实。
　　b．告诉我们要到广阔天地去见世面。
　　c．告诉我们不能用老眼光来看问题。
　　d．告诉我们目光短浅就看不到真理。
　　e．告诉我们要听劝说,别固执己见。

其中"告诉我们"这四个字是 5 个备选答案所共有的,应放在题干中。这样,可使文字简洁。审核题干是否清晰的一个好方法,就是将备选答案盖起来,看在没有附列选项的情况下,题干本身的意义是否完整。

(3) 备选答案要适量。题干后面备选答案的数目愈多,被试愈不容易猜对。一般必须有 4 个以上的备选答案。

(4) 只能有一正确答案。在 4 个以上的答案中只有一个答案是对的;错的答案不要错得太明显,要似是而非,和题干有相应的逻辑联系或似真性。单项选择题编制得好不好,在很大程度上取决于错误答案是否有迷惑性。例如,在下面这道单项选择题中,由于答案 a、b、d 是明显错误的,学生就会不假思索地在 c 后面打"√"。这样,a、b、d 三个答案就形同虚设。

《井底之蛙》这则寓言告诉我们 ……………………………………………………（   ）
　　a．朋友之间不要争吵。
　　b．说大话是不对的。
　　c．目光短浅就看不到真理。
　　d．天实际上是很大的。

(5) 要从同一角度提出备选答案。为了说明这一点,请看下面这道单项选择题:

泉水一滴一滴地滴在一块大石头上,石头对泉水说:"你这软弱的东西,别来碰我。"泉水说:"你说我软弱吗? 我还想在你身上打出一个洞来呢?"石头笑着说:"如果你真有这样大的本领,那就来试试吧!"泉水说:"好,你看着!"于是,泉水对准同一个点,一滴一滴地滴着。一年又一年,不知过了多少年,泉水真的把石头打出了一个洞。

想一想,这段话主要是讲 ………………………………………………………………（   ）
　　a．石头再坚强,比不上泉水。

b．只要功夫深，滴水能穿石。

c．水滴虽然小，但比石头强。

d．说话别说死，先要试一试。

这4个备选答案中，b是正确的，a、c、d这三个错误的答案都有一定的迷惑性，但角度不一致，有的是从"石头"的角度写的，有的是从"水滴"的角度写的，有的是从"道理"的角度写的。这样，问点不集中，学生思考的对象就比较分散。如果我们把它修改一下，把角度统一到"道理"上，使问点集中，差别细微，就能促进学生思维。

想一想，这段话告诉我们滴水能穿石是因为它……………………（　　）

a．耐心好。

b．信心足。

c．功夫深。

d．决心大。

e．时间长。

（6）避免暗示。没有经验的命题者编制的备选答案由于如下原因给被试以暗示：一是往往注意题干与正确答案连成通顺的句子，而在叙述迷惑答案时发生语法上的错误。这样，无形中给学生提供了选择正确答案的线索。二是把正确答案叙述得比较详细，当某一个备选答案以修饰词来限制或形容时，则通常为正确答案。这也成了一种线索，所以被选的机会特别多。三是在迷惑答案中出现绝对的特别限定词，如"总是"、"从来"、"所有"、"绝无"、"唯一"等。这些字眼通常均属错误的叙述，所以学生很容易排除其为正确答案。四是正确答案位置的规律性，也会给被试提供信息。避免的办法是：

● 题干和每个选项都要能连成通顺的句子。

● 备选答案的字数应尽量接近。

● 避免在迷惑答案中使用绝对化的措词。

● 正确答案的次序必须随机排列。

（7）把握好难易度。选择题的难易度与选项之间差异的大小关系密切。差异愈细微，愈难选准；差异愈明显，愈容易解答。

2．配对题

配对题是单项选择题的一种变化形式，由一个题干变化为几个题项。它在结构上也包括两个部分：左列为题项，右列为选项，要求被试从选项中选出与各个题项相适合的项目进行配对。例如，一组题项是国名，另一组选项是首都，要求被试从首都这组选项中找出与国名相适合的项目进行配对。也可以一组题项是词汇，另一组选项是词义，要求被试从词义项目中找出与词汇相适合的项目进行配对。还可以一组题项是图形，另一组选项是事物的名称，要求被试从事物名称的选项中找出与图形相适合的项目进行配对。出配对题的要领如下：

(1) 指导语必须规定配对的依据 （见下面各例）

(2) 一组题项或一组选项必须是性质相同的材料。例如：

照样子把省名与它的省会用线段连起来。

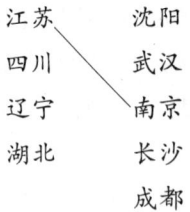

江苏　　沈阳
四川　　武汉
辽宁　　南京
湖北　　长沙
　　　　成都

在上面这道配对题中，题项是我国的省名，选项是各省的省会。

(3) 各题之间或各选项之间应是有可能混淆的。例如，下面这道配对题中的各题项都是意思相近的词语。

照样子把可以正确搭配的词语用线段连起来。

发现　　理由
摆出　　主意
发表———意见
得出　　规律
　　　　结论

(4) 题项和选项之间只能有一个正确的配对。例如，在上题中，"发表"只能与"意见"搭配，而不能与"理由"、"主意"、"规律"、"结论"搭配。"发现"只能与"规律"搭配，而不能与"理由"、"主意"、"意见"、"结论"搭配。"摆出"只能与"理由"搭配，而不能与"主意"、"意见"、"规律"、"结论"搭配。"得出"只能与"结论"搭配，而不能与"理由"、"主意"、"意见"、"规律"搭配。

(5) 题项和选项的数目要适当。选项的数目必须在 4 个以上（不包括示例的），题项的数目必须少于选项的数目。否则，题项和选项都是 4 个，那只要配好 3 对，第四对就肯定相配了。这无疑是为猜测提供了方便，减少了测验的可靠性。

(6) 正确的备选答案位置必须随机排列。随机排列可防止被试投机取巧。

3. 填充题

填充题是在一个句子里面缺少几个关键的词语，要求被试填写，它可以考察被试对知识的记忆和理解的程度，应用范围很广，在诊断性的测验里特别有用。出填充题时如能注意以下几点，就能让它更好地发挥作用：

(1) 填写重要内容。要求学生填写的必须是重要内容，而且要和上下文有密切的联系，使被试填写时不至于感到困难。

(2) 答案只能一个。要求填充的内容必须是明确的。每一个空缺只能有一个答案。

如果可以填入的答案不止一个，就会给评分带来困难。

（3）空白不宜过多。一句句子内不能有许多要求填写的空白，否则，缺少上下文，被试不容易明了题意，填写的内容就可能有歧义，而且记分也不易客观。

（4）空白位置醒目。要求填充的空白必须排在句子醒目的部位，使学生容易看见，容易检查。避免由于命题的关系，使学生因遗漏而失误。

（5）句子要有变化。不要将教科书上的句子直接抄下来作为测题，而应有所变化，以免学生死记课本而不求理解。

（6）空白长度相等并适当。例如，在下面几个要求填写的空白里，虽然要求填写的字数不等（"长江"、"黄河"、"珠江"都是两个字，"黑龙江"是三个字），但都要按字数较多的那个空白（黑龙江）来设计所有空白的长度（为三个字）。这样，就可以防止被试按字数多少猜测而得分。

中国的四大河流是：_____、_____、_____、_____。

4. 是非题

是非题，又称正误题。它是用陈述句或疑问句的形式，让学生在两种可能的回答中判断是对或是错，是或者否（"对"或"是"可用"√"表示；"错"或"否"可用"×"表示）。它适合考查学生对简单知识的了解。但得分受猜测的影响很大。出是非题的要领是：

（1）每题只应包含一个概念。我们要避免两个以上的概念在同一题中出现，因为，它会造成"半对半错"的结果。在下面这个例题中，前半句的叙述是正确的，后半句的叙述是错误的。

北京是我国首都和第一大城市。…………………………………………（   ）

上面这道题可以改为下面两个测题。

● 北京是我国首都。……………………………………………………（   ）
● 北京是我国第一大城市。……………………………………………（   ）

（2）错误的句子要有似真性。如果是错误的句子，则应是容易使被试认为是正确的句子。

（3）不要照抄课本。如果直接从课本上抄袭正确的句子，或只更动一个词语使句子发生错误，就测试不出学生对教材的理解水平。

（4）避免使用具有暗示性的词汇。如在正确的命题中往往会使用"有时"、"可能"、"大多数"这类词语，有错误的命题中有时会使用"决不"、"所有的"这类词语。如在下面两道测试儿童辩证思维能力的题目中，对于题①，被试可能仅凭"可能"一词猜它的答案为"是"；在题②中，被试可能仅凭"所有"一词猜它的答案为"非"。

① 好事有可能变成坏事，坏事也有可能变成好事。……………………（   ）

② 所有信心足的同学都能在考试中取得优良的成绩。……………………（　　）

此外,为了防止学生凭猜测的机遇得分,须事先向被试宣布:是非题答案错了要倒扣分,即不但失去这题的分数,还得在其他是非题的得分里扣去这题的分数。

5. 改错题

改错题是语文学科常用的题型。它可以用来改正写错或用错的字词和标点符号。要测验被试能否改正用错的字、词、句,就得把它们放在一定的语言环境里。例如,下面的题①是把用错的字放在成语里,题②是把用错的词放在句子里,题③是词序排列错误的句子。

① 在成语中的错字下面画一条横线,并把正确的字写在括号内。

因接不暇（　　）　　　　一望无间（　　）

五化八门（　　）　　　　眼花潦乱（　　）

② 在用错的词下面画一条横线,并把正确的词写在括号内。

人的生命是有限的,那么为民服务是无限的。………………………（　　）

③ 改正下面的句子。

天上挂着圆圆的金黄色的一轮月亮。

6. 问答题

（1）只允许有一个问点。避免提出宽泛的一般性问题,每个问题只允许有一个问点,这就要求将一个大题目分成几个小题目。

（2）对问题应有所限制。要对学生在答案中自由发挥的方面和程度用说明和规定字数等方法加以限制。

（3）要能启发被试思考。能启发被试思考的问答题有益于测量出被试对知识的获得与应用。

前面,我们虽然只是列举了几种题型命题的要领,但是只要我们举一反三,就不难运用这些要领来编写其他类型的题目。例如我们掌握了出单项选择题的要领,就既能用它来出择优题,即在几个都是对的备选答案中打一个最佳的;也能用它来出排列题,即在按同一标准（如大小、轻重、连贯等）用不同次序排列的几种答案里选择一种正确的;还能用它来出划消题,即在测题内的许多项目中划去唯一不属于同一类的项目（见下题）。

把不属于同一类人物的名字划去。

① 李白、杜甫、陆游、鲁迅

② 爱迪生、李时珍、牛顿、爱因斯坦

又如,选词填空这类项目须按配对题的规定来出:要有4个以上意思相近的词语供选择,所留的供填空的空格数必须少于词语的数目,等等。此外,填充题还能用简单的问答题来表示

(见下面两题)。

① 地球自转是向着_____方。
② 地球自转是向着什么方向？
答：_____。

第三节 质量分析

测试和评分结束以后，研究者要对试卷作质量分析。质量分析包括如下内容：

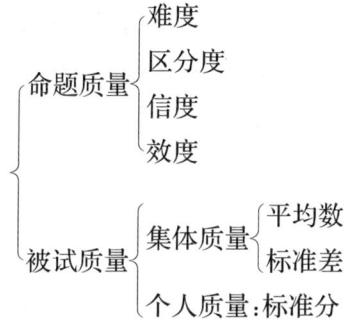

一、难度

1. 定义

难度是指全体被试在某题的得分率，即为某题的实得分数与某题的满分总分数的比率，用 P 表示。难度值能提供试题平均通过率的信息。

2. 计算

(1) 计算高分组和低分组的人数。将试卷按高分到低分的次序排列，从最高分的被试开始，在高分段选取 27% 的被试；从最低分的被试开始，在低分段也选取 27% 的被试。例如，被试人数为 30，则高分组和低分组的人数均为：$30 \times 27\% \approx 8$（人）

(2) 计算某题高分组的得分率 H 和低分组的得分率 L。如已知道某题的满分分数是 3 分，而高分组该题的实得总分数为 18 分，低分组该题的实得总分数为 6 分，则：

$$\text{高分组得分率 } H = \frac{\text{某题高分组的实得总分数}}{} \div \frac{\text{某题高分组的满分总分数}}{}$$
$$= 18 \div (3 \times 8)$$
$$= 0.75$$

$$\text{低分组得分率 } L = \frac{\text{某题低分组的实得总分数}}{} \div \frac{\text{某题低分组的满分总分数}}{}$$
$$= 6 \div (3 \times 8)$$
$$= 0.25$$

(3) 计算难度值。计算公式为：
$$P = (H+L) \div 2$$
$$= (0.75 + 0.25) \div 2$$
$$= 0.50$$

3. 判断

(1) 判断。一般认为题目难度 0.20 至 0.80 之间较为适宜。如果难度值为 0.50，则说明该题难度适中；如难度值为 0.21 则说明该题偏难；如难度值为 0.15，则说明该题过难；如难度值为 0.79，说明该题偏易；如难度值为 0.85，则说明该题过易。

(2) 分析。如该题过难，就得分析这题的困难是涉及了教材以外的知识，还是被试没有学会已教过的有关知识；是由于测试题目表述无法使被试理解，还是对思维的灵活性和精确性要求过高。

(3) 再判断。我们应仔细考虑上述可能性，并结合考虑其他有关因素，作出适当的判断。如这题既是课文的重点，我们又已教过，那么从这题的分析中可推知，自己的教学失败了，从而认清自己教学中的弱点，并作适当的改进。

二、区分度

1. 定义

区分度是指测题能够鉴别被试某种属性差异的精细程度。一个测题的鉴别力愈大，其价值愈高。

2. 计算

计算公式为：$D = H - L$

在上例中，$D = 0.75 - 0.25 = 0.50$

3. 判断

一般说来，区分度在 0.30 以上，表示测题的区分度好；区分度在 0.30 以下，表示测题的区分度不够。

下表是一份试卷中 4 个测题的难度和区分度。

测题号	H	L	P	D
1	0.75	0.38	0.56	0.375
2	0.26	0.28	0.27	−0.02
3	0.98	0.66	0.82	0.32
4	0.24	0.12	0.18	0.12

表中第一题的难度值和区分度都是在适度范围内。第二题的 P 值在适度范围内，D 为负值，表明低分组答对的人数多于高分组，这种反常现象表明题目措词不当或题意模棱两可，结果反而让差生凭机遇得分，不少优生放弃作答。因此，这一题必须放弃或重编。第三题的鉴别力良好，但难度值过易，须作修改。第四题则不仅偏难，鉴别力也很差，须淘汰。

三、信度

1. 定义

信度是对测量的一致性程度的估计,它用 r_{xx} 表示。例如,用一份试卷对同一个被试进行两次测量(假如这个被试在两次测量期间没有什么变化),如两次测得的结果是一致的,则这份试卷的信度是高的;如果测得的结果是不一致的,则这份试卷的信度是低的。信度低的测验是没有用的。这就像用一根橡皮尺去测量一匹布的长度,第一次测量是 5 米,第二次测量不是 5 米,那么这把尺还有什么用呢?

2. 计算

信度可以用同一个测验对一组被试测量两次所得分数的相关系数来表示,也可以用同一个测验的两个复份(A 卷和 B 卷)测量一组被试所得分数的相关系数来表示,还可以将同一个测验按照奇偶把测量分为两半所得的积差相关系数并经矫正的数量来估计。积差相关系数愈高信度也愈高,反之则愈低。

什么是"相关"呢?两个变量之间的关系称为相关。

从变化方向上看,两个变量之间有以下几种关系。

(1) 正相关。这是指两个变量值变化方向一致,即一个变量值变大时,另一个变量值也随之变大;一个变量值变小时,另一个变量值也随之变小。如小学生的身高与体重之间的关系。

(2) 负相关。这是指两个变量的变化方向相反,即一个变量值变大时,另一个变量值随之变小;一个变量值变小时,另一个变量值随之变大。如练习次数与计算错误之间的关系。

(3) 零相关。这是指两个变量值变化方向无一定规律,两者之间无相关,即一个变量值变大时,另一个变量值可能变大,也可能变小,并且变大变小的机会趋于相等。如学生身高与学习成绩之间的关系。

存在相关的两个变量,它们的变化关系除了方向性之外,还有密切程度的问题。如果两个变量值的变化关系密切(无论方向是正还是负),称为强(高)相关;反之,称为弱(低)相关。

要想准确地反映两个变量之间的相关情况。需要计算相关系数。计算相关系数的方法很多,以直线积差相关系数最为普遍。

(1) 积差相关系数的定义。积差相关系数,是两个变量标准分数的乘积和除以 N 所得的商,用 r 表示。它的计算公式如下:

$$r = \frac{\sum XY/N - \overline{XY}}{\sigma_x \sigma_y}$$

这里,r 表示积差相关系数,X 表示一个变量,Y 表示另一个变量,σ 表示 X 变量的标准差,σ_y 表示 Y 变量的标准差,N 表示数据的总对数。

相关系数的数值范围在 -1.00 至 $+1.00$ 之间。它不会小于 -1.00,也不会大于 $+1.00$。r 的"$+$"、"$-$"号表示两个变量变化的方向。"$+$"号表示变化的方向一致,即正相关;"$-$"号表示变化的方向相反,即负相关。r 的绝对值越大,表示两个变量的关系越密切;越接近 0,表示两个变量间的关系越不密切。例如 $r_1 = 0.32$,$r_2 = -0.32$,两者相关程度相同,但变化方向不同:r_1 的两个变量变化方向相同,而 r_2 的两个变量变化方向相反。又如,$r_1 = -0.86$,$r_2 = 0.54$,r_1 为负相关,r_2 为正相关。r_1 的相关程度高于 r_2。

相关系数 r 值,不是用相等单位度量而来的,因此不能直接作加、减、乘、除运算。例如,$r_1 = 0.2$,$r_2 = 0.4$,$r_3 = 0.5$,$r_4 = 0.7$,我们不能说 r_1 与 r_2 之差等于 r_3 与 r_4 之差。又如,$r_1 = 0.3$,$r_2 = 0.9$,我们不能说 r_1 是 r_2 的 1/3。

(2) 积差相关系数的计算

例1 用一份语文试卷,对 10 名学生作前后两次测验,其成绩如下,试计算它的信度。

序号	1	2	3	4	5	6	7	8	9	10
X	74	71	72	68	76	73	67	70	65	74
Y	76	75	71	70	76	79	65	77	62	72

A. 计算 $\sum XY$

$$\sum XY = 74 \times 76 + 71 \times 75 + 72 \times 71 + 68 \times 70 + 76 \times 76 + \\ 73 \times 79 + 67 \times 65 + 70 \times 77 + 65 \times 62 + 74 \times 72 \\ = 51467$$

B. 计算 $\overline{X}$ 和 $\overline{Y}$

$$\overline{X} = (74+71+72+68+76+73+67+70+65+74) \div 10 \\ = 71$$

$$\overline{Y} = (76+75+71+70+76+79+65+77+62+72) \div 10 \\ = 72.3$$

C. 计算 σ_x 和 σ_y

$$\sigma_x^2 = [(74-71)^2 + (71-71)^2 + (72-71)^2 + (68-71)^2 + \\ (76-71)^2 + (73-71)^2 + (67-71)^2 + (70-71)^2 + \\ (65-71)^2 + (74-71)^2] \div 10 \\ = 11$$

$$\sigma_x = 3.3$$

$$\sigma_y^2 = [(76-72.3)^2 + (75-72.3)^2 + (71-72.3)^2 + \\ (70-72.3)^2 + (76-72.3)^2 + (79-72.3)^2 + (65-72.3)^2 + \\ (77-72.3)^2 + (62-72.3)^2 + (72-72.3)^2] \div 10 \\ = 26.8$$

$$\sigma_y = 5.2$$

D. 计算 r

$$r = \frac{51467 \div 10 - 71 \times 72.3}{3.3 \times 5.2} \\ = 0.779$$

E. 查相关系数临界值表

根据 $df = n-2 = 10-2 = 8$，查"相关系数临界值表"，r 的临界值为 $r_{(8)}0.01 = 0.765$。由于 $r = 0.779 > 0.765$，则按下列相关系数统计决断的规则，可知这两次语文测验的信度非常好。

表 9.2 相关系数显著性统计决断规则

$r < r_{(df)}0.05$	没有显著相关
$r_{(df)}0.05 \leqslant r \leqslant r_{(df)}0.01$	有显著相关
$r >_{(df)}0.01$	有非常显著相关

对测验试卷的信度而言，没有显著相关的，说明信度不好；有显著相关的，说明信度较好；有非常显著的相关，说明信度非常好。

（3）积差相关系数使用的条件。积差相关系数的使用必须符合这么几个条件：一是两个变量都是连续性的。二是计算各积差相关系数必须是成对的数据，而且每对数据之间是互相独立的。三是两个变量的总体都接近正态分布，至少是单峰对称的分布。四是两个变量之间的关系是线性的。五是排除共变因素的影响。如果用智力不同学生的学习成绩来考查两门学科之间是否存在相关，这是不妥当的。因为在两种成绩之中，都包含着智力这个共变因素。这样即使计算出的相关系数很大，也很难判断两门学科成绩本身之间是否存在相关，因为有可能智力因素的作用更大。六是计算积差相关系数的数据的总对数应大于 30。当数据的总对数小于 30 时，计算出的 r 缺乏有效意义（上例用 10 对变量只是为了便于说明计算方法）。

用分半法（也称折半法）来测量考试信度，能表明试卷内部的一致性，是学校自编试卷常用的方法。这种方法是将试卷按奇、偶题号把试卷分成两半，他们在题型、题量、难度等方面均相等。学生解答后，计算每个被试在每一半考试的总分数，然后求出这两半得分的相关系数，用这个相关系数来辨明试卷内部的一致性。在这里，由于相关系数仅表明半个考试的信度，所以需要用下列公式加以校正：

$$r_{信} = 2r \div (1-r)$$

这样计算的结果，才是整个考试的信度。

折半法也可以不用求相关系数的公式计算，而用下列公式进行计算：

$$r_{信} = 2 - \frac{2(\sigma_x^2 + \sigma_y^2)}{\sigma_{(x+y)}^2}$$

其中，σ_x^2 是全体被试奇数题的方差，σ_y^2 是全体被试偶数题的方差，$\sigma_{(x+y)}^2$ 是全体被试奇、偶数总分的标准差。

需要说明的是：影响测验信度的因素很多，其中，题目的覆盖面是一个很重要的因素。在控制试题难度和区分度的条件下，适当增加题目的数量，可以提高测验的信度。

四、效度

1. 定义

效度是指一个测验能测出它所要测定的功能或达到其测量目的的有效程度。

从效度的定义可以得知效度和信度的关系：信度是效度的必要条件，信度不高，效度也不会高；信度高的，效度不一定高。不过，要有理想的效度，必须要有足够的信度。

效度和信度一样，是一个相对的概念。这是因为：

(1) 一个测验所得的结果必须符合该测验的目的。有时，一个测验用于实现某个目的的效果极佳，但对另一个目的的实现则可能毫无价值。

(2) 测验只能达到某种程度的精确性。这是因为测验是通过行为样组的测量结果来推断所要测量的特性，而且效度通常以测验分数与效标之间的相关系数来表示，这只有程度上的差别。

2. 类型

(1) 内容效度。它是指测验的内容能否充分反映所要测量的目的要求。是否具有理想的内容效度，关键在于试题的取样是否恰当。要评价内容效度，就得把试卷和双向细目表进行比较、分析，看看命题是否符合双向细目表的要求。

(2) 关联效度。它是指测验分数和效标相关程度的高低。效标是检测效度的参照标准，常用另一个标准化的测验结果来表示。

根据测验实施和效标获得之间时间间隔的长短，可以将关联效度分为同时效度和预测效度。所谓同时效度，就是以测验分数与现有效标之间的相关所表示的效度。这种效标资料比较容易获得，所以它的应用很普遍。预测效度是以被试的测验分数预期未来效标之间的相关来表示的效度。在这里，测验分数对于未来的效标有预测的作用，它意味着测验分数对于被试未来成就预测的有效程度。这种效度对于教育与职业指导方面有很大的用处。但是这种效度的效标不能及时获得，必须采用追踪的方法，对被试的未来行动进行长期的观察、记录和考核，因此费时较长。

3. 计算

(1) 连续变量的计算方法。当测验分数和效标均为连续变量时，这个测验的关联效度可以用两者的积差相关系数来表示。计算方法与上述计算信度的方法相同，不同的是：信度是计算同一个测验对一组被试测量两次所得的两组分数之间的积差相关系数；关联效度则是计算两个测验对一组被试测验两次所得的两组分数之间的积差相关系数，而且以其中的一个测验分数作为考察鉴定现在这个测验效度的参照标准。需要说明的是：作为效标的测验必须与要测定效度的测验有相同的功能——测验被试的同一个特性，而且要有较高的效度。

(2) 非连续变量的计算方法。当测验分数和效标不是连续变量，而是以等级次序表示（如思想品德的优劣，身体情况的好坏，课堂教学的状况等等），这个测验的关联效度可以用等级相关的方法计算。计算等级相关的公式为：

$$\rho = 1 - \frac{6\sum D^2}{N(N^2-1)}$$

这里，ρ（读作 rho）表示等级相关，D 表示两列变量每对数据的等级之差，N 表示两列变量数据的成对数。

例2 张老师从小学三年级起担任某班班主任。在三年级时，她为 6 名学生作了品德评定,他们的等第分别为:1、3、2、4、5、2。教了两年后,她又为这6名学生作了品德评定,他们的等第分别为:2、1、3、5、4、4。现在,她要以对这6名学生在五年级的品德评定为效标,确定她在三年级所作的品德评定的关联效度。

根据公式:

$$\rho = 1 - 6 \times (1+4+1+1+1+4) \div [6 \times (36-1)]$$
$$= 0.657$$

学生编号	三年级学年的品德等级	五年级学年的品德等级	等级差数 D	等级差数平方 D^2
1	1	2	−1	1
2	3	1	2	4
3	2	3	−1	1
4	4	5	−1	1
5	5	4	1	1
6	2	4	−2	4

等级相关与积差在数值上是不一样的。因此,在求得 ρ 值后,应查"由 ρ 值求 r 值对照表"(见附表),得 $r = 0.6775$。

需要说明的是:

A. 等级相关不涉及变量的分布形态,所以,计算简单,实用性强,应用较广泛。

B. 确定等级时,如果资料本身是等级或名次,数据不必折合;如果资料是连续变量则需要折合成等级或名次,且先要解决大小顺序问题。若将最高分定为第1等或者第1名,依次的等级或名次为2、3……若将最低分定为第1等或者第1名,依次的等级或名次为2、3……但是,应注意两列变量高低次序应一致。若遇到两个或多个相同的变量,怎样确定它们的等级呢?可用它们所占用的平均数作为它的等级。如一列变量89、87、85、85、81、79、76……中两个85应排为3、4等,其具体的等级应定为$(3+4) \div 2 = 3.5$。所以两个85均定为3.5级。

关于被试质量分析的各项指标($\bar{X}$, σ, Z),在第三章已经作过介绍,这里就不赘述了。

案例:试卷编制

××师范大学××学年第一学期期末考试
教育科研方法试卷

院系:初等教育学院小学教育专业　××级专科　　班　　　学号:_____

形式:闭卷　时间:90分钟(可使用计算器)　　　　　　　姓名:_____

题 号	一	二	三	四	五	总分
得 分						

一、填空题:(每空1分,共15分)

1. 科学研究是一种探索性的活动,是一种_____的活动,是一种连续性的活动,是一种揭示规律的活动,是一种对已有规律不断进行检验的活动。

2. 小学教育科学研究具有社会化、_____化和儿童化的特征。

3. 小学教育科研方法传授我们开展小学教育研究的_____、诀窍和程序。

4. 科学研究的思维方法有_____、比较和分类、归纳和演绎及类比、系统思维方法等。

5. 具体的科研方法有_____方法、观察方法、抽样方法、调查方法、测验方法、实验方法和个案研究法等。

6. 小学教育科学研究过程中所能搜集到的资料可分为_____资料、计量资料、等级资料和描述性资料这四类。

7. 小学教育科学研究的程序为:选题→_____→形成假设→选择研究方法→对变量进行分类→选择被试→制定研究方案→收集和整理资料→得出结论→撰写研究报告。

8. 标准分可用来_____,比较各门学科之间的成绩,比较班级和个人的发展水平,把等级评定转换为计量数据。

9. 在科学研究时提不出问题主要是因为_____,缺少理论学习,遇到心理障碍,没有掌握要领。

10. 要在问题中选准课题,还得对问题作下面几个层次的分析:(1)这个问题是不是科学问题?(2)这个问题的实际含义是什么?(3)这个问题是不是确实存在?(4)_____?(5)解决这问题的措施有哪些?

11. 选题的原则有_____原则、科学性原则、创造性原则、可能性原则等。

12. 搜集文献的原则是:(1)_____;(2)在范围上应有所限制;(3)在内容上要力求全面;(4)在来源上要第一手资料。

13. 日常观察要_____,要保持视线接触,要做近距离观察,要用科学理论分析,要把观察结果分类,要保持评价标准一致。

14. 指标是用来指示被试存在某些特征的标志。因变量的指标要求具有_____性、灵敏性、客观性和稳定性。

15. 控制无关变量的主要方法有:_____、平衡、抵消。

二、单项选择题:(在每小题的四个备选答案中选出一个正确的答案,并将其序号填在题干后的括号内。每小题1分,共7分。)

1. 思维中的分析和综合反映了客观世界中 ( )
① 部分和总体的联系。　② 同一和差异的联系。
③ 个别和一般的联系。　④ 个别和个别的联系。

2. 为了使卡片成为活的笔记。在运用制作卡片的方法整理文献资料时,每张卡片上除了要露出标题和注明出处之外,还特别要注意 （   ）
① 充分利用　　② 全面摘记　　③ 书写端正　　④ 只记一点

3. 卡方检验适合做显著性检验的对象是 （   ）
① 计量资料　　② 计数资料　　③ 等级资料　　④ 描述性资料

4. 研究者要对自变量进行 （   ）
① 设计　　② 测量　　③ 控制　　④ 操纵

5. 如果要研究自变量是否对因变量起作用,可以用求异法来设计实验,这时需要设计 （   ）
① 一个水平　　② 两个水平　　③ 三个水平　　④ 四个水平

6. 对照组实验设计配等组是为了控制 （   ）
① 环境变量　　② 课题变量　　③ 被试变量　　④ 顺序变量

7. 轮组实验不是在组间作比较,所以在理论上就不必考虑 （   ）
① 被试差异　　② 难度差异　　③ 时间差异　　④ 教师差异

三、简答题(每题3分,共12分)

1. 常用的观察方法有哪几种?
答:

2. 运用谈话法有哪几个要求?
答:

3. 影响样本对总体代表性强弱的因素有哪几个?
答:

4. 效度和信度在计算上有什么联系和区别?
答:

四、改错题(说明错在哪里,并改正错误。每题5分,共30分)

1. 你每月的零花钱 （   ）
① 100元以下。　　　　　　　② 100元到200元以下。
③ 200元到400元以下。　　　④ 400元到500元以下。
⑤ 500元以上。

错误:
改正:

2.《铁棒磨针》的故事告诉我们要把事情办成必须　　　　　　　　（　　）
① 意志坚　　　② 兴趣浓　　　③ 功夫深　　　④ 目标明
错误：
改正：

3. 今年我国喜事多多。例如：＿＿＿＿＿＿、＿＿＿＿＿＿、＿＿＿＿＿＿、
＿＿＿＿＿＿。
错误：
改正：

4. 照样子用线段把左右两边的词语连起来。
心爱的　　事业
喜爱的　　老师
亲爱的——祖国
敬爱的　　玩具
　　　　　活动
错误：
改正：

5. 请选择最合适的词填入括号里。
疼爱　亲爱　可爱
每年6月1日，我们（　　）的爸爸妈妈总要送给我一个（　　）的玩具。
错误：
改正：

6.

小学四年级语文期末考试双向细目表

	理解	识记	简单应用	综合应用	灵活应用	合计
拼音写字						
词语辨析						
造　句						
分　段						
概括段意						
看图作文						
合　计						

错误：

纠正：

五、计算题(每题9分,共36分)

1. A学区有1500名小学五年级学生,为了调查它们平均每天做作业的时间,先随机抽取120名学生调查,结果是:平均每天做作业65分钟,这120名学生的标准差为3.2分钟。调查要求极限抽样误差为0.5分钟。

(1) 计算抽样的样本容量。

(2) 还需补充调查多少名学生?

(3) 补充调查结果为:每天做作业的平均时间为63.5分钟,样本的标准差为3.4分钟。计算正式样本平均数的标准误差。

(4) 估计这1500名学生平均每天做作业的时间。

2. 对某幢教师楼的200名教师作问卷调查:你最喜欢参加哪一项球类活动?结果如下:

年龄	足球	篮球	羽毛球	乒乓球	合计
老年	5	10	20	25	60
中年	15	31	14	15	75
青年	25	24	6( )	10( )	65
合计	45	65	40	50	200

(1) 青年教师最喜欢参加的球类活动的人数是否有显著差异?

(2) 不同年龄教师最喜欢参加的球类活动是否有显著差异?

(3) 不同年龄教师最喜欢参加的足球和乒乓球活动的人数是否有显著差异?

3. 对某组数学测验作质量分析

序号	1	2	3	4	5	6	7	8	9	10	11	12	13	14	15	满分
试卷	85	75	99	75	61	73	85	96	70	58	88	90	79	63	92	100
5题	4	3	5	3	0	3	4	4	4	3	5	5	4	2	4	5

(1) 对集体作质量分析。

(2) 对13号学生作质量分析。

(3) 分析第5题的难度。

(4) 分析第5题的区分度。

4. 某教师在甲、乙两个英语水平相同的小组分别采取 A、B 两种不同教法,经过一个单元时间的教学后,用统一试卷进行测验,成绩如下。请比较 A、B 两种教学方法的教学效果是否有显著差异。

甲组:94　73　92　67　81　78　89　85　74　71
乙组:77　75　81　52　64　63　62　83　86　65

【附一:χ^2 值表】

df	a	0.05	0.01	df	a	0.05	0.01
1		3.84	6.63	15		25.00	30.58
2		5.99	9.21	16		26.30	32.00
3		7.81	11.34	21		32.67	38.93
4		9.49	13.28	22		33.92	40.29
5		11.07	15.09	23		35.17	41.64
6		12.59	16.81	24		36.42	42.98
7		14.04	18.48	25		37.65	44.31
8		15.51	20.09	26		38.89	45.64
9		16.92	21.67	27		40.11	46.96
10		18.31	23.21	28		41.34	48.28
11		19.68	24.72	29		42.56	49.59
12		21.03	26.22	30		43.77	50.89
13		22.36	27.69	40		55.76	63.69
14		23.68	29.14	50		67.50	76.15

续 表

df \ a	0.05	0.01	df \ a	0.05	0.01
60	79.08	88.38	80	101.88	112.33
70	90.53	100.42	90	113.14	124.12

【附二:t 值表】

df \ a	0.05	0.01	df \ a	0.05	0.01
1	12.706	63.657	18	2.101	2.878
2	4.303	9.925	19	2.093	2.861
3	3.182	5.841	20	2.086	2.845
4	2.776	4.604	21	2.080	2.831
5	2.571	4.032	22	2.074	2.819
6	2.447	2.707	23	2.069	2.807
7	2.365	3.499	24	2.064	2.797
8	2.306	3.355	25	2.060	2.787
9	2.262	3.250	26	2.056	2.779
10	2.228	3.169	27	2.052	2.771
11	2.201	3.106	28	2.048	2.763
12	2.179	3.055	29	2.045	2.756
13	2.160	3.012	30	2.042	2.750
14	2.145	2.977	40	2.021	2.704
15	2.131	2.947	60	2.000	2.660
16	2.120	2.921	120	1.980	2.617
17	2.110	2.898	∞	1.960	2.576

思考与练习

1. 举例说明测量有哪几个要素。

2. 指出下面两道题的错误,并改正。

(1) 请选择最合适的词填入括号里。

热烈　激烈　猛烈

2002年12月3日,中国上海申博成功了!举国上下群情激荡,_____欢呼,庆贺中国上海又增添了一双腾飞的翅膀。

(2) 填空题

中国的首都是_____;

法国的首都是_____;

英国的首都是_____;

阿根廷的首都是_____。

第十章 实验方法

第一节 实验设计的逻辑

实验法是按这样的逻辑设计的:研究者以一个因果假设为开端——如果作用于被试的某个变量(自变量)发生了变化,那么从被试那里反映出来的另一个变量(因变量)也会随之发生变化;测量因变量;再将自变量作用于被试(如果自变量原先就已经作用于被试,则通过改变它作用的程度来操纵);最后,又一次测量因变量,检查因变量的值是否已经发生变化。只要研究者严格控除自变量和因变量之外的无关变量,那么因变量在测量之前和测量之后的任何变化都可以将原因归于自变量的刺激作用。

为了加深大家对实验设计逻辑的理解,我们对实验的变量作如下的分析。

一、自变量

自变量是受研究者操纵的原因变量。它在程度上的规定称为水平。

1. 自变量的水平

(1) 一个自变量至少分两个水平:出现或不出现。如果要研究自变量是否对因变量起作用,可以根据求异法来设计实验,用出现或不出现自变量来观察实验结果;如果以往的资料已经表明自变量是起作用的,则应根据共变法来设计实验,这时自变量的水平不能少于三个。因为在自变量为三个水平的实验里可以收集到三个数据,根据这三个数据可看出实验效果的大致变化趋势。如果自变量只规定两个水平,实验效果的变化趋势就难以推测了。例如,有人已知"焦虑程度"对测验成绩是有影响的,想进一步研究测验成绩是否随着焦虑程度的增强而提高,就对"焦虑程度"这个自变量规定了"低"、"中"、"高"这三个水平,以便通过实验发现实验效果的变化趋势。如果自变量只规定"低"和"中"这两个水平,则即使实验结果为"中等焦虑程度的学生成绩高于焦虑程度较低的学生成绩",我们也不能因此而得出"学生的测验成绩随着焦虑程度增强而提高"这个结论。因为仅从焦虑程度"低"和焦虑程度"中"这两点还不能作出趋势分析,很可能焦虑程度过高反而会使学生的测验成绩降低。

(2) 自变量的几种水平必须分布在能产生反应的区间里。我们知道,自变量是研究者给予被试的刺激因素,自变量的强度过弱,被试不会产生反应;当强度逐渐上升到某一水平时,被试的反应会达到极限;强度再上升,被试也就不会再有反应。所以,如果自变量几种水平分布的区间过大,那就像用大磅秤来称几克重的物体一样,是不会有反应的。如果自变量几种水平分布区间过小,也是不会有反应的。

（3）自变量几种水平之间的距离必须大致相等。如果把时间间隔分为 10 分钟、25 分钟、35 分钟这三个水平，则 10 分钟与 25 分钟之间的距离明显大于 25 分钟与 35 分钟之间的距离。这就会给实验结果的数据统计带来困难。

2. 自变量的操纵

研究者必须对自变量下操作定义，并要求在实验期间自始至终按操作定义操纵自变量。例如，要进行小学自然常识课不同程序的比较实验，就得明确：不同程序，是指教师教授新课中，对学生的听课与动手实验在程序上作不同安排。这里分两种程序：第一种是教师在课堂上集中讲解新知识，然后另行安排学生上实验课。学生学习新课的程序是听讲与实验分两步进行，称作"先听讲后实验"。第二种是教师课堂讲解与学生动手实验同时进行，学生的实验步骤与教师的讲课进程结合在一起。学生学习的程序是边听讲边动手实验或观察实物，称作"边听讲边实验"。明确了这些以后，就得在两种不同程序教学效果的比较实验中自始至终按"先听讲后实验"和"边听讲边实验"的操作定义来操纵自变量。

二、因变量

因变量是自变量作用于被试后出现的实验效应，是假定的结果变量，也称反应变量。在确定因变量的时候，应考虑如下几个方面：

1. 对因变量下操作定义，以便对它进行测量
2. 明确因变量的测量指标

指标是用来指示被试存在某些特征的标志。实验效果常可选择不同的指标来反映。例如，教学法实验的因变量，就可用被试答题的正确率、错误率、完成作业的时间、方式、方法等几方面来鉴定。究竟选择哪一个或几个指标来反映因变量最恰当呢？这要根据研究范围和实验设计的特点作具体分析。一般说来，因变量的指标要满足以下要求：

（1）关联性。它是指选择的指标必须与研究目的和研究对象的特殊性相适应。有时，因变量的指标可以在几个指标中选择。例如，在记忆实验中，可以采用回忆指标或省时指标等。必要时，除了测定近效外，还要测定远效。有时，因变量要由几个指标综合反映。例如，在研究奖惩方式与学习的关系时，要采用成绩、动机、情绪和学生间的关系等综合指标。如果只采用成绩指标，那么实验效果就不能全面地说明奖惩方式与学习的关系。

（2）灵敏性。它要求因变量的指标对于自变量的变化有较高的分辨能力。前面曾说过，在记忆实验中可以采用回忆指标或省时指标。那么究竟选择其中哪一个指标灵敏性更高呢？这要看哪个指标的测量范围大。回忆指标是把正确回忆的数量作为因变量的指标。这个指标只能测量正确回忆的量，不能测量虽不能正确回忆，却留下一些模糊记忆的量。省时指标是把重学原先学过的材料时节省的学习时间作为指标。例如，第一次学习某材料达到全部能背诵需要 30 分钟，过一段时间后，由于遗忘，需要重新学习。假定重学原先材料直至能背诵所需要时间为 15 分钟，则保持量为 50%。省时指标能够测出虽不能正确回忆，却仍有些印象的那部分记忆量。它比回忆指标测量的范围要宽，所以，省时指标的灵敏度较高。

其次，指标的灵敏性还取决于指标测量点的精细度。五分制评分只分五个测量点，每两个

相邻测量点之间的跨度很大,于是属于同一等级的作业,水平可能会有较大差异。百分制评分法有 100 个测量点,它把上述的各种等级又细分出很多测量点,这样,它能反映出被五分制掩盖的许多反应差异。

此外,实验材料过易,实验结果就会出现很多满分;实验材料过难,实验结果又会出现很多零分。试题数量过少和区分度过低(实际上是缩减了测量点),被试之间的知识、经验和能力等差异很大,无关变量控制不严,以及被试数量过少等,都会降低指标的灵敏性。

(3) 客观性。这就是要求指标的解释不以研究或被试的主观意志为转移。根据指标的来源,指标可分为客观指标和主观指标两类。用客观方法确定的指标为客观指标,如测验分数、身高、体重、呼吸、脉搏等;用主观方法确定的指标为主观指标,如课堂气氛活跃程度,学生的喜欢与否等。光凭主观指标下结论是不能令人信服的,因为对同一个教学活动的感觉是因人而异的。所以,确定因变量应以客观指标为主,主观指标只能作参考。此外,用测验成绩作为因变量指标时,测验应尽量选用客观型测题。问答题应根据事前拟定的详细、明确的评分标准评分。

(4) 稳定性。这是要求在进行重复实验的时候,指标的数值接近。为了提高指标的稳定性,测量因变量的试卷要有信度,要尽量设法减少实验误差。

指标的稳定性和灵敏性常常不能兼得。追求指标的稳定性,常须以牺牲指标的灵敏性为代价,反之也一样。例如,采用五级评分制稳定性高灵敏性就低,而采用百分制灵敏性高稳定性就差。在某一具体实验中,是强调稳定性,还是强调灵敏性,应根据实验的具体要求而定。当怀疑实验效果被某些因素掩盖的时候,要强调灵敏性;当实验效果已能明显地表现出来的时候,就要重视稳定性。

三、无关变量

在实验中,除了研究者操纵的自变量和需要测量的因变量之外的一切变量都是无关变量。对无关变量要尽可能控制。

1. 无关变量的类型

在不同的实验里,由于自变量不同,会有不同的无关变量。例如,进行不同教学方法的实验,就会有下面这几种无关变量需要加以控制。

(1) 课题变量。它是指实验材料的性质、范围、难度和数量。实验材料的性质应在实验过程中保持不变,实验材料的范围、难度和数量应在各组相同。

(2) 被试变量。它是指被试的年龄、性别、性格、情绪、学习方法、学习态度,以及知识和能力的发展水平,等等。

(3) 环境变量。它主要指教师的水平和教态、学校类型、教学条件、师生关系、学生间关系、班集体特点、家庭状况等。其中,教师的水平和教态对教学方法的实验有重大影响。

(4) 时间变量。它是指教学时间长短,以及实验阶段之间的间隔和测定因变量的时间安排(是实验教学后立即测定,还是延缓测定)。

(5) 顺序变量。它是指实验顺序对因变量的影响。例如,对同一被试,先用甲方法教学,后用乙方法教学,由于知识和能力的迁移,动机、情绪和生理因素在实验过程中的变化等原因,在前后实验项目之间会产生相互影响。

上述五种无关变量只是就教学实验而言,其他各种实验究竟哪些是无关变量,这要通过对具体的实验作具体的分析来确定。

2. 无关变量的控制

在教育实验里有大量的无关变量。我们不可能对一切无关变量加以控制,只能考虑控制那些对结果影响较大的无关变量。控制无关变量的主要方法有:

(1) 消除。这就是在实验期间使无关变量不存在。为消除无关变量,应设法使实验环境保持安静和稳定,避开外来的多余刺激,防止或减少来自学校内部、家长和社会对实验的干扰。例如,实验的心理效应就是一种无关变量。实验组(施加自变量的组)学生会因受到教师注意和关切而产生优越感和自我激励情绪,即使不施加自变量,也会出现好成绩;控制组(不施加自变量的组)学生可能会感到冷落而产生自卑消极情绪或竞争心理。实验组教师可能会感受到外来的压力,盼望尽快取得实验效果,于是在实验组里投入更多的精力,对实验组学生寄予更多的期望;控制组教师则可能认为控制组只是实验组的陪衬,从而产生压抑和不平,自觉或不自觉地影响实验控制。为了排除实验心理效应这一无关变量可采取如下措施:

A. 可以不把实验计划告知被试,让实验悄悄地进行。为不让实验组和控制组学生察觉教育、教学措施的差异,可为控制组和实验组安排形式上相近而内容上有实质性差异的教育、教学活动。

B. 尽可能让实验组和控制组由同一位教师执教,必要时可配给助手。

C. 向教师宣传教育研究的理论和方法,树立研究的科学态度。

D. 领导对实验组和控制组教师要一视同仁,科研成果应由两方面教师分享。

(2) 平衡。这种方法就是使各组(实验组和控制组、实验组和实验组)中的无关变量影响的总和保持相等。在教育实验中,不少无关变量是无法消除的,如被试的遗传素质、动机、情绪等。大多数无关变量得用平衡方法来控制,也就是使这些无关变量在各组产生相同的影响,使实验结果在相同背景里显示出来。这好比在天平的两边加上相同的砝码,仍能达到平衡,依然能称东西一样。但是用来平衡天平两边的砝码不能过重,如基数过大,天平的灵敏度就会降低。例如,在进行教学法实验时,在几个对照组内同时开展学习竞赛,竞赛的作用似乎可以彼此平衡,但由于竞赛作用较强,将会影响实验效果的显示。所以,凡是能消除的无关变量,应尽量消除,只有那些无法消除的无关变量,才予以平衡。

实际上,由于不可能完全控制无关变量,所以即使没有施加自变量的组,它的前测与后测的成绩也有差别。为此,我们就要比较实验组和控制组的后测与前测之差。

后测(实验组)－前测(实验组)＝差分(实验组);

后测(控制组)－前测(控制组)＝差分(控制组);

差分(实验组)－差分(控制组)＝自变量(原因)的影响。

(3) 抵消。抵消的意思是使顺序变量对于几种作业的影响彼此相等。例如在研究记忆或学习的实验里,有 A、B 两种材料要求被试学习。若被试先学 A、后学 B,A 学习和 B 学习会相互影响。为了使 A 学习和 B 学习所受到的影响相同,就必须增加一组人数相同的被试,让第一组先学 A,后学 B;让第二组先学 B,后学 A。

第一组:学习 A→学习 B

第二组:学习 B→学习 A

把第一组学习 A 的效果和第二组学习 A 的效果的平均数作为 A 的总效果,同样把第一组学习 B 的效果和第二组学习 B 的效果的平均数作为学习 B 的总效果。这样,在这两种总效果里都分别包含了来自前面的影响和来自后面的影响,于是,也可以假定,学习 A 和学习 B 的总效果所受到的顺序变量的影响是相同的。由此可见,所谓"抵消",不是消失,实际上仍是平衡,不过是在两种作业之间平衡顺序变量罢了。

此外,缩短实验时间也能加强对无关变量的控制。假如全部实验时间只需数小时,那当然要比实验几年便于控制。否则,总是"夜长梦多"。还有一个方法是加大自变量的强度。这正如我们在听广播时由于噪声太大同时又无法排除时,最好的办法是把收音机的音量开大些一样。

通过上述分析,我们可以得出这样的结论:要确定教育现象之间的因果关系,必须满足以下三个条件。

第一,实验必须提供比较的可靠性。一切有价值的结论都是在比较中作出的。对一组被试先后进行两种不同的训练,比较两种训练的结果,如果效果有差异,那么其原因就是两种训练的差异,这是纵向比较;如果同时对几组被试进行不同的训练,比较几组的训练效果,那就是横向比较了。

第二,现象必须体现一定的顺序性。原因必定比结果先出现,才有可能产生结果。当研究结果对原因产生反作用时,这一逻辑要求同样适用。结果反作用于原因,使原因发生变化,这个"结果"必定存在于原因变化之前。需要指出的是,先于结果的不一定是原因,所以教育研究不能满足于两种现象在时间顺序上的合理性,还应寻求两种现象之间的本质联系。

第三,研究范围之外的条件应保持不变。结果既然是多种因素联合作用所致,那么当我们单独考察某一因素的效果时,其他因素在先后比较或同时比较中应保持不变,否则就会失去比较的基础。只有在几种场合中都存在的唯一差异才有可能成为原因。

上述分析还可以使我们看到实验法有这样的长处:它可以让人们观察到事物在自然状态下难以出现的新情况。因此,如果我们想了解给予某种新的条件会使事物发生怎样的变化时,可以主动创设条件,对被试施加影响。而且,由于可以人为地操纵自变量,就能比较明显地观察到自变量所产生的效果。

第二节 对照组实验的设计

一、定义

对照组实验设计,是将适量的被试分成几个组,控制各组的无关变量,操纵各组的自变量,然后比较各组的因变量,从而推断出有关因果联系的结论。

1. 分组类别

(1) 实验组。它是指要施加自变量的组。

（2）控制组。它是指不施加自变量的组。

实验组和控制组统称对照组

2. 对照方式

（1）空白对照。它是实验组与控制组的对照。对实验组施加自变量,对控制组不作任何处理。如果在同等的实验条件下,实验组的因变量发生了变化,而控制组没有变化,就可以推断:实验组的自变量与因变量之间存在因果关系。

（2）相互对照。它是指不设控制组,只在几个实验组之间进行对照。如果研究者已证明自变量对被试是会产生影响的,那就会把兴趣转移到确定自变量的几个水平的价值上,也就是说把兴趣转移到将自变量施加到什么程度才能取得最佳效果的问题上。这就要用相互对照的方法进行实验。

二、步骤

现以李荣桢、方惠础两位老师所作的"提高小学低年级学习投掷能力的研究"为例,说明对照组实验设计的一般步骤。

1. 提出假设方案

运动生理学告诉我们:力量是肌肉收缩时所表现出来的一种能力。在适宜的投掷角度下,器械出手的初速度是决定投掷远度的关键。而各种速度性力量练习可以提高肌肉收缩的速度,从而增加器械出手的初速度。因此,加强速度性力量练习是可以提高投掷远度的。对于小学低年级学生,投掷教学重点应放在快速挥臂动作上。快速投掷轻物不但可以提高挥臂速度,而且能够提高投掷动作的协调性,所以快速投掷羽毛球练习可能比加强手臂力量的训练更能提高低年级学生的投掷能力。

2. 选择实验对象

用随机抽样方法,从体育锻炼场地较小的上海市淡水路第一小学一年级学生中抽取56名学生,其中24名是男生,32名是女生。又从该校二年级学生中用同样方法抽取56名学生,其中27名是男生,29名是女生。

3. 把被试配等组

根据实验设计的逻辑,对照组的无关变量应保持不变。为此,必须使实验组和控制组除自变量之外的主要无关变量彼此一致,也就是同个样级的素质相等,即要求"等组"。如果说,"取样"是为了解决"代表性",那么"等组"则是为了取得"可比性"。常用的等组方法有如下三种:

（1）随机法。它是将被试随机(单纯随机或机械随机)分配到实验组和控制组,各随机组内的被试数量如果大于30,则各组被试的各种特征的平均数和标准差必定是十分接近的。当影响研究结果的特征还不清楚,或这些特征一时无法测定时,我们可采用随机法配等组。

（2）分配法。当研究者已知被试的某一特征或某些特征明显地影响实验效果时,一般不采用随机法分组,而是先对每一对象的这些特征进行评定或测定,然后根据评定或测定的结果将对象搭配成两个基本相等的组。

如果这些特征只是性质的不同而无数量上的差别(如性别、身高、体重……),那么可以先

按水平的高低次序进行排除。以数字代表各组学生测验分数,按下列 A、B 式排列顺序如下:

$$A式\begin{cases}甲组:1\quad 4\quad 5\quad 8\quad 9\quad 12\quad 13……\\乙组:2\quad 3\quad 6\quad 7\quad 10\quad 11\quad 14……\end{cases}$$

$$B式\begin{cases}甲组:1\quad 6\quad 7\quad 12\quad 13\quad 18\quad 19……\\乙组:2\quad 5\quad 8\quad 11\quad 14\quad 17\quad 20……\\丙组:3\quad 4\quad 9\quad 10\quad 15\quad 16\quad 21……\end{cases}$$

然后,再分别计算两个组的平均数和标准差,如果发现平均数和标准差不很接近,那么就尝试对两个组进行部分的调整,直至该特征的平均数和标准差基本相等为止。

有时要选定两个平行班进行试验,又不能把两个班打乱。进行基础摸底测验后,发现两个班成绩的平均数和标准差有一定的差别。这时,我们也可以进行部分调整:从一个班或两个班中去掉个别的学生而使两个班的平均数和标准差基本相同。被"去掉"的学生仍可在班内参加所有的活动,也不必让他们知道。测定结果时,这些学生同样参加,只是不予统计而已。采用分配法时,两个样组的人数可以不相等。这种分组法的程序是:

A. 确定测量因变量的指标。李荣桢、方惠础两位教师确定以垒球掷远的成绩作为测量因变量的指标。

B. 用既定的测量指标编制试题。

C. 对实验组和控制组进行前测。李荣桢和方惠础两位教师把一年级组的被试分为两组,实验组(加强速度性力量训练)和控制组(加强手臂力量训练)的男生均为 12 名,女生均为 16 名。他们把二年级的被试也分为两个组:实验组的男、女生均为 14 名,控制组有男生 13 名,女生 15 名,然后分别对他们进行垒球掷远的测试,得到如下成绩(见表 10.1)。

D. 将实验组和控制组前测成绩的平均数和标准差调节到相同或接近水平。调节方法是删除几个成绩特别好的和特别差的被试。李、方两位教师考虑到实验组和控制组的平均数和标准差较接近,且受被试人数的限制,故没有进行调节。

表 10.1 实验组和控制组垒球掷远前测成绩

年级	性别	组别	人数 n	前测 $\bar{X}$
一年级	男	实验组	12	9.2
		控制组	12	9.6
	女	实验组	16	6.8
		控制组	16	6.6
二年级	男	实验组	14	14.3
		控制组	13	16
	女	实验组	14	7.9
		控制组	15	7.8

分配法对无关变量的控制没有随机法严密。这是因为随机法能全面地平衡各种无关变量。由于随机法要打乱学校的班级,而分配法则可以在原分班的基础上组织实验组和控制组,

所以在教育实验中,分配法被广泛采用。要注意的是:用这种方法配等组,各组被试的人数最好在30以上。

(3) 配偶法。它是按选定的因变量指标,对被试进行前测,然后把成绩相同的学生平均分配给实验组和控制组,匹配成人数相等、水平相同的等组。分不尽的学生与被试一样参加教育活动,但在统计时不把他们的成绩计算在内。用配偶法构成的对照组相似性最大,实验的灵敏度比随机法、分配法构成的对照组更高。但是,当影响结果的特征较多时,要选择多方面特征相同的对偶是不容易的。因此,如果可供选择对象数量不多时,采用配偶法将会遇到困难。

在确定两个班级进行对比实验后,也可根据预测结果寻找对偶(即甲班的一个学生跟乙班一个情况相同的学生组成对偶),然后将构成对偶的学生组成实验组和控制组。在实验进行后,比较由对偶组成的两组实验结果,灵敏度较高。但是这样做,被选中的对偶数量将比分配法来得少,从而使样组规模缩小(各组被试人数往往小于30)。

4. 给予实验刺激

实验组和控制组由同一位体育教师按统一教学进度上课,在课余时间,让实验组学生用正确的出手角度每天快速投羽毛球7至10次,让控制组学生每天举沙袋(0.75千克×2)7至10次。实验组和控制组均训练40天。

5. 训练后测得结果

对实验组和控制组均进行训练实验后测投掷成绩,分别将各组的平均分减去前测平均分,即为各组的增长数(见表10.2)。

表10.2 实验组和控制组垒球掷远增长数对照表

年级	性别	组别	人数	前测 $\bar{X}$	后测 $\bar{X}$	增长数
一年级	男	实验组	12	9.2	12.1	2.9
		控制组	12	9.6	10.6	1.0
	女	实验组	16	6.8	9	2.2
		控制组	16	6.6	6.7	0.1
二年级	男	实验组	14	14.3	17.3	3.0
		控制组	13	16	16.3	0.3
	女	实验组	14	7.9	9.9	2.0
		控制组	15	7.8	7.8	0

这里,之所以要将实验组和控制组的增长数(即后测与前测的差分)加以对照,是因为实验组和控制组的实验过程中都会或多或少地受到无关变量的影响,增长数实际上就包括了自变量刺激和无关变量刺激这两方面的影响。因此,只有比较实验组与控制组的增长数,才能显示出自变量的作用。

6. 作显著性检验

对每一个对照组中,实验组垒球掷远均值增长数与控制组垒球掷远均值增长数作显著性检验(检验方法将在本章第四节作具体介绍)。检验后得知:各实验组垒球掷远均值增长数都与控制组垒球掷远均值增长数有非常显著差异。这说明前面的假设是成立的。而且,这种快速投掷羽毛球的练习,更适合场地较小的学校进行。

第三节 轮组实验的设计

对照组实验设计采用的是横向比较或同时比较的方法。为使相互比较的各个组有一个相同的起点,要求控制被试变量,但要严格控制被试变量是很困难的。能不能只采用一组被试,让这一组被试先后完成几个实验项目,然后比较这几个项目的实验效果呢?如可能的话,由于几个实验项目在同一组被试身上进行,那就不存在被试变量的差异。但是,在进行先后比较过程中会出现顺序变量。如要控制顺序变量,那就要用抵消法设计轮组实验。

一、定义

轮组实验设计,是由几个作纵向比较的单组构成,并需轮换实验顺序的组合实验。

轮组实验,不是像对照组实验那样比较几个组的因变量,而是比较由自变量的几个水平所引起的因变量。由于轮组实验不是在组间作比较,所以在理论上就不需要考虑几组被试的原有差异(当然,组与组之间的差异小些,可提高实验的灵敏度)。

二、步骤

现以金蕴玉、冯健两位教师1981年所作的"学生抄写生字遍数与学习生字成绩关系的研究"为例,说明轮组实验设计的一般步骤。

1. 提出假设方案

"减轻学生负担,提高教学质量"是教师和家长普遍关心和迫切需要解决的问题,学生的学习负担往往表现为作业过量。有些刚入学的一年级小学生每天都要完成大量的作业——每个新学的生字要抄写十几遍甚至二十几遍,给他们带来了沉重的学习负担和思想负担。如果在一年级的生字教学中,努力改进教法,帮助学生掌握学习汉字的规律,能不能适量减少抄写生字的遍数而不影响学习生字的成绩呢?

2. 选择被试对象

金、冯两位教师选择上海市高安路第一小学一年级(1)班的学生为被试。该班有50名学生,在做实验前已学会汉语拼音。

3. 定自变量水平

确定自变量为两个水平:一是每个生字抄写4遍,二是每个生字抄写8遍(该实验设计美中不足的是没有考虑三个以上的水平,这样还看不出实验效果的发展趋势)。

4. 定因变量指标

本例以默写成绩和字迹是否端正为测量的指标。

5. 组织实验小组

自变量有几个水平,就分几个实验组。本例因为自变量为4遍、8遍两个水平,就把学生平分为甲、乙两组。如果自变量为4遍、8遍、12遍这样三个水平,那就得把学生平分为甲、乙、丙三组。各实验组的被试可少至数人,但各组人数均应相等。

6. 分阶段实验并后测

自变量有几个水平,就安排几个实验阶段。各实验组在每一个实验阶段的实验项目(即自变量水平)要轮换。本例因为自变量有两个水平,所以实验就分两个阶段进行。在第一阶段,甲组学生抄写生字4遍,乙组学生抄写生字8遍,两周后同时进行默写测验。第二阶段,甲组学生抄写生字8遍,乙组学生抄写生字4遍,两周后同时进行默写测验。甲、乙两组学生两个阶段的两次默写测验的平均成绩如表10.3所示。

表10.3 甲乙两组默写平均成绩

组别	第一阶段	第二阶段
甲组(25)人	抄4遍:99.0分	抄8遍:97.0分
乙组(25)人	抄8遍:98.0分	抄4遍:96.5分

如果把这个实验的自变量水平扩展到三个:抄4遍、抄8遍、抄12遍,那就得安排三个实验阶段,分别完成三种不同的实验项目(即自变量水平)。

在轮组实验时,自变量有两个水平(A:抄4遍;B:抄8遍),则轮换的方法如下:

```
              阶段
              1  2
实验组 { 1    A  B
        2    B  A
```

如把上述实验的自变量水平扩展到三个:抄4遍、抄8遍和抄12遍,那就得安排三个实验阶段,分别完成三种不同的实验项目(即自变量水平),则轮换的方式如下:

```
              阶段
              1  2  3
        { 1   A  B  C
实验组   { 2   B  C  A
        { 3   C  A  B
```

如自变量有四个水平(A:抄4遍;B:抄8遍;C:抄12遍;D:抄16遍),则轮换的方式如下:

```
              阶段
              1  2  3  4
        { 1   A  B  C  D
实验组   { 2   B  C  D  A
        { 3   C  D  A  B
        { 4   D  A  B  C
```

轮换的规则是:第2组从第1组的第2项目开始依次排列,第3组从第2组的第2个项目开始依次排列,第4组从第3组的第2个项目开始依次排列。更多的项目轮换方式可以此类推。

需注意的是：

（1）每一个项目里实验材料的难度应接近。本例中，第一阶段要求抄写、默写的字，与第二阶段要求抄写、默写的字，难易程度要差不多。

（2）在各阶段的实验之间应有相同的时间间隔。如在进行了第一阶段的实验和后测之后，间隔一周再进行第二阶段的实验和后测，那么要进行第三阶段的实验也得间隔一周时间。这样能消除疲劳等干扰因素。

7. 求出各项目后测的平均数和标准差

将各组中相同项目的实验数据合并，求出各项目的平均数和标准差。本例合并两组抄 4 遍和抄 8 遍的平均成绩如表 10.4 所示。

表 10.4　抄 4 遍和抄 8 遍的平均成绩

组别	抄 4 遍	抄 8 遍
甲组	99.0 分	97.0 分
乙组	96.5 分	98.0 分
平均分	97.8 分	97.4 分

知道了两组抄 4 遍和抄 8 遍的平均成绩，也就可以计算出它们各自的标准差了。

8. 作平均数差异的显著性检验

检验后得知：抄 4 遍和抄 8 遍的默写成绩无显著差异。通过检查作业，发现抄 4 遍的字迹普遍比抄 8 遍的字迹显得端正。这说明：抄写生字的遍数并不是多多益善。只要指导得法，完全可以适量减少抄写遍数，收到"减轻学生负担，提高教学质量"的效果。

需注意的是：如果前面的实验项目会对后面的实验项目产生积累效果，或后面的实验项目得依赖前面的实验项目，就不能采用轮组实验的方法。

第四节　显著性检验（Z 检验和 t 检验）

对实验结果作显著性检验，常用 Z 检验和 t 检验这两种方法。

一、两个独立大样本平均数差异的显著性检验

所谓大样本，是指容量在 30 个单位以上（$n \geqslant 30$）的样本。所谓独立样本，是指随机抽取的与其他样本不相关的样本。两个独立大样本平均数差异的显著性可用 Z 检验来进行检验。计算 Z 值的公式如下：

$$Z = \frac{\bar{X}_1 - \bar{X}_2}{\sqrt{S^2_{\bar{x}_1} + S^2_{\bar{x}_2}}}$$

现在，我们举例说明怎样做两个独立大样本平均数差异的显著性检验。

例 1　用随机抽样方法从甲校的四年级学生中抽取 40 名学生组成实验组，用新方法进行某一单元的数学教学；从乙校的四年级学生中抽取 44 名学生组成控制组，请与实验组同水平

教师用原方法进行相同单元的教学。两组用相同时间教完这个单元的内容以后，用同一试卷进行测试。测试得的结果是：实验组的平均成绩为 81.2 分，标准差为 9.3 分；控制组的平均成绩为 78.1 分，标准差为 8.5 分。要检验这种新方法教学是不是比原方法更有效。

$n_1 = 40 \quad \overline{X}_1 = 81.2 \quad S_1 = 9.3$

$n_2 = 44 \quad \overline{X}_2 = 78.1 \quad S_2 = 8.5$

解答步骤如下：

1. 分别计算两组测验成绩的标准误差

实验组 $S_{\overline{x}_1} = \dfrac{S_1}{\sqrt{n_1}} = 9.3 \div \sqrt{40} = 1.47$

控制组 $S_{\overline{x}_2} = \dfrac{S_2}{\sqrt{n_2}} = 8.5 \div \sqrt{44} = 1.28$

2. 计算 $Z = \dfrac{\overline{X}_1 - \overline{X}_2}{\sqrt{S_{\overline{x}_1}^2 + S_{\overline{x}_2}^2}}$

$= (81.2 - 78.1) \div \sqrt{1.47^2 + 1.28^2}$

$= 1.59$

3. 统计决断

当 $|z| < 1.96$ 时，则两个独立大样本的平均数无显著差异；当 $1.96 \leqslant |z| \leqslant 2.58$ 时，则两个独立大样本的平均数有显著差异；当 $|z| > 2.58$ 时，则两个独立大样本的平均数有非常显著差异。本例的 z 的绝对值为 1.59，小于 1.96，因此可以断定用这种新方法进行教学，没有显著效果。

二、两个独立小样本平均数差异的显著性检验

所谓小样本，是指容量不到 30 个单位（$n \leqslant 30$）的样本。两个独立小样本平均数差异的显著性可用 t 检验来检验。计算 t 值的公式如下：

$$t = \dfrac{\overline{X}_1 - \overline{X}_2}{\sqrt{\dfrac{(n_1-1)S_1^2 + (n_2-1)S_2^2}{n_1 + n_2 - 2} \cdot \dfrac{n_1 + n_2}{n_1 n_2}}}$$

现在，我们举例说明怎样做两个独立小样本平均数差异的显著性检验。

例2 把某班 30 名学生用分配法分为甲、乙两个实验组。甲组有 14 人，乙组有 16 人。由同一位教师分别采用两种不同的方法进行某一技能的训练。两个实验组中每名学生掌握该项技能的时间如下（以分钟为单位）：

甲组：96、72、83、67、78、92、89、54、87、74、74、68、71、63

乙组：95、76、88、81、68、77、47、72、83、62、67、59、74、85、87、76

问：两种训练方法的效果有没有明显的差别？

解答步骤如下：

1. 分别计算甲组和乙组的平均数和方差

甲组 $\overline{X}_1 = 76.3$ $S_1^2 = 141.9$

乙组 $\overline{X}_2 = 74.8$ $S_2^2 = 150.0$

2. 计算 t 值

根据公式：

$$t = \frac{76.3 - 74.8}{\sqrt{\dfrac{(14-1) \times 141.9 + (16-1) \times 150}{14+16-2} \times \dfrac{14+16}{14 \times 16}}}$$

$$= 0.34$$

3. 计算自由度

$$df = n_1 + n_2 - 2 = 14 + 16 - 2 = 28$$

4. 查 t 值表，找到 $t_{(28)}0.05 = 2.05$

5. 统计决断

表 10.5　统计决断规则

$\|t\| < t_{(df)}0.05$	无显著差异
$t_{(df)}0.05 \leqslant \|t\| \leqslant t_{(df)}0.01$	有显著差异
$\|t\| > t_{(df)}0.01$	有非常显著差异

本例中，因为 $|t| = 0.34 < 2.05$，因此可以断定这两种训练方法的效果没有显著差异。

三、相关小样本平均数差异的显著性检验

这实质上是对来自同一总体的两个样本进行比较。如，同一班学生学习前与学习后成绩的比较；同一组被试在实验条件下与控制条件下的结果的比较；对偶组所获得的两列数据资料的比较。在对照组实验中，凡用配偶法配成的等组就是相关样本；用轮组法进行实验，几个项目中的几列数据资料，也可作为相关小样本加以比较。

相关小样本平均数差异的显著性检验，可运用下面这个公式：

$$t = \frac{\overline{X}_1 - \overline{X}_2}{\sqrt{\dfrac{\sum (X_1 - X_2)^2 - (\sum X_1 - \sum X_2)^2 / n}{n(n-1)}}}$$

其中，n 为数据的总对数。

现举例说明怎样作相关小样本平均数差异的显著性检验。

例 3　某教师从自己任教的两个班中，暗自选定了在智力、基础知识、家庭学习条件等方面基本相同的各 10 名学生配成 10 对，然后在两个班施以两种不同的教学方法，经一单元教学后，用相同试卷测验，得分如下。试比较两种教学方法的教学效果有没有显著的差异。

甲组：94,73,92,67,81,78,89,85,74,71；

乙组：77,75,81,52,64,63,62,83,86,65。

解答步骤如下：

1. 计算 $\overline{X}_1$ 和 $\overline{X}_2$

$$\overline{X}_1 = (94+73+92+67+81+78+89+85+74+71) \div 10$$
$$= 80.4$$
$$\overline{X}_2 = (77+75+81+52+64+63+62+83+86+65) \div 10$$
$$= 70.8$$

2. 计算 $\sum(X_1-X_2)^2$

$$\sum(X_1-X_2)^2 = (94-77)^2+(73-75)^2+(92-81)^2+(67-52)^2+(81-64)^2$$
$$+(78-63)^2+(89-62)^2+(85-83)^2+(74-86)^2+(71-65)^2$$
$$= 2066$$

3. 计算 $\sum X_1 - \sum X_2$

$$\sum X_1 - \sum X_2 = (94+73+92+67+81+78+89+85+74+71)$$
$$-(77+75+81+52+64+63+62+83+86+65)$$
$$= 96$$

根据公式计算 t 值。$t=2.69$

4. 计算自由度

相关小样本 t 检验的自由度计算公式为：$df=n-1$。本例 $df=10-1=9$

5. 查 t 值表

因为 $t_{(9)}0.05=2.26<2.69<3.25=t_{(9)}0.01$，所以说这两种教学方法的教学效果有显著的差异。

须说明两点：一是 Z 检验和 t 检验不仅可以用作对实验结果的显著性检验，也能用以对观察、调查、测验等结果的平均数差异作显著性检验。二是实验结果如是计数数据，则可用 X^2 检验作差异的显著性检验。

第五节　多因素实验设计

一、多因素设计的定义

多因素实验设计，是指研究者通过操纵至少两个自变量（每一变量至少有两种水平），以研究每个变量对因变量的影响、自变量之间的交互作用以及多个自变量对因变量综合作用的实验设计。

1. 设计命名

因素设计的基本构造在于：每一自变量的所有水平与其他自变量的水平结合使用。设计至少需要两个自变量，每一自变量至少有两种水平。我们用数字来命名设计：最低限度的因素设计称为二乘二（2×2）因素设计，它意味着该实验研究有两个自变量，每一个自变量有两种水平。由此可知，有多少个阿拉伯数字代表实验中有多少自变量，每一个阿拉伯数字的值代表着该种自变量有多少种水平。自变量的数量不一定与其水平层次的数量一一对应。如（2×3×5）因素设计，意味着该实验有3个自变量，第一个自变量有2种水平，第二个自变量有3种水平，第三种自变量有5种水平。符合该因素的例子就是：两种教学方法，三级能力水平，五个年级。

2. 单元个数

在因素设计中，随着自变量和水平的增加，分组的数目也迅速增加。（2×2）因素设计有4个组。如果它的每个变量增加一个水平，则成了（3×3）因素设计，使组数增加到9个。若再增加一个具有三个水平的自变量，就会使组数增加到（3×3×3）因素设计，即增加到27个。由于水平必须包含在所有的组合中，所以，组的数目就是指定的阿拉伯数字的乘积。每一个组就是因素设计的一个单位。为简化因素的图示，变量以字母表示，不同的水平则以数字表示。字母的下标表示不同的单元。

3. 交互作用

两个以上因变量的联合影响与它们分开影响不等时，便出现了交互作用。交互作用指的是一个变量对另一变量两种水平的效果是否相同。如果效果相同，说明变量之间无交互作用，如果效果不同，说明变量之间有交互作用。这意味着一个自变量本身的影响与它和其他自变量水平混合时是不同的。不同能力等级的学生从不同教学内容中受益不等，便是交互作用的事例。交互作用最简单的类型是两个变量间的交互作用——称之为一次交互。我们可以借助直观图形来判断两个因素之间有无交互作用。两线相互平行，说明无交互作用（如实验1）；两线交叉，说明有交互作用（如实验2）。

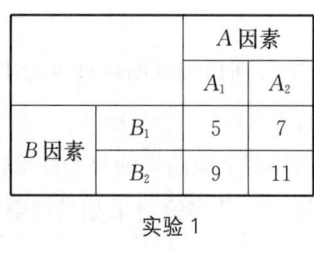

实验1

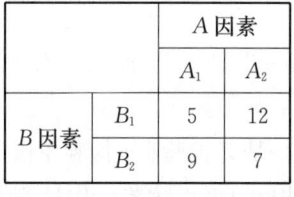

实验2

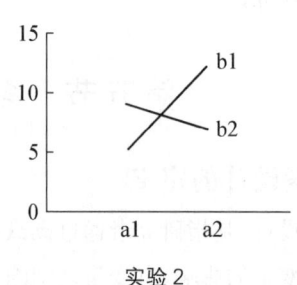

实验1　　实验2

二、多因素设计的特点

1. 外在效度较好

教育现象是复杂的，一个教育现象中往往包含着多个因素，如果仅从其中抽出一个因素孤立地加以研究,研究的结果可能会缺乏说服力。多因素设计不是单因素设计的简单组合,而是对教育实验现象和过程中各种因素复杂关系的一种真切表现,因而它具有良好的外在效度。

2. 实施经济方便

多因素设计可将多个自变量糅合在一个实验设计中,无需对每个自变量进行设计,既可以研究自变量与因变量的因果关系,又可以研究自变量之间的交互作用,使研究能获取更多信息,结果更为精确、可靠。

3. 有时很难解释

交互作用中可能包括两个或两个以上的自变量。然而,自变量越多,交互作用越复杂,解释起来也越困难。例如,涉及四个自变量的交互作用——能力水平、被测性别、教学方法以及教材类型时,结果就很难解释。

三、多因素实验的设计

下面我们用具体的例子对多因素设计的基本模式（2×2）因素设计作一些说明。

例1 研究讨论法和自学法这两种教学方法与人民教育出版社出版(简称人教版)和江苏教育出版社出版(简称苏教版)的两种识字教材对小学生识字量的影响。

首先我们发现该研究涉及两个因素:一个因素为教学方法,它有两种水平,水平一为讨论法,水平二为自学法;另一个因素为识字教材,水平一为人教版识字教材,水平二为苏教版识字教材。实验的因变量为识字量。将20名被试随机分成四组,每组为5人,然后我们将被试分为四组:第一组采用人教版教材,运用讨论法进行教学;第二组采用人教版教材,运用自学法进行教学;第三组采用苏教版教材,运用讨论法进行教学;第四组采用苏教版教材,运用自学法进行教学。最后,经过一个学期的实验,我们对学生的识字量进行了测试。上述设计和测试结果见下表。

			教学方法(A)	
			讨论法 A_1	自学法 A_2
识字教材(B)	人教版教材	B_1	20	24
			17	38
			29	40
			22	35
			18	20
			(106)	(157)
	苏教版教材	B_2	35	15
			36	14
			29	21
			48	18
			40	20
			(188)	(88)

表中的 A 因素为教学方法，其中 A_1 为讨论法，A_2 为自学法；表中的 B 因素代表识字教材，其中 B_1 为人教版，B_2 为苏教版。每一方格中的数字为识字量，括号内数字为该组数据之和。

通过对实验数据的处理，我们可确定如下关系：

1. 讨论法和自学法的教学效果有无差异
2. 两种教材的教学效果有无差异
3. 教学方法与教材之间有无交互作用

要知道两个因素之间的交互作用是否显著，必须进行方差分析。

四、双因素方差分析

双因素方差分析又叫做两个变量分组的方差分析。在双因素方差分析中，各个组成部分是相互联系、相互渗透、相互依存、相互对立着的，但其中必有一个部分起主导作用。双因素方差分析就是要从这些组成部分中找出一个起主导作用的部分。要解决双因素方差分析问题，必须按下列步骤进行：

1. 根据求平方和的一般公式，分别求出总平方和（SS_t）、组间平方和（SS_b）及组内平方和（SS_w）

总平方和（SS_t）指的是该实验所有的变异，组间平方和（SS_b）指的是由不同的实验处理造成的变异，组内平方和（SS_w）指的是由实验误差造成的变异。组间平方和和组内平方和相加即总平方和。

$$SS_t = \sum\sum X^2 - \frac{(\sum\sum X)^2}{N}$$
$$= 16435 - \frac{539^2}{20}$$
$$= 16435 - 14526.05$$
$$= 1908.95$$

$$SS_b = \sum \frac{(\sum X)^2}{n} - \frac{(\sum\sum X)^2}{N}$$
$$= \frac{106^2 + 157^2 + 188^2 + 88^2}{5} - 14526.05$$
$$= 1268.55$$

$$SS_w = SS_t - SS_b = 1908.95 - 1268.55 = 640.4$$

2. 求 A 因素的组间平方和（SS_A）、B 因素的组间平方和（SS_B）及交互作用的平方和（$SS_{A\times B}$）。

如果只根据 A 因素分组，可将被试分为两组，每组 10 人，这样造成的变异称为 A 因素的组间平方和。

如果只根据 B 因素分组，也可将被试分为两组，每组 10 人，这样造成的变异称为 B 因素的组间平方和。

$$SS_A = \frac{\sum(\sum X_i)^2}{p} - \frac{(\sum\sum X)^2}{N}$$
$$= \frac{(106+188)^2 + (157+88)^2}{10} - \frac{539^2}{20}$$
$$= 14646.1 - 14526.05$$
$$= 120.05$$

$$SS_B = \frac{\sum(\sum X_i)^2}{q} - \frac{(\sum\sum X)^2}{N}$$
$$= \frac{(106+157)^2 + (188+88)^2}{10} - \frac{539^2}{20}$$
$$= 14534.5 - 14526.05$$
$$= 8.45$$

从上述结果我们可以发现 SS_A 和 SS_B 的和为 128.5，与整个实验的组间变异 SS_b 不相符合，说明在实验中除了 A、B 两因素的单独作用外，还有两个因素间的交互作用。

$$SS_{A\times B} = SS_b - SS_A - SS_B$$
$$= 1268.55 - 120.05 - 8.45$$
$$= 1140.05$$

3. 求总自由度(df_t)、组间自由度(df_b)、组内自由度(df_w)、A 因素的组间自由度(df_A)、B 因素的组间自由度(df_B)和交互作用的自由度(df_{A+B})

总自由度 $df_t = 20 - 1 = 19$

组间自由度 $df_b = 4 - 1 = 3$

组内自由度 $df_w = 19 - 3 = 16$

组间自由度(df_b)可分解为 A 因素的组间自由度(df_A)、B 因素的组间自由度(df_B)和交互作用的自由度(df_{A+B})这三个部分，因而：

$$df_A = 1, \ df_B = 1, \ df_{A+B} = 1$$

4. 求 A 因素的组间均方(MS_A)、B 因素的组间均方(MS_B)、交互作用的均方($MS_{A\times B}$)及组内均方(MS_w)

$$MS_A = \frac{SS_A}{df_A} = \frac{120.05}{1} = 120.05$$

$$MS_B = \frac{SS_B}{df_B} = \frac{8.45}{1} = 8.45$$

$$MS_{A\times B} = \frac{SS_{A\times B}}{df_{A\times B}} = \frac{1140.05}{1} = 1140.05$$

$$MS_w = \frac{SS_w}{df_w} = \frac{640.4}{16} = 40.025$$

5. F检验

对于 A 因素：$F = \dfrac{MS_A}{MS_W} = \dfrac{120.05}{40.025} = 2.99$

对于 B 因素：$F = \dfrac{MS_B}{MS_W} = \dfrac{8.45}{40.025} = 0.21$

对于 $A \times B$：$F = \dfrac{MS_{A \times B}}{MS_W} = \dfrac{1140.05}{40.025} = 28.48$

查附表：$F_{0.05}(1,16) = 4.49$；$F_{0.01}(1,16) = 8.53$。即精密度 $\alpha = 0.05$，组间自由度为 1，组内自由度为 16，F 值为 4.49；精密度 $\alpha = 0.01$，组间自由度为 1，组内自由度为 16，F 值为 8.53。

6. 方差分析表

变异来源	平方和	自由度	均方	F	$F_{0.01}$
A 因素	120.05	1	120.05	2.99	8.53
B 因素	8.45	1	8.45	0.21	
$A \times B$ 因素	1140.05	1	1140.05	28.48	
组内	640.4	16	40.025		
总变异	1908.95	19			

从以上方差分析的结果可以看出：运用不同教学方法的教学效果差异不显著，采用不同识字教材的教学效果差异也不显著，但是教学方法和识字教材之间的交互作用却十分显著。

思考与练习

1. 与调查法相比，实验法有哪些长处和局限？

2. 怎样操纵自变量和测定因变量？怎样控制无关变量？

3. 对照组实验方法与轮组实验方法分别该在什么情况下使用？该如何使用？

4. Z 检验和 t 检验有哪些区别和联系？

5. 某教师在甲、乙两个投篮水平相同的小组分别采取 A、B 两种不同教法，经过一个单元时间的教学后进行测验，成绩如下。请比较 A、B 两种教学方法的教学效果是否有显著差异。

甲组：17　14　18　20　15　14　17　16

乙组：20　16　16　22　19　17　16　20

6. 要研究两种教学方法（讲授法和探究法）对不同智商的小学生（高 IQ，低 IQ）学习数学的影响，如何进行实验设计？

7. 下表列出了一个 2×2 设计的实验结果，试分析 A 因素和 B 因素有无交互作用。

		A 因素	
		A_1	A_2
B 因素	B_1	6	3
		11	5
		10	6
		11	7
		8	5
	B_2	5	9
		10	5
		7	6
		8	4
		5	6

第十一章 行动研究

第一节 行动研究的定义与特征

在教育领域内常常看到这样一种现象,理论工作者认为极有道理的教育理论,一线老师却不以为然,觉得理论没什么用,不能解决他们的实际问题,一线教师通过自身摸索的一套办法,理论工作者又觉得水平太低。出现这种现象的主要原因在于我们对教育理论与实践的认识不够深入与透彻。教育理论是人类认知活动的最高成果,是用抽象概念建构起来的具有普遍性的观念体系,它的作用在于弄清教育本身究竟是什么样的。教育实践则是一种筹划与行动,它要弄清的是如何利用各种条件做成某件事情,解决某个教育问题。教育理论与教育实践之间有着密切的联系,又有着鲜明的区别。教育理论对于教育活动本质的阐释,为教育实践提供了实施的基础与依据,但是,教育实践决不是照搬理论,它是另一种形式的创造性活动,它根据实践主体的需要与教育教学情境的特殊性,综合运用各种理论来解决问题,它服从于实践中"人",而不是服从于"理"。从这个意义上说,教学实践研究决不是教育理论的注脚,而是有着独特价值的研究活动。这种研究依赖于实践主体对实践情境与问题的分析与诊断、依赖于实践主体的行动与反思,因此作为实践主体的教师参与研究、实施研究是顺理成章、毋庸置疑的,行动研究作为为教育实践服务的研究就有了十分重要的意义和价值。

一、行动研究的定义

行动研究一词由社会心理学家勒温(Lewin, K.)于1944年提出,20世纪50年代被移植到教育研究领域。教育研究领域内的行动研究指的是教育实践者在工作情境中,以问题解决为取向,运用反思与批判精神研究与改进教育教学工作,并获得专业成长的一种研究活动。简单地说,行动研究就是行动者在行动中研究行动的活动。

二、行动研究的特征

1. 研究主体——行动者

一般来说,教育行动是指为实现某种教育意图而进行的具体的教育活动,由行动者实施。研究则主要指探求教育现象的本质和规律,由研究者实施。行动研究的特殊性在于其研究的主体既是行动者,又是研究者。实际从事教育工作的教师把行动和研究整合起来,使自己成为研究的主体。

2. 研究对象——如何行动

行动研究不是为了获得理论,而是针对日常工作中出现的问题研究如何行动,研究如何确立行动的目标与行动内容,如何实施行动,如何评估行动的效果等等。如关于习作教学,在行动研究中,研究者关心的不是认识"习作是什么"、"习作教学是什么"、"习作教学内容指什么"等认识层面上的问题,他们关心的是教学中存在的问题,以及解决问题的行动,如"目前学生习作存在哪些问题"、"我们是如何理解这些问题的"、"为解决这些问题,我们决定采取哪些措施"、"如何判断我们采取措施后问题得到解决"、"解决问题的工作中我们获得哪些教益"等。

3. 研究目的——改善行动

行动研究的主要目的是通过问题解决改善行动,提高教学质量与教学效率。在行动研究中,研究者以发现问题、解决问题为核心,设计行动研究的计划,并按照计划有步骤地开展行动,求得问题的解决与教育教学工作的改进。在这个意义上说,"改进"是行动研究的核心特征,而且这种改进与情境密不可分。

4. 研究影响——改变教师

行动研究的开展不仅使行动中的问题得到解决,行动的效率得到提高,更重要的是它改变了参与行动的主体——教师。行动研究对教师的影响主要体现在:[①]

(1) 它会改变教师对教学技能与自身角色的看法;
(2) 它能提高教师的自我价值与自我胜任感;
(3) 它影响教师发展的进程;
(4) 它能提高教师对课堂事件的敏锐感;
(5) 它能改变教师对变革的态度;
(6) 它能增加教师对促使他们发生改变的教育信念的敏锐感;
(7) 它能促进教师在理论与实践之间建立起一致的关系;
(8) 它能拓展教师对教学、学校、社会的认识。

第二节 行动研究的实施

关于如何实施行动研究,社会研究与教育研究领域提供了许多可供借鉴的模式。澳大利亚学者凯米斯(Kemmis, S.)认为,行动研究包括计划、实施、勘察与修正四个步骤,这四个步骤构成了行动研究之环,使行动研究呈现螺旋式上升的态势。在英国学者艾略特(Elliott, J.)看来,行动研究中的行动可能是分步的,在实施每一步行动之后都应当有反思与修正,而不是等所有的行动实施完了之后再作反思与修正。麦克南(McKernan, J.)则强调在计划之前要关注问题情境,明确问题,在对问题进行需求评价的基础上拟订计划,再开展行动。虽然不同的研究者对行动研究实施步骤的看法略有不同,但是关于某些步骤,他们达成了共识,这些步

---

① McKernan, J. The countenance of curriculum action research. Journal of Curriculum and Supervision. 1988. Vol. 3, 173-200.

骤因而构成了行动研究的基本环节。

一、计划

　　计划是对行动研究研究什么、如何研究所进行的规划。计划首先要确定研究问题,然后对如何解决问题提出一些初步设想,接着根据这些初步的设想制定问题解决的具体步骤。在计划中还需要对涉及的人员及其他条件做出规划。在制订计划时也可以对问题情境作些调查,并在此基础上明确研究的对象、内容、方法、步骤与进度等。这一阶段,研究者可按如下步骤思考问题:

　　1. 产生关于研究的初步想法。[①]

　　(1) 首先对自己提问,可思考:

- 什么令你困惑?
- 在什么方面你想有些改变?
- 某一个问题的根源是什么,为了解决这一问题你能做些什么?
- 什么方面,你可以加以改进?
- 什么新方法你想在课堂中试一试?

　　(2) 写下几个可以行动的想法

　　(3) 按照一定的标准选择一个行动想法,选择的标准为:

- 这个问题对你而言重要吗?
- 这个问题对你的学生而言重要吗?
- 研究具有可操作性吗?
- 已有的研究能不能为你提供一定的支持?

　　2. 对产生的初步想法做一些调查,调查内容包括:

　　(1) 当前的现状究竟如何?

　　(2) 实施初步想法的机会在哪里?

　　(3) 实施后的改变可能是什么?

　　(4) 时间、人才等方面有哪些支持因素? 有哪些制约因素?

　　(5) 即将实施的行动与哪些人相关? 谁会因此受到影响?

　　3. 结合初步想法与调查结果,描述即将展开的行动,内容包括:

　　(1) 你要做什么?

　　(2) 你要改变什么?

　　(3) 你行动的理论基础是什么?

　　(4) 行动可能采取怎样的形式?

　　(5) 行动中哪些是可变的? 哪些是不变的?

　　4. 制订计划,计划的主要内容包括:

　　(1) 行动研究课题的名称

---

① 李海林.语文教学科研十年[M].杭州:浙江教育出版社,2005:258—263.

(2) 研究的目的与意义

(3) 研究的问题与假设

(4) 研究的方法

(5) 研究进度

(6) 研究人员与分工

(7) 研究的成果

5. 对上述过程进行反思,内容包括:

(1) 研究课题的表述是不是明确、清晰、规范?

(2) 研究的问题是不是明确?是不是真问题?

(3) 研究的方法是不是恰当?是不是符合每个阶段研究的需要?

(4) 研究进度的安排是不是合理?

(5) 研究人员的选择是不是有利于实现分工与合作?

(6) 每一阶段的研究成果是不是明确?

(7) 研究所需要的资源与设备是不是准备妥当?

二、实施

实施即根据行动研究的计划,有步骤地开展行动研究。在正式实施之前,所有参与研究的人员需要获得关于行动及其背景、条件、效果等方面的信息,在一定程度上理解行动的价值与意义,为行动做好思想上的准备。随后,按照计划分步实施行动,保证行动之间的连续性。在实施过程中,参与人员还需克服来自外部的干扰与阻力。

三、观察

在执行研究计划,实施行动研究的过程中,研究者必须同时进行观察,收集研究所需的资料,以检验行动的效果,反思行动的过程与形成行动研究的成果。在实施观察前,研究者必须对观察的目的、对象、内容、方法以及观察的时间、地点、工具等做出缜密的思考,并且做好观察前的准备工作,以确保观察的顺利进行。

四、反思

如果把行动研究看成是循环往复、螺旋式上升的过程,那么反思就是行动研究某一个循环的结束,下一个循环的开始。反思可以结合行动研究报告的撰写进行。反思的内容主要包括:

1. 对行动结果进行反思,可思考:是不是如预期那样解决了问题?已经解决了问题的哪些方面?还有哪些方面有待进一步研究?

2. 对行动研究的过程进行反思。可思考:行动研究是不是按计划实施?每个步骤进展中存在哪些问题?造成问题的主要原因是什么?从实施的过程来看,研究计划要不要做调整?如果要调整该怎么调整?优化每个步骤的具体措施是什么?

3. 对研究中获得的感悟、体验进行反思。可思考:研究者自身收获了什么? 可分享的经验有哪些? 可吸取的教训有哪些? 应当用怎样的方式表达自己的收获?

第三节 行动研究的方式

依照行动研究中参与人员的构成,可将其分为个人行动研究与合作行动研究两类。个人行动研究的参与者一般是教师个体,是教师为了改进实务工作而开展的研究。在这类研究中,教师常常关注微观的课堂教学问题,如课堂问题行为管理、课堂教学方法与策略、学生指导等,运用研究日志、撰写教学故事或教学反思的方式开展研究。合作行动研究的参与者一般是一个研究团队,这个团队可以由多位具有共同研究志趣与目标的教师组成,也可以由教师、教育领域的专家与其他相关人员构成。课例研究是合作行动研究常见与主要的方式。

一、研究日志

研究日志,也被称为教学日志、工作日志,指教师对课堂教学事件的定期记录。研究日志可以根据教师研究的需要确定记录的频率:每天记录或者隔几天记录一次。在研究日志中,教师可以记录自己的所见所闻,也可以记录自己的所思所想。

1. 研究日志的特征

(1) 忠实地记录教学事件的原貌。在行动研究中,研究日志既是对教师经历的记录,又是重要的收集资料的工具。研究的起因与问题、研究的过程、研究的结果、研究的反思等等都可以通过撰写研究日志的方式得以记录与分析,而这些分析与记录又为研究者生成其他的行动研究成果提供第一手的资料。因此研究日志的重要特征是忠实记录事件发生的时间、地点、人物、情景与内容,呈现教学事件的原貌,以帮助研究者回顾与反思研究的进程。

(2) 基于自我的表达。研究日志以第一人称的方式写作,记录"我"的经历、"我"的行动、"我"的思考与"我"的感悟。所以研究日志既是对教学事件的真实记录,又是对自我的一种反思与认识,是基于自我的表达。阅读研究日志,我们不仅能看到研究者的行动,了解研究者解决问题的历程,而且能听到研究者的声音,理解研究者的心声(详见下例)。

9月1日 星期二[①]

今天唯一的一节语文课给开学典礼占用了,无法完成预定的教学任务,只能在中午的时候把声母表、韵母表、整体认读音节表抄满黑板,准备下午占用别的课教孩子们读读唱唱。计划赶不上变化,下午要开会,让孩子整体接触拼音的希望破灭了。

9月2日 星期三

今天有两节语文课,心中不禁窃喜,终于可以上完整课了。第一节课,就是教孩子们一个一个读声母表、韵母表、整体认读音节表,然后套用《新年好》的曲调唱声母表,用《世

---

① http://www.thjy.org/zjqq/Article/6338770793575000000.aspx. 2012-09-27

上只有妈妈好》的曲调唱韵母表,用《两只老虎》的曲调唱整体认读音节表。

孩子一个一个读字母时,明显地兴趣缺失,唱歌的时候又蹦又跳,虽然音不准,至少对拼音有个整体的印象了。

第二节课,我不敢再推迟了,直接进入单韵母的学习——还是用故事吧,拼音妈妈生了六个漂亮的女儿,生第一个大女儿的时候,她喉咙疼,去看医生,医生叫她张大嘴巴,大声说"阿",所以,她就给自己的大女儿起个名字叫"a",生第二个的时候看到一只公鸡在喔喔叫,生第三个时看到一只大白鹅,生第四个时自己去晾衣服……我把故事和书中的插图结合在一起,还结合自编的儿歌,绘声绘色讲起来,孩子们非常认真,连后面最调皮的几个小男孩也盯着我。

晚上,有家长反馈:"老师,我孩子说她最喜欢上语文课,因为老师讲的故事可好听了。"

为了孩子的兴趣,我得坚持每天讲故事了。

9月3日　星期四

1节语文课,太少了。我只能在上半节课讲"a"的四声。自然又是故事引入:大阿姐要出去玩,妈妈准备了4顶帽子,在不同的地方戴上不同的帽子……

下半节课指导学生在四线格中书写6个单韵母。自然还是故事:拼音妈妈给女儿们准备了三层的别墅型房子,"a、o、e、u"乖乖住在二楼,"i"这个小调皮把头钻呀钻呀,钻到三楼了,"ü"这个小妹妹想偷偷看看"i"在三楼干什么,就把两只眼睛钻到三楼了……故事吸引了孩子,真好!

然后就是教孩子们写名字、折本子、抄单韵母一个一行。天!真乱啊,孩子们不知道怎么写字、什么叫一行、什么是字头,不会抓笔的,不会抄作业的……

我把别的课霸了大半节,结果喉咙冒烟、汗流浃背溜出教室。

9月4日　星期五

又有2节语文课,真好。第一节课教"o、e、i、u、ü"的四声,自然还是故事:"o、e、i、u、ü"看到大阿姐有四顶帽子,很羡慕。大阿姐决心给他们复印帽子……不错,枯燥的四声教学孩子们听得津津有味。

第二节课复习四声,教2个声母:"y、w",3个整体认读音节"yi"、"wu"、"yu"。依然是故事引入:"y、w"是两个儿子,一天,6个单韵母出去玩,"i、u、ü"3个小姑娘迷路了,"y、w"勇敢出去寻找……

接着布置作业,抄写"o、e、i、u、ü"的四声。谁能帮我指导学生写字?是我说不明白还是要求太快?孩子的作业啊!乱得我落荒而逃。

下周一吧,下周一我一定抽一节课手把手教孩子们写字。

2. 研究日志的撰写

(1) 要及时记录。研究日志重在对真实事件的观察与感悟,所以及时记录相当重要。人的记忆力是有限的,及时记录有助于研究者详细描述教学事件的面貌,以及一些重要的细节与一闪而过的灵感,使得行动研究的资料收集得较为具体。

（2）要连续记录。研究日志常常围绕某一主题展开,所以就某一主题进行连续记录,可以帮助研究者追踪事件发展的经过与问题解决的过程,使得行动研究的资料收集得较为完整。

（3）要对基本信息作记录。研究日志应当包含一些具体的信息,如时间、地点、参与者等等。为了便于阅读与资料归类,研究日志还可以包括标题。

（4）要将描述与分析感悟结合起来。研究日志以描述事件为主,详细记述事情发生的境脉与过程。在撰写研究日志时,可以在描述事件的基础上,增加自己对事件的剖析、感悟与评论,理性分析事件发生的深层原因、事件所带来的影响以及从事件中获得的教益。

二、教学故事

教学故事,也被称为教学叙事,指以故事方式记录教学活动中的真人真事。它通常通过精心构思,运用叙述的手法、生动的语言描绘事件的发生、发展的过程,并以此引发读者的思考。教学故事重视教师与学生的课堂生活,着力于从真实的课堂生活中寻找内在的结构,摒弃可能简化或歪曲事实的外在框架。在教学故事中,细腻详实的描述力求创造一种现实感,以便淋漓尽致地展现真实的课堂教学,传达现象背后隐藏的种种关系。构思与撰写教学故事的过程是观察他人与自身生活的过程,也是一个沉静思考的过程。静心倾听现象背后的声音,站在多个角度思考与挖掘,能使教学故事的撰写者,即教学的研究者,脱离对他人思想的依附,以教学问题解决层面为依托,进一步寻求对意义的关怀与创造。因此,教学故事不仅保留了"历史",更重要的是培养了教学故事撰写者敏锐的洞察力,使他们能穿越真实情境的复杂性与丰富性,达成对某一教学现象的深层理解,而这种理解,正是个体教学智慧形成的基点。

1. 教学故事的特征

（1）真实性。教学故事首要特征是真实性。教学故事以故事的形式呈现案例,这个故事的定位应是"纪实",而不是虚构的小说。所谓纪实,就是强调教学的原生形态,对教学过程的记录,对教学情境的解释都是以原生形态为基点的。如果背离了这个特征,教学故事对复杂教学情境内涵的揭示、对人物冲突与内心情感的体味、对教学价值与意义的挖掘都成了无源之水、无本之木。教学故事的真实性要求作者亲临教学现场,在"现在进行时"中收集信息,在撰写故事时也以"现在进行时"为中心,有机结合"过去时"与"将来时"加以恰当的表达。

（2）教育性。所谓教育性,主要涉及教学故事存在的价值。教学故事能对撰写者与阅读者产生正面的影响,撰写者在思考与写作中受到心灵的洗礼,阅读者在阅读中受到感染,从而产生实践"真、善、美"的内驱力。教学故事的教育性集中体现在主题的选择上。主题的时代感、新颖性、与共性是体现教学故事教育性的重要因素。

（3）可读性。在教学故事真实性、教育性的基础上,我们还同时强调它的可读性,因为只有当读者甘心情愿地接受了表层语言信息之后,才会进一步在理性支配下进行深入地思考。教学故事的可读性取决于以下几个要素:第一,矛盾。主题中有没有矛盾,能不能形成矛盾,矛盾是表层还是深层的是可读性的指标之一。第二,兴奋点。兴奋点是引发读者情绪变化的关键点。有没有兴奋点,兴奋点是情感的、悬念的还是幽默诙谐的,在一定程度上决定了教学故事可读性的高低。第三,细节。生动的细节能给人留下极其深刻的印象。没有细节的故事如同鸡肋,食之无味,弃之可惜。由于教学故事的真实性是第一位的,因此教学故事可读性的基点不是"创造",而是"发现",即用细致的观察、敏锐的思维、切身的体察去回顾、咀嚼整个教学事件,找出有价值的主题、矛盾、兴奋点,并有意识地用生动的细节表现它们。

下面一个案例集中体现了教学故事的三个特征。

太阳照着才会暖和①

为了增强学生的自学能力,奉老师与学生约定互换角色:由学生们自己预习课文中的生字,并选出小老师来教;奉老师则给小老师当学生。

星期五下午,奉老师坐在学生的位置上,听见小老师严肃地说:"奉老师同学,请您把外套脱下来!"奉老师虽然感到意外,但只能无可奈何地照办,因为她的一切权利都已经和小老师互换了。全班同学的视线齐刷刷地投向了她。

"同学们这么多目光看着您,你觉得暖和吗?"小老师又发话了。奉老师有些莫名其妙,一个劲地摇头。现在已是深秋,脱掉外套肯定会感觉有些凉飕飕的。其他的学生觉得好奇,开始小声议论起来。

"安静!"小老师把目光转向了其他孩子,"谁能回答我,在什么也不能做的情况下,怎样才能使奉老师暖和?"

"我知道!""我知道!"一只只小手举起来了。小老师请第二排的一位女生回答。小女孩结结巴巴地说:"是……是……太阳照着的时候。"

"说得好!请大家表扬她。"小老师露出了微笑。

噼噼啪啪的掌声响过之后,小老师又恢复了严肃:"既然大家都知道要太阳照着才暖和,为什么老师说了那么多次,大家还把'暖和'、'温暖'的暖写成目字旁呢?"

奉老师恍然大悟,她微笑着把衣服穿上了。

"啪",小老师敲了一下桌子:"请大家记住了,只有日头照着才暖和。'暖和'、'温暖'的暖应该是——"

"日字旁!"学生们响亮地回答。

事后,奉老师发现,以前自己屡屡提醒,学生屡教不改的目字旁的"暖"字从学生的作文中消失了。

2. 教学故事的撰写

教学故事的撰写以个人经验为基础,以经验分享为导向。教学故事反映的是真实课堂教学中发生的丰富、复杂的事件,但这种反映又是简约的。它不是对教育情境的简单复制,而是选择具有教育性的主题,并且围绕主题对实践情境中的大量信息进行筛选,以独特的视角组织文本,建构意义。确定主题、课堂实录文字化与润色加工文字是撰写教学故事的三大步骤。

---

① 奉红红. 出其不意的故事[J]. 中国小学语文教学论坛. 2002(9):48. 引用时作了修改.

（1）确定主题。富有教育意义的主题是教学故事的灵魂。选择与确定主题，首先应对教学事件的整体信息进行梳理，找出教学事件中最突出、最鲜明的部分，然后根据自己的经验和兴趣，结合时代性、与共性与新颖性，从自己深有感触，并具有较高教育价值的内容中提炼出主题。

（2）课堂实录文字化。教学故事撰写的基本素材是课堂实录，因此以文字的形式将课堂教学过程真实、详尽地记录下来是写好教学故事的重要保证。在此过程中，撰写者需注意：照实记录师生的语言；仔细观察课堂情境，客观地描述教学的气氛、师生的动作、表情等；对亲临现象时的内心感受加以恰当的表达。

（3）润色加工文字。由课堂实录到教学故事是一种再创造的过程，需要我们对课堂实录的内容进行进一步的开发，即对实录的内容进行编辑和加工，以更好地突出主题，增强教学故事的可读性。在润色加工文字时，要注意对师生语言中口语化、不符合逻辑的部分进行适当的修改，以保证案例的规范性和科学性。

三、教学反思

作为一个日常概念，反思指思考过去的事情，并从中总结经验教训。教学反思是作为教学主体的教师对教学现象与教学行为的反思，它是教师在教学过程中通过监控、体验自己与他人的教学过程，质疑、批判与再构教育教学观念与教学行为的过程。教学反思作为行动研究的一种方式，对于教师专业发展具有重要的意义。在教学反思中，教师将自己的教育教学活动作为认知的对象，对教育教学行为和过程进行有意识、批判性地分析与再认知，不断探究与解决教学中存在的多方面问题，将"学会教学"与"学会学习"统一起来，努力提升教学实践的合理性，不断提高自身的教学效能与教学素养，并实现自己的专业发展。

1. 教学反思的特征

（1）问题性。教学反思常常产生于问题与无知境界。在教学实践中，当教师运用原有观念与方法不能顺利完成教学任务，或者在完成教学任务的过程中遭遇障碍与困境时，就会产生心理上的不适感，这种不适感会激发教师的问题意识，并最终引发教师的反思。

（2）批判性。教学反思具有批判的品格，教师的每一次反思，都意味着对过去教学行为和教学理念的扬弃，都意味着对过去教学实践中的成功经验和失败教训的再认识。这种认识促使教师正确认识教学中存在的问题与不足，采取相应的改进策略，从而提高教学实践的科学性。

（3）发展性。教学反思是教师在反省与否定中认识自身、发展自身的过程。通过教学反思，教师的教学理念得到丰富与充实，教学方法与策略得到改进与补充，教学行为日趋科学与合理。我们将教师称为反思性实践者，原因就在于此，教师是在反思中丰富、发展、完善自身的实践者。

2. 教学反思的撰写

（1）基于事实的反思。教学反思是对教学事件、教学行为以及上述事件与行为蕴含着的教育教学观念的反思，因此它首先应当基于事实，然后对事实进行回顾、质疑、批判与再认识。

教学反思从撰写内容的角度来说,一般包括两部分:第一部分是教学事实,如教学设计、课堂实习、教学片断、教学情景的描述等;第二部分是由教学事实引发的深度思考,可以对事实背后的观念进行剖析与挖掘,可以对教学进程中所出现的问题进行揭示,也可以就解决问题提供一些构想与对策(详见下例)。

《最难忘的一句名言》教学反思[①]

李 云

《最难忘的一句名言》是小学五年级的一次习作训练。在这次习作训练中,我们希望学生能选出一句自己最难忘的名言,运用具体事例写出这句名言对自己所起的作用,并把难忘的原因写清楚,同时学习修改自己的习作,使之符合习作要求。

第一部分　教学设计

一、谈话导入,揭示课题

1. 故事导入。

教师讲述《只要功夫深,铁杵磨成针》的故事,引出什么是名言,组织学生交流自己收集的名言,说说对名言的理解。

2. 揭示课题。

在你收集的名言中,哪一句最让你难忘?板书课题:最让我难忘的一句名言

二、习作指导

1. 创设情境。

快乐星球上的老顽童爷爷很关注我们地球上孩子的学习与生活,他知道我们今天要上习作课,特意推荐了两篇快乐星球上的孩子写的文章。

2. 出示阅读要求:看看例文都写了什么?(都写了一句名言,并用具体的事例写出自己难忘的原因。)不同之处在哪里?(名言不同,举出的事例就不同,也就是说,你举出的事例一定要跟名言相符。)

3. 出示例文一《胜不骄,败不馁》与例文二《我明白了"不听老人言,吃亏在眼前"》(略)。

4. 交流:原来,这样的文章是这么写的。同学们,刚才我们读了快乐星球上的小朋友写的文章。老顽童爷爷也想读读我们的习作,请大家想一想,最让你难忘的一句名言是什么?能说说你难忘的原因吗?准备一下,然后我们来交流。

5. 如果我们把刚才说的内容写下来,该怎么写呢?

(1) 出示习作要求:

* 请你选一句自己最难忘的名言。

* 运用具体事例来说明这句名言对你所起的作用。

* 把难忘的原因写具体。(指名读)

[①] 吴忠豪.从"教课文"到"教语文":小学语文教学专题行动研究[M].北京:高等教育出版社,2012:354—370.引用时作了修改。

(2) 出示补充要求。

* 写的时候不要停顿,不会的字用拼音或别的符号代替,下课以后查字典。

* 写一个自己最喜欢的题目,老师给的只是一个范围。

三、评改习作

1. 老顽童爷爷说了,要想把你们的文章送到快乐星球,必须要过三关,同学们有没有信心啊?

2. 出示过关要求。

(1) 第一关

写出一句名言	一件具体的事例	难忘的原因
有（　）	有（　）	有（　）
无（　）	无（　）	无（　）

(2) 找出学生习作一,指导修改。

出示习作一,同学自读,并对照要求点评。

小结:这一关很简单,这也是习作的基本要求。

(3) 第二关

名言与具体事例的关系	非常吻合（　） 基本吻合（　） 关系不大（　）

继续对照表格要求,示范指导习作一。

(4) 举个反面的范文。让学生找出毛病,并讨论改正的方法。

(5) 第三关

难忘的原因是否写清楚	很清楚（　） 基本清楚（　） 不清楚（　）

仍以习作一为例,对照表格进行评价,谈谈怎样把难忘的原因写清楚。

(6) 对照表格,同桌合作评改。

(7) 检查过关的情况,出示修改后的习作。

第二部分　教学反思

在设计教学的过程中,我发现以前没想清楚的问题逐渐清晰起来,如习作教学首先要根据教学内容和学生的认知特点制定可操作、可检测的教学目标,教学流程的安排一定要紧扣教学目标等等。

在根据教学设计进行教学实践时,我觉得最大的收获是对习作讲评的认识。为了让学生成为习作讲评的主人,积极发挥学生的主体性作用,培养学生的习作修改的意识,我选择了以下两种教学策略:

1. 精选点评，范评引路。最有价值的知识是方法，古语云：授人以鱼，不如授人以渔。为了落实本节课的教学目标，让学生掌握修改习作的方法，我先选择一篇学生的习作，让学生欣赏、剖析，并指出评改的三个要点：有无名言，名言与具体事例是否吻合，为何难忘，让学生懂得习作"佳"在何处、"病"在哪里，让学生认识到平时要注意观察生活，运用具体事例表达真情实感。这对学生自我评价习作有很大启发，对学生准确评价自己的习作、恰当修改自己的习作有很强的指导意义。

2. 独立修改和互改相结合，培养学生自改习作能力。只评不改的习作讲评课是"纸上谈兵"的空洞说教，只有让学生动手修改习作，学生才会有深切的体会，真正地领悟修改的方法。叶圣陶先生说，"教师只给些引导和指点，该怎么改让学生自己去考虑去决定。"于是我给学生创设修改机会，使他们在独立修改和互改中培养出自己修改习作的能力。令我欣慰的是，评改习作前后，我发现许多学生的习作是有进步的。

当然，教学是遗憾的艺术，我在教学中存在的主要问题：指导环节不够扎实。指导学生写作这一环节仓促，对名言的界定不够清楚、细致、到位，指导学生写习作的实效性不够理想。教学中我试图通过例文引路达到示范作用，但是我没有很好地带领学生走进习作的氛围中，有一部分学生不能从中学习到写作的方法，在写作之时思路没有完全打开。

针对上面的问题，我感觉自己今后要做好以下几方面的工作：第一方面，写作教学要由动机走向目的，要激发学生表达的兴趣，从下面几方面进行尝试：一，以鼓励激兴趣。教师运用鼓励的艺术，运用自己热情的语言和姿态来激发学生的情感，告诉学生写作无非是学会表达自己的思想感情，告诉学生"世上无难事"，习作亦然，告诉学生"只有写，你才能真正会写"，努力与学生一起营造愉快、自信的习作氛围。二，减少对学生写作的束缚，给题目松绑。教师在把习作要求及目标确定好后，鼓励学生自己拟题，甚至可以尝试定出大范围之后，把其他大权全部下放。习作应该在拟题、写作内容、写作时间等方面把主动权交给学生，充分调动学生写作的自主性。三，选择学生喜欢的、切合他们实际的文题。文题选得好，可以触发学生的灵感，诱其打开记忆的仓库，让学生把自己看到的、听到的、说过的、玩过的都倾吐出来。有了写作愿望，才能思接千载、心有方向、浮想联翩，就会有事可记、有情可抒、有理可论。第二方面，引导学生重视写作之本——生活，在现实生活中培养情感，训练思维。语文学习的外延与生活的外延相等，学习习作的目的是为了生活应用。

(2) 关注教学的多个侧面。教学反思往往贯穿于教学的全过程，涉及教学过程的多个侧面，所以在撰写教学反思时，可从多个侧面入手展开深度思考，如：

- 对教学目标的反思。目标是否达成？目标达成了多少？未达成的原因是什么？目标是否合理？如何确定科学合理的目标？
- 对教学内容的反思。教学内容的选取是不是恰当？教学内容的安排是不是符合学生学习的规律？教学内容的量是不是合适？这一教学内容与上一教学内容存在怎样的关系？这一教学内容对下一教学内容的作用是什么？恰当选取教学内容的标准是什么？
- 对教学过程的反思。教学的流程设计是否合理？教学方法的运用是否恰当？师生之间的互动是不是积极?学生学习兴趣如何?学生的学习效果如何?教学时间的分配是否合理?

(3) 关注反思的不同层面。教学反思可以分为三个不同的层面。第一层面的教学反思较为关注教学技巧问题,即如何利用最好的教学方法和策略,在最短的时间内实现教学目标,使教学获得最大的效益。第二层面的教学反思聚焦"为什么",意图透过教学行为层面分析行为的原因,探讨或澄清个人对行为合理性的理解。第三层面的教学反思聚焦"应当是什么,应当怎么样",即在反思时考虑社会的、道德的、伦理的标准,从较为广泛的背景出发审视教学行为与教学问题,揭露潜藏于这些问题中的意识形态,以引导教学的改革。在撰写教学反思时,教师可以由浅入深,层层递进,从技巧与行为问题入手,对自己的教学进行深刻的反省,深化自己对教学的理解,找到提高教学效率的对策。

四、课例研究

课例研究,指将某课的设计与教学过程作为研究个案开展研究。课例研究作为行动研究的重要方式,打破了长期由理论专家统领的"理论研究"和教师的"实践操作"之间的藩篱,为教师融合运用教育教学理论与教学实践经验解决教学问题提供了一条可行的途径。在课例研究中,教师可聚焦自己感兴趣的问题,将某种纸面上的教学理论或者方法转化为具体的教学行为,尝试解决问题,并在此过程中汲取他人所长,整理和提升个人经验,建构关于教与学的新知识,并改善自己的教学实践技能。

1. 课例研究的主要特征

(1) 以"问题"为研究的对象。如果说课例研究有一个圆心,那么这个圆心就是问题,课例研究无论经历几个阶段,这个圆心一直存在,贯穿始终。研究早期关注的是找问题,明确问题。研究中期关注的是寻找问题解决方案,尝试解决问题。研究后期关注的是评价与判断问题解决得如何,以及发现新的问题。

(2) 以"某课"为研究的载体。课例研究以问题为圆心,以"某课"为研究的载体。问题隐含于某课的教学内容、教学设计、教学实施中。问题的解决方案生成于对教学内容与学情的分析、教学设计与实施中。对问题解决得如何的反思也一定依托某课进行。

(3) 以"合作"为研究的方式。有人认为课例研究就是教师合作研究课堂教学行为,从而改善教师教学经验和学生的学习经验的综合过程。这一定义虽然看上去有些宽泛,但是指出了课例研究的重要特征为"合作"。课例研究一般不是教师个体的行动研究,而是一个教师团队,一个教学共同体共同研究某个问题,并通过教学行动解决问题的过程。团队成员的分工合作与对话互动为找到良好的问题解决方案,以及教学新知的创生奠定了良好的基础。

2. 课例研究报告的撰写

(1) 反映研究的过程。课例研究一般要经历成立课例研究小组、明确课例研究问题、进行课堂教学设计、实施课堂教学与观察、进行课后反思等多个阶段。在撰写课例研究报告时,要反映各阶段的研究现状与研究成果,以完整展现课例研究的过程。

(2) 反映多方声音。课例研究是以合作方式开展的研究,因此在研究团队中,人员的构成可能是多元的,人员的知识分布可能是不同的,正是这种多元的人员构成与不同的知识分布为有质量的互动与对话提供了良好的条件。在有些团队中,大学教授、区县的教研员、一线教师、行动主管部门的成员组成一个课例研究的小组,就共同的问题展开探索与研讨,由于经验不同、所处的位置不同、观点视域不同,对同一问题以及教学行动的看法也会有所不同。在撰写课例研究报告时,一定注意反映团队中不同成员的声音,让这些声音得到充分的表达,为阅读他们的人们提供一个多元的思考空间。

(3) 反映行动的完善。课例研究起始于问题,并以问题为中心,但是解决问题的主要目的之一是为了更好地改善行动。在课例研究中,旨在寻找问题解决的课堂教学行动一般不止一次,而是经历多次,并且多次之间的关系是循环递进的,也就是后一次行动一般比前一次行动更加合理与完善,更接近于问题的解决。在撰写课例研究报告时,要详细反映多次行动的过程,并且凸显行动的完善,以便为他人提供处置性经验与行动上的启示。

案例:课例研究报告

语言训练点的确定[①]

——人教版三年级上册《盘古开天地》课例研究

团队成员: 张馨、李淑华、姜丽霞、魏冬梅、牛纪英、邢毅丽、刘延云、董丽君、孟强、王成义

执教老师: 魏冬梅

指导专家: 吴忠豪　丁炜

研究问题

学校的语文学习与日常生活中的语文学习在语文学习环境与学习资源方面具有重大的区别。日常生活中的语文学习环境是随机的,学习资源广泛,不固定。而在学校中,学生往往是在特定的环境中,依据较为固定的语言学习材料开展学习,并且这种学习又是在教师指导下进行的。因此,学校的语文学习是一种有组织、有系统的活动,这种活动明确指向的是学生语文能力的提高。

把学生语言能力的提高作为学校语文教学的主要目的,要求教师在设计与实施教学时认真思考:根据语文课程的目标,这个年龄的学生在语言理解与表达上要达到怎样的水平;如何分析与运用现有的教材,以帮助学生达到那样的水平;结合教材分析与学生现在水平分析,如何确定明确的训练点;有了明确的训练点之后,如何有效地实施训练以达成语文教学与课程的目标;如何评估教学是否达成目标。在上述一系列的过程中,训练点的确定是极其关键的,它是教学内容的具体化、明晰化与情境化,又是实现目标的重要手段与保证。

为了对这一问题进行深度研讨,我们选择了《盘古开天地》一文,力求通过教学设计、团队研讨、与专家互动、教学实践、教学反思等多个环节,不断澄清与深化对这个主题的理解。

《盘古开天地》是人教版三年级上册的一个神话故事,作者运用生动的语言、瑰丽的想象,向我们描述了一个富有奇丽色彩的传说。文章讲了盘古开天辟地、创造美丽宇宙的过

[①] 吴忠豪.从"教课文"到"教语文":小学语文教学专题行动研究[M].北京:高等教育出版社,2012:129—156,引用时作了修改.

程,歌颂了盘古甘于奉献的伟大精神。文章脉络清晰,结构完整,共分为五个自然段。第一自然段介绍盘古开天地的背景,用简洁的语言把故事的三个要素,即时间、地点与人物交待清楚。接下来,文章叙述了盘古开天地、化万物的过程。第二、三自然段讲了盘古用斧头把天地分开,身体也随着天地分开的过程越长越高;第四自然段讲盘古累得倒下后,身体化为了万物;第五自然段总结全文,用一句话简明地指出:是盘古,人的老祖宗创造了美丽的宇宙。从开天辟地,到顶天立地,再到化为万物,盘古的形象随着故事的推进一步步高大起来,最后,成为永恒。作为教材中为数不多的神话故事,本文的语言颇具特色,第二自然段的对偶句、第四自然段的排比句有着鲜明的语言特点,读起来朗朗上口,对孩子有很强的感染力,是孩子们学习语言的典范。

结合这篇课文,我们意图研究下列问题:

1. 什么是语言训练点?
2. 影响语言训练点确定的因素有哪些?
3. 确定语言训练点时应注意哪些方面?

研究过程

一、基于教师个人经验的教学设计与研讨

【教学设计】

(一)教学目标

1. 认识"猛、缓"等十个生字,会写"创造"这两个字。
2. 学习有感情地朗读课文,体会盘古的献身精神。
3. 感受神话故事的神奇想象,并能根据文本展开想象,练习说话。

(二)教学准备

1. 课件
2. 学生课前预习,查阅相关资料。

(三)教学过程

导入

1. 中华传统文化就像一个巨大的宝库。在祖国的灿烂文化发展过程中,我们先辈留下了许多美妙的神话故事,今天我们就一起来学习其中的一个神话故事《盘古开天地》,请同学们和老师一起书写课题。

……

【团队研讨】

(一)关于语言训练点

李淑华:什么是语言训练点?我觉得就是对学生理解与表达语言十分关键的一些点,比如说理解词语的方法、阅读的方法、表达的方法等等。掌握这些点,学生的语文知识、能力可能就得到了提高。

孟强:语言训练点属于语文教学内容,选取课堂的语言训练点其实就是选取有效教学内容。

（二）语言训练点与教学目标的关系

王成义：语言训练点与教学目标密切相关，教学目标内应当包括所有的语言训练点。

牛纪英：语言训练点应当能从教学目标中看出来，所以教学目标一定要制订得清楚明确，否则我们连训练什么都搞不清楚，那么课堂教学效果一定不会好。

（三）如何确定语言训练点

王成义：要确定语言训练，一定要结合我们的课例，要根据课本的特点选取恰当的训练点，每个教师都要发挥自己的教育智慧。

魏冬梅：本课的第二、第四自然段的句子很有特点，可以抓住这些句子，让学生品读，并且进行想象说话。另外，这是个故事，十分有趣，学生讲故事的能力也很重要，需要培养，可以要求学生复述，来提高他们的口头表达能力。

（四）如何清晰表达训练点

董丽君：有了训练点，我们还要思考怎么把训练点表达清楚，这样自己也明白自己要教什么，教学时就比较有方向。

魏冬梅：很有道理。如果把词语学习作为一个训练点，那么一定要说清楚学习哪些词语，这些词语学习到什么程度，是认识还是掌握、会用。如果要训练学生说话，那么要说清楚是说一句话、几句话还是说一段连贯的话。

二、基于专家指导的教学设计及研讨

【教学设计】

（一）教学目标

1. 能正确认读"混沌、猛劈、缓缓、逐渐、倒下、创造"六个词语。
2. 有感情地朗读课文，体会盘古的献身精神。
3. 品位语言，根据课文内容展开想象，并仿说句子。
4. 能展开想象用自己的话讲述这个故事。

……

【团队研讨】

（一）对语言训练点确定依据的再思考

张馨：修改后的教学目标比上一次清晰，训练点也说得比较清楚。我有个困惑，一篇课文语言上的特点很多，各年级学生需要学习的语言基本技能也很多，那么我们在确定训练点时，只要考虑课文的特点就可以了吗？

邢毅丽：我觉得，首先要考虑课文的特点，然后还要考虑学生的年龄特点，如果不考虑年龄特点，训练不能被小学生所接受，不符合这个年段学生的认知特点，那么即使有了这个点，也是白花力气。如这篇课文的对偶句写得很好，如果我们也让学生在学了对偶句后，仿写对偶句，或者独立地写对偶句，那么这个要求好像就高了点。相对而言，排比句的学习与仿写就比较适合三年级的学生。

（二）关于语言训练点的数量

牛纪英：我想说说训练点的量的问题。一节课中，语言训练点要有，但是好像不能太多，因为一个训练点要训、要练，要有指导，还要有学生自己的操练，需要花很多的时间。本节课要让学生学习对偶句、排比句，还要学生复述课文，是不是点有点多？

（三）关于提高语言训练的质量

董丽君：除了训练点的数量，训练的质量也很重要啊。训练如何一步一步由浅入深地展开，是要做认真思考的。

魏冬梅：这个我仔细想过，训练一定要分步骤进行，每一步的步子不要太大，这样便于学生掌握。大家可以看"学习对偶句"这一部分，训练的步骤还是比较清楚的。

【专家指导】

吴忠豪：这次的备课是大家集体的智慧，有了一定的水平。与第一次设计相比，在教学目标的设计上，有了一些变化，这些变化意味着老师们的思想在变化。这次明确锁定语言训练点，教学目标确定得比较准确，既有很强的指向性，又能够检验学生的能力，目标选取的很合适，注重学生语言的发展。人文性的目标很明确，引导学生读出感情，在潜移默化中感悟语言，这是一种润物细无声的感悟过程。表达的目标也是比较明确的。如果这两项目标整合起来，就会显得更有梯度、更有整体感，所以建议目标再做一定的修改，第一要整合积累与表达，使其环环相扣，第二，删除复述。

本文第二自然段的句式有特点，对仗非常工整，读起来朗朗上口。第四段的排比句也写得比较好，这些都是选取训练点时应当重点加以关注的地方。文章中还有很多这样的句子，让学生找出来好好地读一读，在句子的欣赏中品味文本语言。要引导学生有感情地反复朗读，并尝试背诵，这能帮助学生积累语言。一种语言文字的范式能让学生记住，就有可能促使学生的语言得到发展，因此这样的朗读、背诵、积累是非常有价值的。

在学生有了初步积累以后，再将后面的想象与学生的积累有机地结合起来，可以让学生先联想再想象，然后清晰地表达出来，再加上形容词，使表达更具体、更生动。这样，学生的语言就丰富了。每个学生的语言是不同的，可以让学生小组合作共同表达，再进行想象比较。另外，十分重要的是，要让学生仿写，把刚才说的写下来。这样学生就有了一定的成就感，对语言文字的训练也不会局限于表层。

三、基于实践反思的教学设计及研讨

【教学设计】

（一）教学目标

1. 能正确认读"混沌、猛劈、缓缓、逐渐、四肢、肌肤、滋润、血液、创造、祖宗"这十个词语。

2. 有感情地朗读课文，体会盘古的献身精神。

3. 初步感知对偶和排比的句式特点，能展开想象，用"他的_____变成了_____的_____"进行仿说、仿写。

……

【团队研讨】

王成义：第三稿的设计目标更加清晰了，训练点更明确了，教师的指导也是循序渐进的。

邢毅丽：教师对训练步骤的设计是比较合理的，从朗读到想象，再到说话与仿写，符合学生的语言学习规律。

牛纪英：我觉得，教师还应思考训练的目标，到底达到一个什么程度，比如仿写，到底学生写到什么程度，才算是达到训练要求，这个还需要做进一步思考。

【专家指导】

吴忠豪：我有两个方面的意见。第一是关于教学设计修改的。如果教学环节中有背诵，那么应当在教学目标中加上背诵，另外想象这一环节，学生可能想象什么？老师的预设要充分，要体现教师的指导作用。教师要想一个好的句子，给学生一个示范。写句子对学生来说是比较难的，具有挑战性。教师要通过示范引导，让学生在原有水平的基础上有所提升。第二是关于研修的。经过几次的讨论，大家关于语言训练点及其确定的讨论越来越深入，我建议大家把讨论的内容汇总起来。比方说，关于语言训练点是什么这个问题，很值得讨论。我认为，要弄清什么是语言训练点，首先要弄清什么是"训练"，什么是"语言训练"。"训"指的是指导、引导，"练"就是练习、演练，所以训练既包括指导与引导，又包括实际的操练。语言训练指的是学校教育中针对听说读写开展的练习与指导活动。"语言训练点"指的是师生实施练习与指导时所关注与聚焦的分项语言知识、技能与方法。它属于语文课程的内容，是语文课程内容的具体化、明晰化与情境化。还比如，影响语言训练点确定的因素有哪些？这个问题大家讨论得比较多，也可以加以归纳。

丁炜：我很赞同吴老师的意见，我们应当一边学习一边总结。影响语言训练确定的因素在我看来主要有三个方面：第一，语文课程目标。语文课程目标是确定语言训练点的基本依据，它从宏观的角度大致框定语言训练点的范围与边界。训练点的确定其实就是课程内容的确定，课程内容的确定取决于课程目标的要求。第二，语文课本。语文课本是学生学习语文的主要媒介。课堂教学中的语言训练主要依托的是语文课本，因此在确定语言训练点时，既要考虑课程目标的要求，还要分析课本的特点，结合课本中具体课文在内容与形式上的特征来确定。这样就可以将抽象的、位于课程层面的语文训练要点加以细化、具体化。有了课文，语言训练点就有了具象的情境，有了训练的境脉，训练的实施就具有了可操作性。第三，学生学习的年段特点。所有训练最终的旨归是学生语言上的发展，因此在确定训练点时，必须根据学生在特定年龄语言发展的特点与需要选择恰当的点，以确保训练的有效性。另外，在整个研修过程中，还有很多方面值得大家思考与总结。如"求质不求量"。在日常的课堂教学中，教学时间是非常有限的，所以训练点不求多，不追求数量，而是要求质。求质表现以下几点：第一，选择对于这个年段的学生来说真正需要的点；第二，课本能够为这个训练点提供好的"例子"，有助于训练实施的；第三，训练点位于最近发展区，在教师指导下学生可以通过练习"跳一跳，摘桃子"。还比如"注意点与点的关系"。一个训练点不是孤立的，它总是与其他的训练点有着这样或那样的联系，这种联系包括纵向与横向两种。纵向的联系指的是同一类属的训练点之间的关系，横向联系指的是相关训练点或相近训练点之间的关系。在确定训练点时，教师不能只看一课，而应当看一册、一个年级，甚至在更大的范围，从系统的角度来考虑训练点的选择，使学生循序渐进习得相关的知识、技能与方法。在确定语言训练点时，大家还要注意"既要定点还要定评价"。教师要在确定训练点的同时思考训练效果的评价。确定训练点时，教师要对"训练什么"作出思考，同时还要需要考虑通过训练学生能"达成什么"，对达成什么的思考有助于教师在更具体、更深入、更有效的层面上对"训练什么"加以剖析，并且有助于训练步骤的细致敲定，以确保教学的有效性。

四、教学实践评价

【组员评课】

组员1：我谈三点看法。一是认为语文课要上出语文味，老师首先要有语文味儿。魏老师在这节课上指导朗读用的就是诗意的语言，这就是老师的语文味儿。二是想到了所听到的报告，看一节课时要想到老师在教什么，这节课老师在教朗读，教语言。这节课怎么教呢？主要是为学生搭建支架，比如为了学会仿写，老师就进行了很多步骤。但有异议的是，本节课学生说的话远离文本吗？学生的想象是很丰富，但是不符合课文整体的语言风格。课文中精心选取了盘古的身体部位代表，变成的事物也是世界上有代表性的事物。三是教什么和怎么教的问题，本课是一篇神话故事，需要符合神话的特点，本节课的教学也体现了这一点。

组员2：我感到非常高兴，此次教学反映了学习研讨的成果，看出了我们的课堂发生了很大的改变，即崔峦老师等提到的美丽的转身。这节课，即使不讲出教学目标，通过听课也能感受到那是语言的训练，是在发展学生的想象，发展学生的语言。比如课堂开头的检测时间很短，直接进入语句，体会品味语言，然后放手进入第四段，当积累了一定的语言之后，就引导学生去想象，开阔思维。这点非常好，很清晰。值得商榷的是：后边学生在发言交流时，说出了许多变化，包括牙齿变成了坚硬的岩石等，其实已经达到了预想的效果，但老师仍然回到了"手"的指导，仍要指导说说是什么样的手。个人认为应该抓住生成的情境，直接去品评岩石与坚硬的岩石哪个好。还有，在学生说完后，教师直接结束了课文，其实可以总结一下，现在的世界变成了什么样的，之前是混沌的，现在风清日朗，这样更能体现出盘古的献身精神。

组员3：本节课两个训练点的选择，非常到位。有一句话印象特别深，是歌德所说，文章内容人人都看得见，但涵义需有心人才能得知，其秘密隐藏在形式之中。第一个训练点，两句话排起来，找到了反义词，这是形式的问题，为什么要用相对的词来写天地的形成，最重要的是蕴藏在最后的"天和地"两个字中，除了是音韵的美感之外，还是在写天和地分开的状态，如果没体会到这个，只是停留在反反复复的朗读上，是不对的。昨天的《瑞雪图》一课，对"霎时间"的理解，老师引导学生反复读，注意了速度的快，我个人认为不是的，应该看后面的山川、田野、村庄来读。也就是说，"霎时间"的秘密不在这个词的本身，而是蕴藏在接下来的句子中。所以形式的秘密远没有发现。形式的秘密存在在哪里？首先藏在词语当中,既存在实词当中,也存在虚词当中,二是存在语序当中,三是存在各种各样的句式段式之中。

【专家评课】

关于今天的课,主要想谈两点,一是语文课教学目标的提炼与选择问题。这样一篇课文,我们究竟要教什么,原来的设计主要还是在教内容,现在最大的变化是在教语言。我们这个小组设计与修改共有三稿。先看第一稿,走进文本是最重要的,采取的方法一是引读,知道盘古是怎样把天和地分开的,二是了解盘古防止天地合在一起是怎样做的,三是知道盘古的身体发生了哪些变化,中间穿插谈话、朗读与说话的训练。第二稿的变化很大,和内容分析说了再见,目标发生了变化,设计了感情朗读、品味语言等四个目标,安排了三次说话练习。一是盘古倒下后,你仿佛看到、听到什么,把话说具体,二是盘古的身体发生了哪些变化,三是复述整个故事。这是在训练表达,这是语文。第三稿是集体备课,探讨如何展开想象,仿写句子,怎样做更有效。在研究过程中,发现前面的说话与后面的复述是没有联系的,体现不出由低到高,由复习到创造的变化,因而不是一个整体。今天的表达主要在句式的训练,前面是反复读,感受这个句子,后面是想象,能够把句子写具体,写丰富,然后转成书面语言写下来,体现了递进。尽管目标只有一个,把这个当训练点,突出重点,然后扩大,反而更有效。如果三个目标同时进行,反而最后仿写的目标不易实现,现在舍二取一,围绕一个进行,才更有效。总之,目标该如何选择?首先不是内容方面的,应是语文的目标;然后如何选好,涉及到课程开发的问题,靠的是什么?目前的语境下,只能靠老师的开发,一个是自己的功力,解读得好,有可能开发到适合学生学习的,如果功力不好,就很难符合学生的需要。不在于课堂老师的表演,而是看老师能否把握学生的起点与需要。

第二个问题,过程的设计问题。过程怎么设计?老师往往考虑一篇课文,一个环节一个环节进行,教课文的过程得心应手,现在需要研究的是学语文的过程设计。比如要教学生模仿写句这样一个知识点,应该怎么去设计。如朗读,今天的魏老师设计非常到位,当然,老师此方面的素养很好,指导很有办法。对于仿写句子的指导过程,值得我们去玩味,这种模仿句子不是粗线条的,不是打出句子后,学生自己模仿就行了。步子很细,当然怎样更合理,还需要好好考虑。学语文的过程要实实在在,非常细致。这个研究的路很长,每一步都是创新的过程,做得好就有收获。于永正老师教事物和联想值得好好学习,一般人就是读一读,想一想就过去了。上《高尔基和他的儿子》一课,于老师先让学生点评,然后再拿出自己的点评,让学生感受高水平的点评是怎样的,体现出教师的专业和思想。所以过程设计一定要精细,其实就是让学生有一个从不懂到懂,从懂到会的过程。今天这节课结束之后,我问了一个大队长,一个小队长,让其谈一谈自己的收获,学生课堂上会写句子了,但说不清楚学会了什么。所以一堂课的最后需要反思总结,让学生知道这节课到底学了些什么,强化意识。总之,教学过程怎么设计更加合理、更加有效,值得研究的问题很多,现在才刚刚起步,在座是迈得早的,我们一起来研究如何更有效,一切为了学生。

思考与练习

1. 请举例说明什么是行动研究。
2. 研究日志有何用处？撰写研究日志有哪些基本要求？
3. 请观看一节课的课堂实录，选择一个有意义的课堂教学事件，用教学故事的形式把它描述出来。

第十二章　成果表达（上）

第一节　统计图表的制作

把经过教育科研所得到的数据资料进行归类、整理和分析，是研究后期的一项主要工作。这一工作，常常需通过绘制统计图来完成。用统计图来整理数据资料，可以简明、直观地显示研究对象的数量特征，便于进一步分析、综合和比较，便于深入地揭示事物之间的联系及事物发展变化的规律。因此，统计图表往往用以反映研究分析得出的初步研究结果。下面分别介绍统计表和统计图的制作方法。

一、统计表的制法

统计表是用表格的形式表现研究所收集的数据资料的一种方式。它是对原始数据进行整理、分类和汇总的主要方法，可以避免冗长的文字叙述，便于把研究对象的特征表现出来，便于进行各个项目之间相互关系的分析比较，更系统、更明确地反映研究所提示的规律性的东西。同时，将数据资料整理成统计表，也便于研究者在整理分析资料时计算与核对。要绘制统计表，必须了解它的结构规则。

1. 结构

统计表通常包含标题、线条、主栏、数据和表注。

（1）标题。统计表的标题有两种：一种是表的总标题，要求简明扼要地说明表的基本内容，一般写在表的上端的中央；另一种是主栏和宾栏的标题，用以说明这两方面的内容，前者写在表的左方，后者写在表的上方。

（2）线条。一张统计表必须具有四根最基本的线条，这四根线条应以粗黑线划出。此外，可以根据统计表的实际需要，再用细线等加以划分。

（3）主栏。主栏用来说明所要研究的对象，通常纵列在表左边的位置。根据主栏的分组情况，可把统计表分为简单表、分组表和复合表。

简单表　指主栏不经任何分组的统计表（如表12.1）。

表 12.1　某校学生品德等第统计表

等第	优	良	中	合格	合计
分数	132	367	201	66	766

分组表　指主栏按一个标准分组的统计表（如表12.2）。与简单表相比，分组表能较深入

地显示出事物的内部结构及现象之间的发展及依存关系。

表12.2　某校学生品德等第统计表

年级	优	良	中	及格	合计
低年级	31	152	94	35	312
中年级	39	95	49	13	196
高年级	62	120	58	18	258
合计	132	367	201	66	766

复合表　指主栏按两个或两个以上的标准分组的统计表。表12.3是按两个标准分组的统计表，又可称为二项表。复合表能更深一层地显示事物之间的结构和联系，能看到事物之间交叉影响的关系。但是，如果主栏设计得不好，或毫无必要地分细，则会使统计表显得复杂，反而掩盖了所要反映的数据与事实。

表12.3　某校学生品德等第统计表

年级	性别	优	良	中	及格	小计	合计
低年级	男	10	72	47	31	160	312
	女	21	80	47	4	152	
中年级	男	14	44	30	9	97	196
	女	25	51	19	4	99	
高年级	男	27	58	34	16	135	258
	女	35	62	24	2	123	
合计		132	367	201	66	766	

（4）宾栏。宾栏用来说明研究对象的有关指标、类别等，通常横列统计表的首行。宾栏可以有两个或两个以上的划分标准。有时候，为了方便与美观，也常常将主栏的某一个分组标准放到宾栏上(如表12.4)。

表12.4　某校学生品德等第统计表

年级	优		良		中		及格		合计
	男	女	男	女	男	女	男	女	
低年级	10	21	72	80	47	47	31	4	312
中年级	14	25	44	51	30	19	9	4	196
高年级	27	35	58	62	34	24	16	2	258
小计	51	81	174	193	111	90	56	10	
合计	132		367		201		66		766

（5）数据。数据是统计表的主要内容。列在统计表上的数据必须认真计算核实。

（6）表注。在统计表制好以后，如需对统计内容有所说明，可在统计表下加注。加注可包括三方面内容：一是推断统计的结果和结论，二是统计表上所作的注的说明，三是资料来源。

2. 规则

（1）统计表的标题应指出该项研究的统计地区、单位和时间。如果一项研究中有不止一个统计表，则应在每一个统计表前加一表号。以后，在研究报告中只要依次列出各统计表，然后在报告中提到该表的内容时，在括号内注明"见表×"就可以了。

（2）统计表的两边不加纵线边框。统计表的左上角下划斜线，可以不填字；如要填字，则填主栏的分组标志。

（3）统计表中必须列出必要的合计数。一般合计都列在主栏与宾栏的最后，而它们交汇的右下角，则是总计数。

（4）每个纵列上的数据必须对齐位数。如有小数，同一栏目数字保留的小数位数必须一致。如某项应有数字而没有收集到，应以省略号"……"表示。如该项目根本没有数字，则以短线"—"表示。如果某项的数据为零，则应填上"0"。如连续几个数字相同，必须逐个标出，不可写"同上"、"同前"等。数据是百分比的，则百分比的总和应为100%。如果统计表的资料是摘记其他资料的，则可在统计表的下方注明。

统计表除了能简明扼要呈现数据资料外，还能对收集的原始数据进行整理和运算。最典型的是频数分布表，这在第五章第一节已经讲述，这里就不赘述了。

二、统计图的制法

统计图是显示数据资料的另一种方式。与统计表相比，它更形象、更通俗，使人一目了然，便于粗略地比较分析，并富有宣传鼓动作用。要绘制统计图，必须了解并掌握它的规则和种类。

1. 规则

（1）图的标题以能正确表现指标的内容为原则。有时可附以小标题及注解。标题文字力求简明扼要。标题一般写在图的正下方。

（2）图内应标明依据的数字。如在图内未标明数字，则应将数字写在文字说明之内，或附以统计表。

（3）图内资料配置一般应从左到右

（4）图形必须准确地按比例绘制。图内应标出零点，它应是纵横坐标的出发点。如图内未标零点，则应在图内画出波纹和锯齿状线。零点线是基线，应画得最粗，以便与其他辅助线相区别。

（5）可用多种不同的线来表现现象的数值。但是，必须与其他辅助线相区别。有时为了表示某种线的重要性，通常可用稍粗的线来表示。

（6）图内不应载有过多的材料。读数标尺的数字应视标尺的横直写在标尺的下方或左方。材料来源应附于图的左下方。

（7）在绘图布局上要求结构匀称。要求聚散有致，线条准确整齐，文字工整大方，图形位置恰当。要不偏左不偏右，不顶天不撑地，位于中央。

2. 种类

教育统计图是根据统计图绘制的一般规则,结合教育的任务和要求绘制的。教育统计图种类很多,下面仅介绍常用的条形图、圆形图、像形图等的作用和绘制方法。

(1) 条形图。条形图是以条形的高低或长短来比较统计指标的几何图形。它的主要作用在于将同类指标的不同数据加以比较。

条形图有纵列和横排两种形式,前者称为柱形图(见图12.1),后者称为带形图(见图12.2)。按图形中被比资料的组数可分为简单条形图(见图12.1和图12.2)和复合条形图(见图12.3和图12.4)。

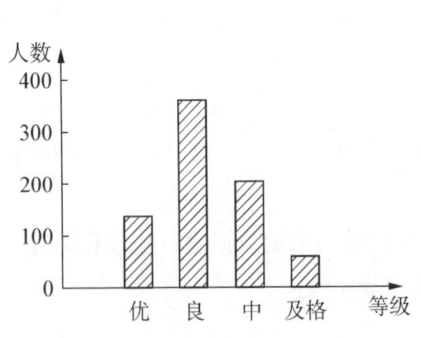

图12.1 某校学生品德等级统计图

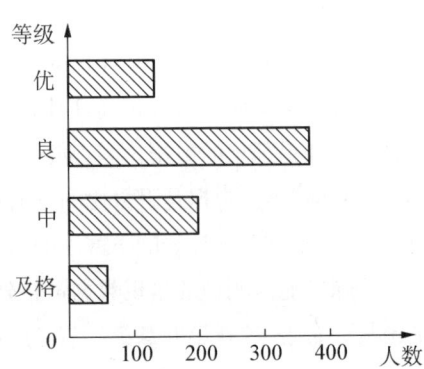

图12.2 某校学生品德等级统计图

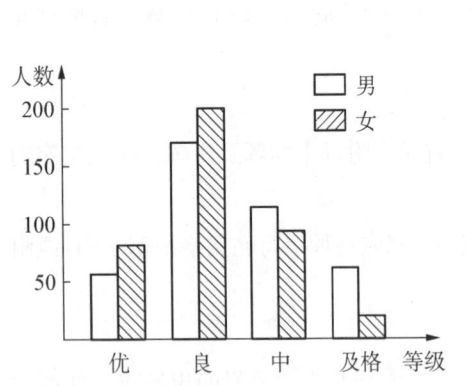

图12.3 某校学生品德等级男女生对照统计图

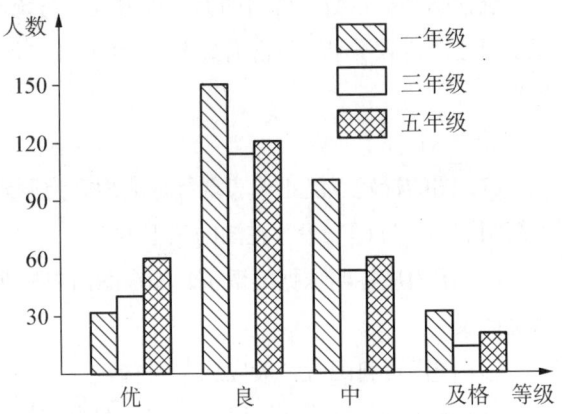

图12.4 某校学生品德等级对照统计结果

绘制条形图还需注意下列要领:

各条形的宽度要相等。条形图的特点是以条形的长短或高低来表现统计数字的大小,如条形宽度不等,则容易引起错觉。代表不同事实的条形应绘以各种线条或色彩,以资识别。

各条形之间的距离相等。如果距离不相等,则可能影响比较的效果。

作基线的标尺一般应从零点开始,这样能正确地反映出指标间的比例关系。

各条形的排列应有一定的次序(如时间顺序、数字大小和习惯排列顺序等)。

(2) 圆形图。圆形图是经常用以说明总体结构的图形。通常用图形代表现象的总体,用百分比来表现其中各个组成部分(如图 12.5)。

圆形图绘制的要领是计算出图各扇形的圆心角的度数。由于扇形面积与圆心角成正比例,圆的圆心角是 360°,所以百分之一的圆面积的扇形对应的圆心角等于 3°36′,得到的度数便是各组成部分所对应的扇形的圆心角度数。

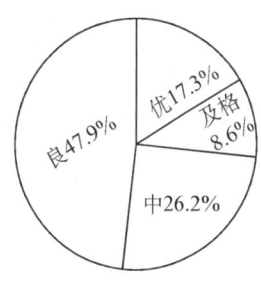

图 12.5 某校学生品德等级统计结果

(3) 曲线图。曲线图以曲线的高低和斜度来表现统计资料,它可作为表明现象的动态及现象间的依存关系之用,也可以作为表现总体单位分配之用。第五章第一节中介绍的频数分布多边图是常见的曲线图。

(4) 像形图。像形图以具体形象的大小或多少按比例表现统计资料。像形图如果绘制得当,则很引人注目,这是因为具体形象比起其他图形更易给人以深刻的印象。绘制这种统计图时,首先应确定每一具体形象代表的数值,然后按照统计资料确定形象的数量加以绘制。

利用统计图反映教育事实,虽然有许多优点,但是从图中得出数据,往往是不准确的,要使数据准确还须借助于统计表。在科研报告中利用图形来表现数字资料时,应附以制图所根据数据的统计表,作为研究参照。

第二节　经验总结的撰写

经验总结指我们在完成某项工作或某项任务后总结由实践得来的新认识。它又可以分为全面经验总结和专项经验总结。

经验总结侧重于总结成功的经验,一般用于总结某学校或某教师在某方面工作的较系统、较典型的成功做法。如果某种教育方法或某种教育活动在实践中遭到失败,也应该认真总结出教训。这样的总结是反面经验的总结。我们应该在教育实践中不断总结出正反两方面的经验。

一、经验总结的作用

1. 增强自觉意识

通过总结,可以使我们全面系统地回顾以往的学习、工作以及生活情况;形成自我批评的风气,养成调查研究的习惯;克服盲目性,增强自觉性。

2. 获得经验教训

通过总结,可以使我们从成功中获得经验,从失误中吸取教训,从而发扬成绩,改正错误,少走弯路,提高效率。

3. 提高认识水平

通过总结,可以使我们从实践中引出规律性的东西,作出指导性的结论,不断深化对客观事物的认识,实现从感性到理性、从实践到理论的飞跃。所以说,总结不只是回顾实践、陈述情况,主要还是对以往实践的一种理性认识。

4. 加强科学管理

总结是"计划──→实施──→检查──→总结"这几个管理环节中不可缺少的一环。它既是实施计划的最后一个环节,又是制定新计划的前提。做好总结,能使我们有个新起点,开辟新局面,跃上新台阶。

5. 提供科研依据

小学教育科学研究必须在小学教育工作取得实践经验的基础上进行。写好经验总结,才能提出科学问题,作出合理假设,订出研究计划。因此,经验总结是科学研究的前奏,是科学研究的依据,是科学研究初始阶段的成果。

二、经验总结的特点

经验总结是一种研究性的应用文体。它有着自身的实践性、表述的证明性和结论的指导性等特点。

1. 自身的实践性

经验总结是对本地区、本单位或作者本人自身实践活动的反映。因而,紧紧抓住并完全忠实于本单位自身的实践活动,就成为总结的一个基本特点。所谓自身的实践性是指:总结的对象,只能是从自身实践活动中抽象出来的认识;总结的材料,只能是实践活动中真实具体的材料。

2. 表述的证明性

经验总结要用自身实践活动中真实的典型材料来证明它所提出的各个判断(例如,对于工作状况的基本估计,对于经验的概括,对于科学实践实验结论的抽象)的正确性。

3. 结论的指导性

经验总结的目的是对已经历的时间进行分析、研究,并提高到理论高度加以认识,从而抓住事物的本质,找出事物的规律,指导今后的实践。离开了指导性,总结就失去了意义。

三、经验总结的要求

经验必须从典型的材料中科学地概括出来。这就要做到:

1. 材料真实

用事实说话是指要运用具体的情况、具体的数字、具体的做法、具体的问题来阐述经验。总结经验时也可以发议论,但必须以具体事物为出发点。对于材料的选择,要注意它的真实性,有一是一,有二是二,既不夸大,也不缩小,切忌假、大、空。

2. 事例典型

为了总结教育工作中的经验,所列举的材料除了必须真实之外还应当典型。就是说,不能堆砌材料、罗列现象。用来说明经验的材料,不应从个别特殊例外的事例中挑出来,而应从大量普遍存在的事实中选取。

3. 概括科学

经验总结,是由对个别事物特性的认识,概括为对它所属的同类事物的认识。概括的科学性表现为如下三点：

(1) 广泛的求同。追求尽可能广泛的共同点，使之对同类教育活动具有普遍的适应性。

(2) 严密的限制。应对经验总结加以尽可能严密的限制，以防止概括过宽。

(3) 科学的原理。以公认的原理作向导，使概括出来的经验既得到典型材料的支持，又符合科学原理，并以教育科学理论作为衡量这个经验是否有推广价值的标尺。

4. 就事论理

总结经验必须用典型的事实、材料来说明由实践得来的新认识。这里的"事实、材料"就是"事"，"由实践得来的新认识"就是"理"。总结经验，既不能就事论事，也不能就理论理，而应该就事论理。通过就事论理，提高认识水平。

5. 行文简约

经验总结的行文应当简洁明确，说清观念和事实。

四、经验总结的结构

经验总结在写法上比较灵活多样，通常由标题、前言、正文、落款这四部分构成。

1. 标题

总结的标题要根据总结的目的要求和具体内容来决定。

(1) 全面总结的标题。包括单位名称、内容（有时加期限）和总结类别这三部分。例如，《广场路小学2003年下学期工作总结》。

(2) 专题总结的标题。专题总结的标题有三种写法：一种是交代总结哪一方面的经验，如《怎样组织好阅读教学中的课堂讨论》、《阅读教学中的课堂讨论》等。第二种是概括总结出来的经验，如《抓好"引起、展开、深化、归纳"四个步骤》。第三种是除正标题外还加上副标题，一般是正标题概括总结出来的经验，副标题标明总结哪方面的经验。例如，《引起 展开 深化 归纳——怎样组织好阅读教学中的课堂讨论》。

2. 正文

(1) 前言。前言部分是对总结的背景交代。这个部分大致有以下几种写法：交待总结目的和总结的主要内容；介绍总结单位的基本情况（这种前言多用于公开发表或向外单位介绍经验）；把取得的成绩扼要地写出来使读者对总结先有一个大概的了解；概括说明总结的指导思想以及是在什么情况下作的总结，等等。

前言要求写得全面概括，简明扼要，点明中心。可有前因后果、来龙去脉的交代，可有成败得失、经验教训的总叙，可有纲要内容、基本数据的介绍。背景交代要少而精，忌假话、套话、空话。

(2) 主体。主体可以写基本的概况、成功的经验、失败的教训这几方面的内容。

基本概况 是主体的开头部分。它或是对工作的主客观条件以及工作的环境和基础进行分析；或是概括所总结的这方面工作的全貌、背景；或是说明总结的指导思想或成果；或是将主要的成绩、经验、问题扼要地提出来，先给人以总的印象，作为下文的铺垫。总之，要依照总结内容的不同灵活掌握。下面这篇《怎样组织好阅读教学中的课堂讨论》的经验总结，在基本情况部分概述了课堂讨论在阅读教学中的作用，以及课堂讨论的基本步骤。

课堂讨论是小学阅读教学中常用的一种教学手段。它是在教师的引导下,环绕课文中某一个主要问题,组织全体学生各抒己见,或者通过相互补充,使对问题的认识由片面趋向全面;或者通过相互交流,使认识由肤浅逐步深化;或者通过相互辩论,使认识由错误转向正确。凡属有效的课堂讨论,一般都有"引起、展开、深化、归纳"这四个步骤。

成功经验 要对客观实际情况进行分析、归纳,总结出工作的成绩和经验,以及取得这些成绩、经验的原因、做法和体会。这一部分是总结的重点。仍以《怎样组织好阅读教学中的课堂讨论》这篇教学经验总结为例,它总结了这么四条经验:一是要提出问题,揭示矛盾,引起学生讨论;二是要打开思路,引导学生各抒己见,展开讨论;三是要体情察意,引导讨论由表及里,使讨论深化;四是要正确及时、言简意赅地做好归纳。这几条经验都概括得比较正确,而且它们之间有内在联系:"引起"以后,紧接着就要"展开"。但讨论的根本目的在于提高学生的认识,发展他们的认识能力,因此在讨论展开后,要掌握火候,选择时机,引导学生沿着讨论要求的方向深入。在讨论深化的过程中,教师还得随时把学生表达的比较模糊的意见归纳得明确些,指出他们之间的分歧,使讨论的焦点更集中。还要及时肯定正确的意见,防止讨论因莫衷一是而不能深入下去。最后,还要用简洁明了的话来归纳讨论结果。例如在《怎样组织好阅读教学中的课堂讨论》是这样说明"要提出问题,揭示矛盾,引起讨论"这条经验的:

讨论是由问题引起的,但不是所有的问题都能引起讨论,也不是所有的问题都值得引起讨论,更不是所有的问题都能收到讨论的时效。能引起讨论的问题,必须符合下列要求:

一是必须具有一定的深度和广度。例如,在《会摇尾巴的狼》这篇课文中,像"狼对老山羊说了哪些漂亮话?"这一类问题就引不起讨论,因为在课文里很容易找到这个问题的现成答案,学生只要照本宣科即可,无须讨论。如把这问题改为"为什么狼说的这些话是漂亮话?"就成了一个很好的讨论题。因为它需要学生紧扣狼说的话进行分析、比较、判断、推理,有一定的深度和广度,只有全体同学集思广益,才能达到正确理解。

二是必须抓住教学的重点。前面提出的"为什么狼说的这些话是漂亮话?"这个讨论题包含了全文的主要内容。通过对它的讨论能揭示狼的本质,还可以提出"为什么狼说了这么多的漂亮话还是骗不了老山羊?"的问题供大家讨论,以帮助学生懂得怎样识别伪装的坏人。这两个讨论题对理解课文的语言文字及它的寓意都大有好处。如果在这篇文章的教学中,离开了教学重点,讨论"狼是怎么会掉进陷阱里去的?""狼有没有被猎人收拾掉?"尽管学生想象丰富,讨论热烈,气氛活跃,也是不足取的。

三是尽量在讨论题中把矛盾揭示出来。讨论题把矛盾揭示得越突出,就越能激发学生解决这一矛盾的兴趣和热情。例如在"老山羊是怎样把狼认出来的?"和"为什么狼说了这么多的漂亮话还是骗不了老山羊?"这两个问题中,显然后者要比前者更能引起学生的讨论。这是因为后者把"狼说了这么多的漂亮话"与"还是骗不了老山羊"这对矛盾明显地揭示出来了。

失败教训　这一部分应该指出总结的这一专题尚有哪些方面还没有认识,有哪些规律还需要加深认识或有待于进一步在实践中检验。

（3）结语。结语是经验总结的最后一部分。在这部分中,有的是对全文进行归纳总结;有的是写今后的努力方向和打算;有的则指出工作中存在的问题和缺陷,等等。结尾要简短、有力、自然。

3. 落款

落款主要包括署名和日期。单位总结的署名,或在标题中,或在标题下,文后就不再署名了。个人总结的署名,一般写在文后的右下方。总结的日期,如是单位总结,一般写在标题中或标题下;如是个人总结,则写在文后个人署名的下面。

五、经验总结的写作

1. 结构的方式

主体是文章的主要部分,通常有纵式结构、横式结构、纵横交错结构这三种结构方式。

（1）纵式结构。是按照人们认识事物的过程或按照工作发展进程安排层次。这种结构便于反映事物发展的全过程,易于看出工作进展情况和思想认识的过程。

（2）横式结构。是按照内容的逻辑关系来安排层次,或先主后次,或先因后果,或逐层深化,形成或并立关系,或承接关系,或条件关系的各个部分。这各个部分既环绕一个中心,又有相对的独立性。这种结构中心明确,使人容易掌握总结的主旨。

（3）纵横交错结构。这种结构既按先后顺序,又注意内容的逻辑关系。它不仅能体现事物的发展过程,又能从每个阶段总结出既相互联系又相对独立的几条具体经验。

2. 经验总结的写法

经验总结有两种写法:一种是概括出各条经验,然后举例说明;另一种是总的举例分析,然后概括出经验。不管哪一种写法,都要注意下面两点:一是每条经验的概括要准确,各条经验之间要有逻辑联系。二是采用夹叙夹议的写法,以情况、过程、做法来充分说明经验。

六、经验总结的误区

1. 记流水账

一篇总结要写明主要经验是什么,主要问题是什么,让人看了一清二楚。不要过细地罗列各种材料,过多地叙述事情经过,让人不得要领,也不要照顾方方面面,没有"主脑"。

2. 老生常谈

要总结出具有指导意义的经验和有借鉴作用的教训,叫做有"新意"。不一定新情况才有新意,老情况也可以出新意。有了新意才能总结出它的独到之处,总结出解决问题的新做法、新见地、新经验。经验总结不能没有新意,那些老生常谈是总结不出新意的。

3. 随意解释

在有些总结中,会遇到这种情况——结果只有一个,原因却随意变来变去。比如一件好人好事,在"学雷锋树新风"活动的总结中,说是开展学雷锋活动的生动例子;在思想政治工作的总结中,就说成是做深入细致思想工作的结果;在"两个文明一起抓"的总结中,则说成是在抓"物质文明"的同时,又抓了"精神文明"的结果。这样随意解释,使例子到处适用,结果是经验腾空不落实地。

4. 言过其实

总结对工作的评价应恰如其分。例如,工作有成绩,是"伟大的成绩"、"很大的成绩"、"较大的成绩",还是"一般的成绩"?必须实事求是。有的总结是报喜不报忧,或多报喜不报忧。这种毛病使总结以偏概全,扭曲了客观事实。

5. 笼统模糊

总结里常有"基本上"、"大多数"等词语。用多了就笼统了,最好用具体数据。

第三节 研究报告的撰写

一、撰写研究报告的作用

撰写研究报告是教育科学研究工作的最后一个环节,它的目的在于总结研究的工作。研究报告能表明研究者的立场、观点和方法,反映研究工作的全过程,也能反映研究者研究这个课题的专业水平和创造能力。

研究报告同工作总结不同:工作总结是写给领导看的,或者是为了向本部门的同事作汇报;研究报告的读者对象则不限于本单位的同事,而是广大的同行。虽然研究报告的对象如此广泛,但这些对象又不一定非要看你这份报告,只有当你的报告具有吸引力和说服力的时候,才会引起大家的注意。这一切,都取决于报告的质量。高质量的研究报告会产生极大的影响,不仅会引起区、县内同行的关注,而且能扩大到一个市、一个省,扩大到全国,甚至会引起国际上的关注。

二、决定研究报告质量的因素

一个研究报告是否有意义,要看它在理论上能不能站得住脚,在实际中能不能应用。研究报告的质量好不好,是由许多因素决定的。

1. 报告的质量取决于研究的质量

如果我们的研究工作做得很好,每一步都扣得很紧,我们的报告才有内容可写。

(1) 选题要有价值。例如,小学中普遍存在着怎样提高差生的学习成绩、怎样培养差生能力的问题(各个学校、各个年级、各个学科都是如此)。如果你选择了这个范围内的课题,解决了别人没解决的问题,写成了研究报告,人们都会喜欢看。

(2) 研究计划要完善、周密。例如,条件控制得怎样,指标定得怎样,等等。

(3) 搜集的材料要完整、简明。

2. 报告的质量取决于研究者的水平

(1) 研究者的分析综合能力。它表现在研究者能不能对他所搜集的材料进行取舍,从而把最能说明问题的材料经过统计处理列出来。

（2）研究者的逻辑思维能力。它表现在研究者能不能对他所用的材料进行由表及里、由此及彼、由浅入深的推理、论证，使之既有一定的理论性，甚至学术性，又能联系实际，指导实践。

（3）研究者的文字表达能力。研究者要善于表达，使研究报告写得条理清楚，生动明快。

三、研究报告的基本结构

由于研究课题不同，研究方法各异，研究时间的长短不一，因而报告不一定要用同样的格式。但一般来讲，报告总有以下几个部分：

1. 研究的题目

题目最好简短扼要，但必须反映研究的主题。

（1）点题式。例如"地理教学中，用挂图讲解和作图讲解两种教学方法效果的比较实验"。也可以用不点题的题目，如"影响儿童理解句子的几个因素"（哪几个因素不具体指出）、"三种识字方法的对比"（哪三种方法不讲）。

（2）提问式。如有篇调查报告的题目是"她为什么两次自杀？"分析自杀心理，这个题目很吸引人。

2. 问题的提出

在报告的一开头先讲清研究的目的，为什么要研究这问题，要揭示出研究这问题的背景。如这问题过去有人研究过吗？结果怎样？这个问题在当前教育实践中有什么争论？在理论上有什么分歧？在实践上有什么意义？等等。把这些情况讲了以后，再提出所要研究的问题就能站得住脚。例如，在一篇"影响儿童理解句子的几个因素"的文章中，一开头先提出句子的意义、语法的结构同理解句子有关，关于两个因素在当前心理学界有争论。总之，要把自己的研究放在一定的背景上，纳入某个系统里，才能显示出该选题的重要性。如果在报告的开头先把某项研究的理论意义、实践意义以及当前存在的一些倾向性问题及分歧都揭示出来，就能使研究报告有更大的针对性。

3. 研究的方法

交代研究方法要具体，而且要条理清楚。无论是调查研究，还是实验研究，被研究对象的情况、人数、在什么时候研究、怎样取样、控制哪些条件等，都要交代清楚。在讲方法的时候，应当把一些操作定义交代清楚。例如，"三种教学方法的对比实验"应当讲清楚什么是讲授法，什么是自学法，什么是讨论法。每一种方法都应有特定的含义。每一种方法的教学过程都应加以限定。还有，实验过程中老师讲的比较重要的指导语也要写进去，这样使人能看得懂，而且可重复实验。

4. 研究的结果

研究结果中最重要的是数据及素材。

（1）数据要用图和表形象地表示出来。一般用得较多的是表格，如果有数据用直方图、曲线图、折线图来表示，那就更一目了然。

(2) 研究的结果最好是一般与典型相结合,数据与事例相结合。如"自学法比讨论法哪一种更有利于提高差生的成绩"这样一个实验报告,结果部分除了要有一般数据,即优等生平均提高了多少分、差等生平均提高了多少分之外,最好还有几个典型的差等生例子,描述他们本来的成绩如何,现在的表现如何。这样能使我们的报告呈现立体感。还可拿出差生实验前和实验后的作业对比,或者写出他们对自学法的反应,使报告既有深度又形象生动。

5. 讨论

凡是与研究课题有关的问题都可以提出来讨论。例如,可以分析讨论本课题在研究方法上的特征,因为只有研究方法的科学性才能保证研究结果的可靠性。还可以讨论研究结果与人家的研究结果是否一致,如果不一致,则应分析原因。讨论部分还可以对所获得的研究结果作理论上的分析,论证为什么会得到这个结果。例如"地理教学中挂图讲解与作图讲解效果比较"一文,就从心理学角度分析了为什么作图讲解比挂图讲解效果要好的原因。也可以对研究结果提出一点疑问,例如,上文作者也分析到挂图讲解是传统方法,作图讲解是新采用的方法,会使学生感到新鲜,可以提高兴趣,因而实际上实验效果中还包括了新奇性这一因素。这种分析讨论是实事求是的。此外,讨论部分还可根据研究结果提出一些建设性意见。

6. 结论

结论部分,可概括成几点:自己研究了什么问题,有什么结果,这结果说明了什么问题。还可指出:根据这个研究,下一步应深入研究什么问题,这部分要尽量写得简洁。

7. 参考文献

报告的最后还要说明,研究这个课题时,看了哪些文章、哪些资料。参考文献部分可以反映研究水平,也可给读者开扩思路。

以上几个部分也可以合并起来写:有时研究目的和方法可以一起写;有时研究的结果和分析可放在一起写——一边列出结果,一边进行分析,一边进行讨论。报告的格式可以灵活些,不一定要千篇一律。

四、应注意的几个问题

1. 不同类型的研究报告在写法上要有区别

(1) 教育调查报告。在取样方法方面要着重交代运用哪一种抽样方法;在实施方法方面,要着重交代怎样做到在自然状态下了解对象。写调查研究的结果,最好是一般和典型相结合,数据与事例相结合,它主要运用计数数据说明两个教育现象之间有无联系。

(2) 教育实验报告。在取样方法方面,要着重交代是怎样配等组的;在实验方法方面,要着重交代确定自变量的水平,控制无关变量的措施,测试因变量的指标。它主要运用测量数据说明两个变量之间有没有因果联系。

2. 观点和材料相结合

(1) 研究报告一定要有具体材料。要重事实,从事实中引出观点,而不能用含糊的措词来代替具体的数据。

(2) 研究报告要防止罗列材料。不要罗列与研究结果关系不大的材料,而要对具体材料作中肯的理论分析。

(3) 研究报告要防止由错误观点和方法推出错误的结论。

(4) 要防止把对虚假材料所作出的"统计学结论"当作科学结论。既要防止从一种科研内容所得的事实材料做出另一种科研内容的结论,也要防止从"因果倒置"或"同时"发生的现象中,推出因果关系的结论,还要防止从可能有很多原因的事物中,推出唯一的原因的结论。

(5) 要在保证科学性的前提下尽量通俗、生动。

3. 应以研究方法和结果为重点

研究的价值是以方法的科学性和结果的可靠性为条件的。看研究报告主要应该看方法和结果部分,这两部分看了以后,已知道这篇文章的科学性如何,所以我们写研究报告,主要力量要花在方法和结果部分。方法部分要讲得清楚,交代具体,条理分明。结果部分要形象化,能吸引人,说服力强,有图、有表、有说明。

4. 分析讨论要实事求是

权威的观点,当时的舆论可供研究,但不要被其左右。

5. 材料收集后要深思熟虑

在考虑时,要反复核对有关的资料。酝酿好了后写出详细的提纲。写好提纲拟初稿时,先要注意逻辑上的程序,使意思连起来,文字上修饰可放在下一步。

最后,要注意避免一种倾向:研究报告一发表,研究工作也随之结束。我们教育科学研究的最终目的,是为了更好地应用于实际,在实际中推广,而不是为了发表。不管能不能发表这篇报告,我们都应当尽量在实践中应用,应用之后还要进一步研究。

案例:实验报告

小学三年级数学思维能力训练的实验报告

陈德煜　李根绨　程　卫

一、问题的提出

智力包括注意力、观察力、记忆力、想象力和思维力,"思维力是智力的核心"。小学生升入三年级后,教学内容加深了,学习成绩往往下降。为了防止这样的现象,我们试图在数学教学中对学生进行一些思维方法的训练,以提高他们的思维能力。

二、研究的方法

1. 选择实验对象

为了使实验具有代表性,特选择条件较好的徐汇区第一中心小学和条件较差的肇嘉浜路小学为试点,从各校选一个中等程度班级的三年级学生作为实验对象,另暗设一个控制组。

2. 确定实验类型

根据基础知识测定结果,从实验组和控制组中按成绩分类各选 20 名学生配成等组进行实验。实验组共 40 名学生,分为甲、乙两组,控制组 20 名学生。

3. 明确操作定义

(1) 数学思维能力训练,是指用一定时间、有意识地按逻辑思维方法,结合教材内容编写训练题让学生学习。

(2) 实验不增加课时,不增加学生负担。每周进行思维训练的课时从原规定教学时间中抽出 1/7—2/7,但原有数学课本的教学任务不减少。这就必须对课本上教学内容重新安排,凡学生能独立掌握的教学内容,老师不再重复,或只稍加指点。

(3) 数学思维训练的方法是教师示范,通过分析、比较、教师点拨、师生共同讨论等形式,当堂作业,及时取得反馈信息。不布置回家作业。

4. 思维训练内容

数学思维训练内容是根据逻辑思维内容编写的,共分以下 6 个单元:

(1) 概念的理解与数量关系。

(2) 概念的联系和判断。

(3) 比较、抽象、概括和推理。

(4) 分析和综合训练。

(5) 认清条件,分析问题,解决问题。

(6) 思维灵活性训练——一题多变和一题多解。

5. 控制条件

实验组除按实验计划规定的时间和训练内容进行数学思维训练外,其他一切教学活动均与控制组相同。

6. 实验时间和实验步骤

实验从第二学期的第 7 周开始至第 18 周结束。第 7 周进行基础知识测定(书面),根据测定成绩配等组;第 8 周起进行思维训练;第 18 周进行书面效果检查。检查包含基础知识和思维能力两部分,分两次进行,每次限时 40 分钟。

三、实验结果

第一步,将实验前实验甲组与控制甲组,实验乙组与控制乙组基础的测定成绩作比较并作 t 检验,得知在基础知识方面,实验组和控制组在实验前后的平均成绩无显著差异。

第二步,实验结束时,对实验组和控制组学生的思维能力进行效果测定与 t 检验,结果得到:实验甲组与控制甲组:$t_1 = 2.194 > t_{(38)}0.05$;实验乙组与控制乙组:$t_2 = 2.885 > t_{(38)}0.01$。

第三步,为了进一步检查实验效果是否具有普遍意义,在实验结束时,以上述测定题在与实验组水平相当的一个平行班(外校)进行测试,再按基础知识近似情况配对,定为参考组,以作比较。经 t 检验得知:基础知识方面,实验组和参考组无显著差异。思维能力测定方面,实验甲组和参考组有显著差异,实验乙组和参考组有非常显著差异(见下表)。

实验组与参考组思维能力测定成绩比较

	n	$\bar{x}$	σ	显著性水平
实验甲组	20	14.25	6.855	$t=2.5367$
参考组	20	9.30	6.173	
实验乙组	20	15.70	7.376	$t=3.1144$
参考组	20	9.30	6.173	

第四步，为了更清楚地了解实验学生在训练后思维能力具体的增强程度，我们再将思维能力测定题的各题得分率与控制、参考组作进一步比较。

实验组与控制组、参考组的思维能力测定的得分率比较

	1	2	3	4	5	6	7	总得分率
实验甲组	72.5	37.5	22.5	82.5	77.25	45.0	18.25	50.89
实验乙组	82.5	62.5	35.0	75.0	62.25	50.0	25.0	56.07
控制组	47.5	45.5	5.0	65.0	45.0	25.0	13.75	35.18
参考组	42.5	36.25	10.0	63.75	50.0	20.0	10.0	33.21
平均得分率	61.25	45.31	18.13	71.56	58.75	35.0	10.83	43.84

第五步，通过本阶段实验，我们进一步根据基础知识与思维能力测定情况作相关研究，得到如下数据：实验组、控制组和参考组学生基础知识得分与思维能力得分的相关系数为：实验甲组 $r=0.538$，实验乙组 $r=0.577$，控制组 $r=0.411$，参考组 $r=0.383$。相关系数表明了基础知识与思维能力呈正相关，体现了知识与能力的一致性。实验中我们也发现了高分（基础知识得分50分以上）低能（思维能力得分在8分以下）的现象，但只是个别学生。

四、分析和讨论

1. 分析以上的数据，可以得出以下结论

（1）实验表明，对基础知识等同的学生，如果加强了思维能力的培养，则思维能力较强。思维能力可通过有意识训练而赋予学生，适宜的思维训练是必要的。

（2）实验前后，实验组与控制组学生之间的基础知识无显著差异。是不是这样的实验无助于学生基础知识的提高？我们认为原因是测查的基础知识重在基础，难度不高，人人可以掌握。由此可见，在评价学生的数学成绩时，只从基础知识着眼，忽视考查能力是不合理的。测验题目要针对所考查概念的内容，选择那些尽可能少地依赖于现成知识和尽可能多地依赖数学思维才能解答的问题。要通过学生对知识、技能的掌握水平来考查制约其数学思维能力的因素，就必须这样做。

（3）相关计算表明：基础知识与思维能力呈正相关，且实验组的相关系数高于控制组或参考组。由此可见发展学生思维能力必须打好知识基础，但片面地加强基础，而忽视能力培养有可能出现高分低能现象。

2. 讨论

（1）实验班学生每周只能在规定的数学教学时数内抽出 1/7—2/7 时间进行训练，相隔时间较长，由于要控制实验材料使之不影响对照班，每次训练内容只能写在小黑板上，作业也限于当堂完成，因此训练不够巩固。为此，提出下列问题以供讨论：对学生进行数学思维能力的训练，是独立进行好还是结合数学课进行好？要不要单独编制训练内容？

（2）实验结束后，我们进一步调查学生对实验的意见，两个实验组学生 38 人（缺席 2 人）中，赞成实验的 32 人，不赞成实验的没有，持模棱两可态度的 6 人，说明大多数同学欢迎这样的实验，积极性很高。是什么因素促使学生乐于参加？有待研究。

主要参考文献

1. 林崇德.小学儿童思维灵活性发展的研究[J].心理学报，1984(4).
2. （美）杰克·富兰克尔.发展学生思维能力的教学方法[J].外国中小学教育，1983(4).

思考与练习

1. 调查报告与实验报告在写法上有什么区别和联系？
2. 按本章的要求写一篇科研报告。

第十三章 成果表达（下）

第一节 学术论文概述

要了解学术论文,首先要了解什么是论文。有些学校编了教育论文选,我们打开一看,其中有的文章不像论文,倒像是总结。那么,什么是论文？论文有哪些特点呢？弄清这个问题是我们这章内容的重点。

一、论文与总结的区别

下例是鲍毅老师发表在内部教育刊物上的一篇教学经验总结,总结了他在指导学生写擦窗的作文的过程中,"引导学生学习从多角度选择文章立意来写好作文"的经验。

指导学生写擦窗

作文教学要加强能动性。所谓"能动",就是要求我们摒弃固定的教育模式,否定内容统一、思想步骤一致的做法,而去注重感情激发,引导学生从多角度选择文章立意,学习写好作文。实践证明,这样进行作文教学,可以避免小学生作文千篇一律的现象。

例如,我在指导学生写擦窗的经过和结果时,引导学生根据自己的生活经验来写。我对学生说:"我想知道有哪几位同学在第一次擦窗时就学会了本领。"接着,让这些学生相互补充擦窗的几个正确步骤。然后又说:"哪些同学在擦窗时遇到了困难,说说你遇到了什么困难。"有的同学说:"腰酸背痛";有的学生说:"模模糊糊成了大花脸"。最后,我又问:"有哪几位同学没有学会本领？"有的同学说:"我用力过猛,玻璃窗上的小钉子一松,玻璃掉了下来,摔了个粉碎。"有的学生说:"玻璃窗上还有许多斑点,擦不干净。窗外邻居家的小朋友在踢球,我忍不住,扔下抹布去玩了。"经过这样的点拨,学生就能结合自己的生活经验,把擦窗的经过、结果生动地写下来。下面举三个例子:

（1）我照着妈妈的样子,先用湿布擦去那结在窗上的斑点,然后再用干抹布上下左右来回擦,擦了正面又擦反面,不一会儿,玻璃明晃晃的,没有一点斑迹。我别提有多高兴了。

（2）我拿起一块干抹布在用鸡毛掸子掸过的窗上,使劲地擦了起来。擦了一会儿,那些斑点还是纹丝不动。这时候,我只觉得腰酸背痛,真想不干了。可是一想起好朋友王刚曾批评过我"做事有头无尾",我又耐着性子擦了起来。可擦了一阵子,仍然没有效果。我问正在埋头扫地的李慧玲,怎样才能把窗擦干净。她说:"得先用湿布擦,再用干布擦。"

我照着她的话试了一试,嘿,真灵!玻璃一会儿就被擦得晶莹闪亮。没想到这么一个小小的本领,也有学问在里边。

(3)我用湿布三下两下地就把玻璃窗上的斑点全给擦去了。我正高兴自己找到了这么省力的擦窗办法,谁知那玻璃窗被风吹干以后,白花花的,像个大花脸。我生气地把那块抹布再浸湿,又爬上窗台,对准那块玻璃猛擦起来。大概是抹布勾住了窗框上的小钉子,加上那块玻璃本来就只用一两个钉子固定着,我一伸手,"哐"的一声,玻璃掉在地上,摔个粉碎。我一恼火,扫去那些碎玻璃,就去看电视了。擦窗的本领,我还是没有学会。

从上述三个作文片断可以看出:由于学生有过经历,所以写作时只要教师多加启发,就能从多种角度引导学生写出立意不同的文章来。上面这些片断,有的写很愉快地学会了擦窗本领;有的写经过辅导也学会了擦窗,并从中悟出一个道理;也有的写因为没有学会擦窗而感到懊丧。这样的作文,有血有肉,读起来耐人寻味。以往,我们硬性规定作文的内容和格式,这种教法很不讲道理。似乎一擦窗,就非擦干净不可。其实,这里有一个"怎么擦"、"会不会擦"、"擦得怎么样"的问题。每一个学生可以根据自己的经历,确定自己的立意,来完成命题作文。

现在,我们把这篇教学经验总结改写成论文。这篇论文与上文的议题相同,篇幅相似,请你看看它们之间有什么区别。

引导学生多角度立意

作文是一种创造性的活动,但目前小学作文却有一个通病——雷同。要治愈这种通病,除了要丰富学生的生活,使他们能写出不同的内容之外,还可以引导学生对同一个内容从不同的角度来立意。

要求学生对同一内容从不同的角度来立意,是合情合理的。这是因为:(1)不同的学生有不同的个性特点,不同的思想感情,不同的兴趣爱好,不同的能力水平。(2)不同的学生是以不同的身份参加同一活动的,是以不同的态度对待这项活动的,是从不同的角度来体察这项活动的,这样就会有不同的感受。例如,大家都参加擦窗的劳动,情况却大不一样;有的是班里的卫生员,负有带领大家擦好窗的责任,有的只是一般的参加者;有的负责提水,有的负责擦抹;有的爱劳动,有的不爱劳动;有的帮别人擦,有的却和别人捣蛋;有的坚持到底,有的半途而废;有的很细致,有的很粗心;有的经常擦窗,有的不会擦窗;有的擦高处的窗,有的擦低处的窗;有的自顾自擦,有的面对面擦;有的擦得很明亮,有的擦得不干净,等等。通过擦窗,大家的感受也不一样:有的受到表扬感到很高兴,有的受到批评感到很惭愧;有的领悟到干什么事都要开动脑筋、掌握诀窍,有的悟出"只有按合理步骤去工作才能把事做好"的道理,等等。这样千差万别的情况,当然有多角度的立意。

既然多角度的立意是客观的必然,那又怎么解释现在学生作文角度划一的现象呢?病根是不少教师的教育思想不正确,教学方法不得当。具体表现如下:

其一是有些教师不允许学生有个性,不允许学生越轨。比如写擦窗,就只能写擦亮,谁写擦不亮,谁就有违规范。

其二是有些教师的指导颠倒了作文的思维程序。正确的思维程序是:先考虑写什么,再考虑怎样写。但在实际教学中,有些教师往往先告诉学生作文应写明事情的"起因、经过、结果"。其中,经过要详写,要写出你是怎样想的、怎样做的、怎样说的,等等。这就是要学生先画框框,再在这些框框里填写内容。长期这样训练的结果,会造成学生的思维定势,用老框框来套内容。这样的作文,即使条理清楚,内容也是干巴巴,缺乏真情实感的。

其三是有些教师常采用"先说后写,全班评论,优生示范,集体仿作"的教学方法。这种教学方法固然有它的优点,但却容易使大多数学生产生从众心理和迷信权威的心理,特别会使学生对教师的评定言听计从,对优生的作文亦步亦趋,阻碍学生创造性思维的发展,钻进机械模仿的死胡同。

治疗上述弊病的处方是:

1. 充分发扬教学民主,鼓励学生独辟蹊径、别出心裁,提倡露真情、抒实感、立新意、呈童心。不要轻易给学生扣上"思想不健康"的帽子,让学生解下紧箍咒,在自己熟悉的天地里活跃起来。

2. 指导学生根据自己的立足点选择角度,要从自己的感受来选择材料、布局谋篇、遣词造句。要让学生明白作文就是为了把自己的真切感受表达出来,而不要把过多的精力放在如何适应规定的模式。

3. 在教学中要对学生强调先自己写,然后再互相交流,要提倡学生各抒己见。既要把充分的发散和严格的评价结合起来,又要把这两者分两阶段进行——在学生交流自己的立意时严禁评价;在学生充分发表自己的见解后,再组织评议。

比较上述两篇文章,可以看出总结与论文有这么三点区别:

第一,总结所用的材料是作者通过自己的经历和体验——亲自见过、做过和感受过,从自身的实践活动中挑选出来的事实依据。论文的材料则不局限于作者自身实践活动的范围,既可以是事实依据,也可以是理论依据,可以为论证论点而旁征博引。对于材料,不但取正面,以肯定观点,而且取反面,以发展观点,导出新观点。

第二,总结所得出的观点是作者从上述事实依据中体会和领悟到的自己成功的经验或失败的教训,是作者自己的新认识。它可以是一点,也可以是几点。论文的观点则是作者自己的创见,也就是作者的论点。这个论点必须反映客观规律,揭示人们普遍还没有认识到的客观规律。论文必须有,也只允许有一个中心论点。

第三,总结出来的经验和教训一般是作者从自己经历和体验过的事实依据中运用归纳的方法概括出来的,能使我们知其然。论文是作者综合运用概念、判断和推理,综合运用演绎、归纳、类比、分析、综合、比较、分类和系统思维等各种方法进行论证,能使我们知其所以然,知其必然。

通过总结和论文的比较,我们可以领会到:论文是以议论为主要表达方式,通过阐明客观事物的道理,揭示客观事物的规律,表明作者创见之正确的文体。

二、论文的内涵和外延

1. 论文的内涵

（1）论文三要素。论文由论点、论据和论证这三个要素组成。论点是作者的创见，是论文的核心，必须正确、鲜明、集中。它或是切中时弊，或是独树一帜，或是有所发现。论据是作者用来论证论点的依据，可以是事实依据，也可以是理论依据。它必须确凿、恰当、充分、有力。论证是运用论据证明论点真实性和正确性的方法和过程，通过具体分析，把论据与论点之间的必然联系交代清楚，使论据成为论点的充足理由，证明为什么论点是必然的。

（2）论文的语言。论文的语言以议论为主，要求简明、概括、准确、严谨。有时，为了让读者通过对具体事物的感受去理解抽象的概念和深奥的哲理，论文也可以适当运用叙述、描写、说明、抒情等语言。有时，为了达到以情传理、情理交融的艺术境界，论文还可以运用比喻、象征、拟人等修辞手法。

2. 论文的外延

（1）立论。一种以论证正面观点为主的论文。

（2）驳论。一种以驳斥错误论点为主的论文。

至于立论和驳论交错穿插所产生的千变万化的类型，就数不胜数了。

三、学术论文的学术性

学术论文也称科学论文、研究论文，是对某科学领域中的问题进行研究，表述科学研究成果的文章。它既不同于一般的议论文——不是议论某一具体问题的是非利害，也不同于普及科学知识的说明文——不是阐明已被实践证明了的科学原理。学术论文的作者，必须站在一定的理论高度来观察和分析带有学术价值的问题，引述各种事实或道理去论证自己的新发现、新见解，向学术界汇报自己研究的新成果。学术论文的学术性主要表现在下面三点。

1. 客观性

进行科学研究为的是揭示事物发展的客观规律，探求客观真理，使之成为人们改造世界的指南。因此，写作学术论文必须从客观实际出发，对客观事物进行周密的观察、调查、实验，以确定可靠的材料作为立论的依据，进而得出正确的结论。学术论文的作者，必须用辩证唯物主义和历史唯物主义的观点，去观察问题、分析问题、解决问题，提出合乎客观实际的结论。这样的结论，不能带有个人的偏见——偏见比无知离真理更远，更不能主观臆想，凭空捏造。

2. 创见性

创见，是我们经过辛勤劳动和刻苦探求获得的新见解、新思想、新理论。为此，我们决不能从概念出发，孤立地片面地摘引经典著作的词句去套自然现象或社会现象，或者罗列现象，去机械地证明现成观点，而应运用科学的立场、观点和方法，进行认真的工作。要从实际出发，找出事物的客观规律，进而提出作者本人的独特见解。

3. 理论性

一般的议论文都必须摆事实、讲道理，以理服人，写作学术论文尤其要注意做到这一点。

尽管学术论文反映的往往是科学领域中的某些具体问题,但论文的作者总是在一定的哲学社会科学思想体系的指导下来分析或解决这些问题的,文章的理论色彩在所难免。作者在行文中虽然有时要介绍一下时代背景、事件情节、人物状况,目的还是为了更好地讲明道理。在论述过程中,作者不能满足于一般地排列现象、堆砌材料、就事论事,而要求深入开掘其广泛的社会意义,从具体的事物出发,上升到理论高度来分析,找到规律性的东西,得出科学的结论。这样,才能起到更广泛的指导作用。

四、学术论文的常见类别

1. 按其研究效果划分

一类是解决某一问题的学术论文,另一类是作者提出某一问题的学术论文。前者,作者必须明确提出自己的研究成果,后者,作者必须综合前人已有的结论,指明进一步探索的方向。

2. 按其读者对象划分

一类是面向广大群众的学术论文,用比较通俗易懂的语言来介绍作者在某一领域中的研究所得。另一类是面向专业人员的学术论文,它是各学科专业人员为介绍自己的科学研究成果提交给科研部门或发表在报刊上的论文。

3. 按其写作方法划分

学术论文按其写作的方法可分为专题型、论辩型和综述型三类。

(1) 专题型论文。是在分析前人研究成果的基础上,以直接论述的形式发表见解,从正面提出某学科中某一学术问题的一种论文。

(2) 论辩型论文。是针对别人在某学科中某一学术问题的不同见解,凭借充分的论据,着重揭露其不足或错误之处,通过论辩形式来发表见解的一种论文。

(3) 综述型论文。是在归纳、总结前人或今人对某学科中某一学术问题已有研究成果的基础上,加以介绍和评论,从而发表见解的一种论文。

4. 按其作者队伍划分

一类是各学科专业人员为表达自己科研成果而写的论文,另一类是高等学校学生为反映自己独立研究能力和水平而写的论文。高等学校学生写的论文,又可分为学年论文、毕业论文和学位论文三种。

(1) 学年论文。学年论文是在大学读了两年基础课,具备了一些基本知识之后,初次运用已有知识去分析和解决一个学术问题后写的论文。论文的题目不宜太大,篇幅不宜太长,涉及问题的面不宜过宽,论述的问题也不求过深。学年论文的写作是在有经验的教师指导下进行的。写学年论文,主要是为了积累撰写论文的经验,初步掌握撰写论文的方法,为今后写毕业论文和学位论文奠定扎实的基础。

(2) 毕业论文。毕业论文是高等学校应届毕业生总结性的独立作业。它的题目比学年论文应该大一点、深一点,有助于学生实际运用学得的专业理论知识与技能,在查找资料、调查研究、设计实验、分析研究等方面得到全面的综合训练。应届毕业生写作毕业论文,必对某一课题进行较深入的研究,并须取得一定的成果。

（3）学位论文。学位论文是学位申请者为申请学位而提出的学术论文。学位论文分学士、硕士及博士三级。

① 学士学位论文。学士学位论文的作者，必须对所研究的课题有一定的心得，所写论文必须能表现出作者从事科学研究的能力。《中华人民共和国学位条例》中指出：高等学校本科毕业生的课程学习和毕业论文的成绩，表明确已较好地掌握本门学科的基础理论、专门知识和基本技能，并且有从事科学研究工作或担负专门技术工作的初步能力，就可以授予学士学位。一般说来，学士学位论文就是写得合格的大学毕业论文。

② 硕士学位论文。硕士学位论文是攻读硕士学位研究生写的论文，作者对所研究的课题必须有新的见解，论文必须能反映出作者有独立从事科学研究的能力。国务院学位委员会在《关于进一步做好硕士学位授予工作的通知》中规定：硕士学位论文应在指导教师的指导下，由研究生本人独立完成；论文应有自己的新见解；论文工作应有一定的工作量，用于论文工作的时间一般应有一学年左右。

③ 博士学位论文。博士学位论文是攻读博士学位研究生写的论文，作者必须在科学或专门技术上做出创造性的研究成果，论文必须能反映出作者渊博的理论知识和相当熟练的科学研究能力。论文中对某学科提出的创造性见解，必须对该学科的发展有重要的推动作用，或对该学科水平的提高有重大贡献。

五、学术论文的基本结构

学术论文的表达方式虽然多种多样，但有基本稳定的结构：序论、本论和结论。序论包括内容提要和绪论，结论后往往有附录。全文一般可分为下述几部分。

1. 题目

学术论文的题目要简洁、醒目，既能概括论文的中心内容，又能引人注意。为了更好地揭示也常常用副题，作为对正题的补充。

2. 内容提要

内容提要力求精炼，一般用二三百字把论文的内容要点提示出来，让读者在阅读正文之前对论文的重要论点有所了解。

3. 绪论

这一部分，一般是说明为什么要研究这个课题，解释研究这一课题的现实意义，并提出论文的中心论点。如果是篇幅较长的论文，往往要把本论部分作扼要介绍，或提示所论述问题的结论。绪论部分必须写得简明扼要，在整篇文中占的比例要小。

4. 本论

这一部分，应是详细地阐述论文作者的个人研究成果，论述作者提出的新的、创造性的见解。作者在这一部分里，必须根据论题的性质，或正面立论，或批驳不同的看法，或解决某些疑难问题，周详地论证文中的全部思想和新的见解。这是论文的核心部分，要尽全力把它写好。

5. 结论

它的内容和形式与序论相关，是环绕本论所做的结语。它既是对本论部分的强调，又不是本论论点的重复,而是一篇论文要旨的简明扼要的揭示。它是全文的概括、总结与提高,也是全文的收尾。至于本课题研究工作中的遗留问题,或者还需要进一步探讨的问题,也可在这一部分提出来。

6. 附录

以下的内容一般可以放在附录之内:主要参考文献;文字过多的一般引文;为读者阅读方便提供的辅助性图表等。

六、学术论文的写作步骤

1. 明确目的

写作学术论文,要从学术界已经达到的水平向前迈进一步,即使是微小的一步。作者应该"发前人所未发",即发现前人没有发现的客观事实或前人没有发现的客观规律。初学写作论文,不一定能够做到"发前人所未发",但也要提出自己的见解,决不能人云亦云,重复前人讲过的意见,也不能胡思乱想,随意提出没有依据的见解。

高等学校学生写作学术论文,主要是在教师的指导下,运用已有知识,独立进行科研,学习分析和解决某一学术问题的方法,在研究中得到锻炼,增长才干。如果作者能运用已有知识,深入钻研,提出一点新的见解,表明自己初步掌握了科学研究的方法,初步具有了解决本专业的能力,也就达到了写作学术论文的主要目的。

2. 选好题目

论文写作的准备工作要根据题目的需要来进行,所以选好题目是写作学术论文的重要一环。选好论文题目要注意如下几个问题:

(1) 了解学术动态。每一个时期,学术界总有许多争论的问题,解决这些问题也是时代的要求。所以,必须了解本学科的研究历史,明确在自己研究的这一领域里前人已经做了哪些工作,有什么成果;了解本学科的研究现状;明确在这个领域中,现阶段的研究达到了什么程度,以及哪些问题尚未得到解决。

(2) 做到量力而行。在综合考虑主观因素和客观条件之后,方才确定一个自己既有浓厚兴趣,又是力所能及的问题。高校学生的学术论文题目,宜小不宜大。如果追求大题目,往往由于学力不足,无法深入,不能解决实际问题。相反,如果能抓住一个重要的小问题,把握住关键,深入其本质,从各方面把它说深讲透,对问题的难点和症结能科学地给予解决,这样的论文也是有价值的。

(3) 确定主攻方向。一般来说,确定论文的主攻方向应该从以下几个方面去考虑:一是具有社会价值,二是具有学术价值。不管是有迫切的现实意义,还是有长远的理论意义,都是我们的主攻方向。

3. 搜集材料

写学术论文,一般要搜集两类材料:一类是研究对象的原始材料,另一类是别人的有关论述。

(1) 原始材料。这是论文所提出观点的主要来源和依据。我们只有对小学教育进行科学的研究,才能深入了解研究的对象,获得真实可靠、丰富生动的第一手材料——各种科学数据和感性认识,取得实践经验,再上升到理性认识。原始材料中可能会有互相矛盾的情况,我们必须兼收并蓄,然后加以鉴别,去伪存真,从中引出正确的结论。

(2) 有关论述。搜集别人的有关论述可以使我们从中得到启发,可以借鉴别人研究问题的方法,还可以引用某些经过别人考证的事实材料作为旁证。但是,在参阅别人的文章时,应坚持独立研究,不要被人家的论述所束缚,更不要被别人牵着鼻子走。

材料的主要来源有两方面:一是利用图书馆和网络来查阅,二是进行实地调查、观察或实验。通过实地调查,我们才能够深入了解研究的对象,获得最真实可靠、最丰富生动的第一手材料;通过观察或实验,我们就能够搜集科学数据,获得感性知识,取得实践经验。

4. 确立论点

学术论文的论点,应该是作者对所研究课题的新见解。初学写作论文的人,常常觉得提不出新的见解,因为他们往往把新见解理解为"新创造"、"新突破"。其实,一般来说,能够运用已有的理论和方法,对本专业领域内有理论意义或有实际意义的问题进行分析研究,得出了新的结论,就可以说是有了新见解。或者能够把散见于很多文章的精彩意见,经过自己的思考,形成自己独到的见解,也可以说是有了新见解。

确立论点,首先要确立全文的中心论点,然后再确立中心论点的下位论点,即分论点。内容较多,篇幅较长的论文,有时还要在分论点下面确立若干小论点。文章的中心论点一经确立之后,就起着统率全文的作用,材料的取舍,论证方法的选择,层次段落的安排,都要根据论点的需要来考虑。所以,一篇论文的好坏,在很大程度上决定于论点是否正确、深刻而有新意。

5. 拟订提纲

提纲是学术论文写作的设计图,起疏理思想,安排材料,形成结构的作用。如果写作前对全篇文章缺乏通盘考虑,写起来往往就会前后重复,互相脱节,甚至会自相矛盾。有了提纲,就可以帮助我们树立全局观点,从整体上考虑:每一个部分所占的地位,所起的作用,相互间是否有逻辑联系;每个部分所占的篇幅与其在全局中的地位和作用是否相称,各部分之间的比例是否恰当;每一部分是否都能为中心论点服务。所以,在写作之前,应花一定时间,认真思考,拟订一个较为周密的写作提纲。

学术论文的提纲可分为简单提纲和详细提纲两种,一般都应该包括如下三项内容:第一,提出全文的中心论点;第二,安排阐明中心论点的各个分论点;第三,体现全文的基本结构。不过,简单提纲只要求概括地提示论文的要点,对如何开展一般不涉及。详细提纲则要求把论文要点和展开部分较为详细地列出来。

提纲写好之后,还不要立即动手写作,而应当回过头来检查自己所掌握的材料有无错漏。同时,要反复推敲提纲的几项内容:论点是否明确、稳当;论述的层次有无主次不分、颠倒或重复等问题;论据是否充分,材料安排是否恰当,等等。提纲的推敲过程,也就是作者的逻辑思维渐趋严密的过程。

6. 撰写成文

搜集了材料,确立了论点,拟订了提纲之后,就进入了撰写阶段。此时应该按照提纲拟订的论点组织材料,使论证周密,结构严谨。刘勰在《文心雕龙·论说》中谈到:"义贵圆通,辞忌枝碎,必使心与理合,弥缝莫见其隙。"意思是,说理要全面透彻,逻辑要严密完整;文辞要有条理有重点,不能支离破碎;论证要符合事理,不能出现漏洞。所以,正确周密的论证,对于全面透彻阐明论点,深刻细致剖析论点,是极其重要的。

7. 修改定稿

初稿写出来之后,还应该反复推敲,再三修改。论文的修改,一般包括观点的订正、材料的增删、结构的调整、语言的润色等几个方面。

首先,应该把注意力集中到思想内容方面:检查中心论点及其分论点是否已准确、鲜明地表达出来;材料是否充分、妥当、有说服力。其次,考虑表现形式:检查材料安排与论证过程照应是否恰当;段落、过渡照应是否恰当;句子是否能够准确表达内容,用词是否准确。讨论文艺问题的学术论文,最好还注意到论述的形象性和趣味性,使文章增添一些文艺色彩。

8. 准备答辩

学位论文定稿后,要送给审查委员会审查,并准备论文答辩。论文中若有阐述不清楚、不详尽、不完备、不恰当之处,审查委员将在答辩会上提出问题,要求作者回答,从而进一步考查作者对所论述的问题是否有深广的知识基础和创造性的见解。

答辩时作者要以流畅的语言、肯定的语气给予回答。论文答辩后,作者要认真考虑审查委员会的意见,总结这次论文写作的经验教训。要明确自己在科学研究上所取得的成绩和存在的问题,作为今后研究其他课题时的借鉴。

初学写论文的作者按照"T-R-O-W-E"的步骤进行论文写作,能大致反映出论文"提出问题——分析问题——解决问题"的过程。

1. 命题(THESIS)

命题在这里是指论文作者提出来要进行全面研究和论证的主要观点。论文无非是要使这一观点能树立起来,并具有较强的说服力,站得住脚。因此,作者在写作前必须对自己的主要观点,也就是命题,有十分清晰的认识,不能含糊。否则,整篇论文都会显得模糊不清,不知所云。

有了命题,对命题的表达也是至关重要的。我们通常用一个判断句来概括性地表达命题。这个判断句我们称作论点。命题陈述要用最精辟简练的语句,准确无误地表达出论文的主要观点。句子越精辟,论文的观点就显得越正确、鲜明、集中。

2. 研究(RESEARCH)

命题陈述后应更深入地进行研究。这里我们介绍用卡片的方式记录和整理研究的方法。这种方法通常采用两套卡片(每张卡片的规格一般为12.5厘米×7.5厘米):第一套卡片是笔记卡片,第二套卡片是心得卡片。卡片是活的笔记。用卡片进行研究可以从四个环节入手:

第一是收集 用笔记卡片来记录运用逆时法所能收集到的关于这个命题的全部第一手资料。每张卡片只记一点、拟写标题、注明出处(顺序记下作者、书名、文章题目、出版情况、页码等等)。同时也用心得卡片一卡一点地记下作者在收集资料过程中产生的心得、疑问、评语和创见。

在研究过程中，人们经常会发现自己观点的缺陷和错误。有些人对这种情况置之不理、自欺欺人，这是一种不科学的态度。我们必须毫不犹豫、勇敢地改正错误，弄清是非，哪怕是重新返工也要不厌其烦。其实，"命题"和"研究"这两个步骤是紧密联系着的，研究的过程也是对命题不断检验的过程。

第二是分类　　把全部笔记卡片按作者确定的某一标准分类：把差别小的具有共同点的卡片归为一类，类与类之间必须处于同一个层次上，各类的总和必须等于全部笔记卡片。

第三是排序　　类与类之间按照作者的思路排序，每一类内的笔记卡片也按照作者的思路排序。

第四是剔次　　把每一类内重复的显得较差的笔记卡片剔除。这样就把整套笔记卡片收集、整理好了，"研究"这一个步骤也完成了。

3. 组织（ORGANIZE）

在研究的基础上，继续用卡片做组织工作。

第一是增新　　在整套笔记卡片中，有些观点、有些材料可能会互相矛盾，这可以冒出一些新的角度，引起作者新的思辨。作者又把自己具有创见的心得卡片增添到整套笔记卡片中去，这样更会产生新的冲击、新的碰撞、新的矛盾、新的顿悟、新的突破。

第二是补充　　在这个时候，我们会感到认识的提升，会感到论据不足。那就要返回去做更多的研究工作。这样的返回，是再深入，是再创新，是为了给新的认识以新的补充。

第三是重组　　完成了上述工作以后，再不断地精心挑选卡片，不断地重新组合卡片，直到能得出合乎逻辑的论文提纲为止。

4. 写作（WRITE）

5. 删改（EDIT）

完成上述四个步骤以后写出来的论文仅仅是个草稿。要使文章通顺流畅，有说服力，能明了准确地表达出自己的思想观点，还必须对每个字、每句话认真进行检查修改，以批判的态度反复通读全文，找缺点、找错误，并及时改正。

第二节　对论点的阐述

前面已经讲过，论文的论点一般用一个判断句来表述。表述论点的判断句，是由好几个概念组成的。阐述论点是论文写作的开头，是论文写作的根本。我们先把这些概念解释清楚，然后把它们连贯起来，把整个判断句的意思阐述明白。

一、阐述论点的含义

所谓阐述论点，就是对表述论点的判断句作正确的解释，以廓清论题，防止读者的误解；对这些判断句作鲜明的阐述，以亮出观点，防止论点的模糊；对这些判断句作集中的提炼，以聚精会神，防止议论的分散。

二、阐述论点的方法

怎样阐述论点呢？总的说来，应该揭示表达论点的判断句中每一个概念的含义，尤其要把主要概念的含义说明白——说明这个概念的本义、引申义、比喻义以及在本文的特定含义。然后，把这些概念的含义联系起来，把论点的含义阐述明白。例如：

"怎样对教师进行发展性评价？"这个论题的论点是"必须正确地对教师进行发展性评价"。在这个判断句中，"发展"和"评价"是两个需要揭示含义的主要概念。其中"发展"这个概念应解释为：事物由小到大、由简到繁、由低级到高级的变化。再分析一下，"事物由小到大、由简到繁、由低级到高级的变化"有哪些表现呢？有进步、提高、成长、成熟、完整、升华、展开、深化等。这样，"发展"就应该是一个过程，应该是动态的，应该是可持续的。"评价"这个概念应解释为：评定价值高低。在"评定价值高低"这种解释中，"价值"是个重要的概念。查《现代汉语词典》得知，"评价"就是评定积极作用的高低大小。这样，"必须正确地对教师进行发展性评价"就是：怎样从进步、提高、成长、成熟、完整、升华、展开、深化等角度来评定教师所发挥的积极作用的高低、大小；怎样来评价教师的进步、提高、成长、成熟、完整、升华、展开、深化；以及怎样通过评价，来促进教师的进步、提高、成长、成熟、完整、升华、展开、深化。

具体说来，应该根据论点的不同情况，运用不同的方法来阐述论点。

1. 注释概念表述论点

在"随时要有正确的定位"这个论点中，"随时"、"准确"、"定位"这几个概念的含义比较明确，作者可以通过对这些概念的注释来表述概念。

随时要有正确的定位

"定位"，原意是确定事物的准确位置并对其作恰当评价的过程。本文是指在教学过程中，每个教师都要把自己放到适当的位置，发挥恰当的作用，达到规定的标准。"正确的定位"是指怎样做才能既到位，又不越位，更不错位。"随时要有正确的定位"，是说在教育过程中"定位"是相对的，"移位"、"换位"、"转位"、"易位"是绝对的。因此，教师不能把位定死。在教学过程中，教师可以成为辅导，可以成为导游，可以成为学生，可以成为游戏的伙伴……随着我们角色的"移位"、"换位"、"转位"、"易位"，就必须加强角色意识，随时调整角色，转换角色，进入角色，全心投进角色。这就随时要有新的正确的定位。如果这时候还在"恋位"，潜意识里还是念念不忘自己是个教师，那就会对新角色不到位，就有可能越位和错位。

当作者在阐述"随时要有正确的定位"这个论点时，先解释了什么是"定位"，接着解释了什么是"正确"的定位，然后阐明了"随时要有正确的定位"这个论点的含义。在这个基础上，再分别论证这么几个分论点:一是传统教育对教师的"定位";二是素质教育对教师的"定位";三是教师的定位是"动态"的;四是动态化的定位要求教师随时转换角色;五是每一个新的角色都要求教师立即作新的定位;六是对随时作出的新定位要及时到位,防止错位和越位。最后得出结论:只有做到随时有正确的定位,教师在素质教育中的作用才能得到充分的发挥。

2. 理解概念确立论点

在"必须正确衡量学习好"这个论点中,"学习"这个主要概念的含义比较深刻,作者可以对"学习"这个定义作重点的完整的阐述。

必须正确衡量"学习好"

现在的教学中存在这样一种误解,似乎成绩好就是学习好。究其原因,是因为大家对"学习"这个熟知的概念并没有真知。

学习,是由经验引起的能力和倾向的相对持久变化。根据认知心理学家给学习下的这个定义,学习的内涵包括这么六个本质属性:

一是个体发生。这就是说这种变化是每个学习者分别独立进行的,是每个学习者个性心理活动的结果。以知识学习为例,它是新知识与某个学习者认知结构中原有网络中的符号、表象、概念、命题建立合理的或合乎逻辑的联系。某个学习者的认知结构中有相应的知识储备,新知识就能在记忆系统中编码、贮存和提取,新旧知识就能相互作用。某个学习者的认知结构中缺乏相应的知识储备,就会导致机械学习,导致学习困难,甚至无效学习。个体的学习可能互相影响。学习承认个性差异,不强调共性。因此,学习是不可替代的。在同一群体中,有学习的先进者,也有学习的后进者。

二是经验引起。学习者个体发生的这些变化,不是由于生理成熟引起的,而是由后天习得的,是由学习者的经验引起的。即学习者通过自己的经历和体验——亲身见过、做过或感受过,通过自己的实践,经过自己的练习,从而使自己发生变化。人的体力随着人的长大而增加,这随着生长而引起的体力增加就不是学习。同样,"爱美之心人皆有之"这样一种情感,不是产生于经历、体验、实践和练习,类似这样的需要、动机、兴趣、爱好、情感、态度等倾向的变化,也不是学习。

三是能力变化。能力,是在心理活动过程中表现出来的,不是表现在知识和技能的本身,而是表现在掌握知识和技能的动态上。所谓动态,指的是操作的速度、深度、难度以及巩固程度。某个学习者在掌握知识和技能的过程中,他的操作速度、深度、难度以及巩固程度达到或超过一定的标准,我们可以说这位学习者的能力强,反之则能力弱。学习者是在学习和运用知识的活动过程中形成和发展能力的。学习既包括知识的变化,也包括能力的变化。

四是倾向变化。这方面的变化包括需要的变化、动机的变化、兴趣的变化、爱好的变化、态度的变化、品德的变化等。学习者通过学习,需要这种倾向可能会从低层次向高层次发展,动机这种倾向可能会由弱变强,兴趣这种倾向可能会由直接到间接,爱好这种倾向可能会从喜欢到强烈爱好,态度这种倾向可能会从被动到自觉,品德这种倾向可能会从平凡到高尚。这样,我们才能说产生了学习效果。

五是相对持久。由学习引起的变化是相对持久的,否则就不是学习。例如,为了打一个陌生的电话,从电话簿中查到这个电话号码以后,打好电话即把这号码忘记了,这个电话号码的短暂记忆就不是学习。又如,某个学习者学习了三段论推理的规则和格式,在相当长的时间里他是记得并能运用的,一段时间以后可能遗忘,但如果他重新复习并运用要比新学的人容易得多。这样的活动,我们仍称之为学习。

六是终身进行。为了适应社会,为了充实自己,为了调整自己的知识结构、心理状态、能力水平、情感程度,就得不断学习,终身学习。因此,学习好包括要学,会学,乐学。

"学习"的外延也很广泛:有认知领域的学习,有动作技能的学习,有情感领域的学习,有态度意志的学习,有品格道德的学习,有人际交往的学习,有组织管理的学习,等等。

由于作者把"学习"这个概念作了重点而完整的阐述,"成绩好"不等于"学习好"的道理就显而易见了:如果测试的命题质量不高,成绩好就不能反映学习者真实的学习水平;如果考试的时候取得了好成绩,考过以后就立即遗忘,没有把这些知识与学习者原有的知识相互作用,没有充实和完善自己的认知结构,学习水平也就没有多大提高;如果学习者只会死记硬背,即使取得好成绩,但在能力和倾向方面没有什么变化,也不能说他学习好;如果学习者取得了考试的好成绩,但却不爱学习,不会为解决问题而独立学习,也绝不能说他学习好。至于只想追逐好成绩,不懂得做人的根本道理,就更不能说是学习好了。

在驳斥了"成绩好"不等于"学习好"这个错误论点以后,作者接着从四个方面进行论述:一是必须更新学习的观念;二是必须根据学习的新观念制定出衡量学习质量的指标体系;三是必须运用科学简便的衡量方法,对学习质量作出公正客观的评价;四是必须根据评价的反馈意见改进我们的学习。

3. 辨析概念阐明论点

在"正确理解启发式教学"这个论点中,"启发式"这个主要概念的含义有所发展,作者对此作了仔细辨析。

正确理解启发式教学

启发式教学,是每个教师都应努力做到的。什么是启发呢?

用朱熹的话说:"启,谓开其意;发,谓达其词。"后来用作指点别人,使其有所领悟的意思。而启发式,则是利用人们的求知欲而提出问题,让人们去思考的一种诱导的方法。用孔子的话说:"不愤不启,不悱不发。举一隅不以三隅反,则不复也。"意思是说,学生心求通却没通的时候,教师才给以开导,学生口欲言又没能表达出来的时候,教师才给以解答。这时候学生的注意力是集中的,思维是敏锐的,教师略加点拨指引,他们即可意开词达,豁然开朗,收到举一反三,触类旁通的良好效果。《学记》的作者提出:"导而弗牵,强而弗抑,开而弗达。"意思是对学生必须引导他们自觉地学习而不要强迫牵拉他们跟着走;要鼓励他们自学,而不勉强推动;要为学生指导学习的门径,而不代求通达。用孟子的话说:"大匠不为拙工改废绳墨,羿不为拙射变其彀率。君子引而不发,跃如也。中道而行,能者从之。"意思是说:高明的工匠不因拙劣的学徒工改变、废弃规矩,羿也不因为拙笨的学射者变更拉弓的标准。君子教导别人正如射手一样,他只张满弓,却不发箭,作出跃跃欲试的姿势。他站在正确的道路上,有能力的人便自然跟着来。

这是古代的启发式。它比注入式进步,重视调动学生学习的积极性和主动性。但古代的启发式也有很大的局限性,它表现为:(1)把启发式看作是解决什么时候该"启",什么时候当"发"的方法技巧问题。(2)把学生有无"愤"、"悱"之感,作为是否可以教育启发的前提,否则就是孺子不可教。(3)学生即使有了"愤"、"悱"之感,如果启之意未开,发之词不达,举一不能反三,仍被认为是"朽木不可雕"。(4)强调不能迁就学生的水平而降低要求和标准,强调各凭天赋,谁有能力谁就跟上来。(5)规定教师的任务就是"引",学生的任务就是"发"。这样,教师从来不"引",学生又怎么能学会"发"?(6)让学生去发现某些规律、原理、法则,目的主要在于培养学生的创新精神和创新能力。如果处处"引而不发",处处让学生去重复前人发现真理的过程,必然会造成时间上的巨大浪费。

由此可见,由于时代的局限,古代只把启发式看作是一种教学方法或教学方式。辩证唯物主义、教育学、心理学的产生和发展,为启发式教学奠定了理论基础,现代教学经验的积累和提升也使启发式教学的实施日臻完善,从而使古代的启发式演变为现代启发式,演进为具有新特点的初具体系的教学观。

现代启发式,是以教师为外因,根据教学过程中学生认识活动的客观规律,运用启示、触发、诱导、激励、推动、展现等教学手段,激活学生的内因,使之产生学习的自觉性、主动性、创造性,从而使他们学会的内容融会贯通、举一反三,会学的本领屡试不爽、触类旁通,学得的能力学以致用、犹感不足,创新的探索兴趣盎然、其乐无穷的一种先进的教学观。

在对"启发式"这个概念仔细辨析的过程中,作者先阐述了古代启发式的定义和论述,然后指出它的局限和不足,再说明现代启发式发展的理论和实践,在这基础上给现代启发式下定义。有了这个定义,作者就可以从下面几方面加以论述:(1)现代启发式的理论基础;(2)现代启发式的基本特点;(3)现代启发式的教师素养;(4)现代启发式的实施范围;(5)现代启发式的方式方法;(6)现代启发式的评价标准;(7)现代启发式的教学管理;(8)现代启发式的发展前景。

4. 评论概念廓清论点

在"发展学生的创造性思维"这个论点中,"创造性思维"这个主要概念的含义存在分歧,作者通过对此逐一进行评价,提出自己的见解。

发展学生的创造性思维

要发展学生的创造性思维已经成为教育界的共识,但对"创造性思维"概念的认识还有分歧,如果对此不及时廓清,就不能把创造性思维的培养导入正途。

有些教师认为培养学生的创造性思维就是培养学生的发散思维。以这样的理论作指导,在教学上就会一味鼓励学生做多角度思考,进行丰富的想象,提出不同的假设;不引导学生作评价,对学生的答案不置可否。结果是得不到确定的结论,动摇了扎实的基础,丧失了创造的品格,使教学走进了死胡同。产生这种情况的原因是因为这些教师没有认识到:(1)发散思维提供的只是或然的成果,集中思维才能提供确定的成果。小学生沉浸在或然性成果的海洋里,会迷惘不解,进退失据,是游不到知识的彼岸的。(2)有成效的创造性思维必然是充分的发散和严格的评价相结合。

有些教师把创造性思维和形象思维等同起来。我们认为:创造性思维与再生性思维是相对立的一对概念,形象思维与抽象思维是相对应的一对概念,这两对概念是以不同的标准划分出来的,因此它们不可能互相等同。创造性思维包括发散思维和集中思维两个成分。且不说发散思维时也有抽象思维的活动,就拿集中思维来说,它就主要依靠逻辑推理和审美评价。所以说,离开了抽象思维,创造思维就不复存在。

还有些教师甚至把创造性思维和创造性想象等同起来。这种错误的认识就更明显了:撇开集中思维不谈,光是发散思维就除了要依靠创造性想象,还得依靠联想,依靠灵感和直觉。创造性想象是产生新表象,联想是由眼前的事勾起记忆中类似的、接近的、对比的事物,灵感是久思不得其解后的顿悟,直觉是一接触新问题就有了答案的跳跃性思维。它们之间是不能互相取代的。

那么,什么是创造性思维呢?我们认为:创造性思维是在新的问题情境中,当已知的方法已无法解决面临的问题时出现的发散思维和集中思维交替进行的探索性的思维活动。创造性思维包括发散思维和集中思维两个成分。发散思维是寻求多种答案和假设的思维活动,集中思维是对多种答案和假设进行逻辑评价和美学评价的思维活动。

发展学生的创造性思维,就是要培养学生在遇到新的问题情境时,不要因循守旧,要善于另辟蹊径、标新立异;在思路闭塞、信息量少的时候,用发散思维来打开思路,提出较多的方案供选择;在思路打开、思维活跃、方案众多、假设不一的时候,用集中思维来作严格的评价;两种思维交替进行,思维的流畅性、变通性、灵活性、逻辑性、合理性完美结合,直至最有效地解决问题。

这样,作者针对"创造性思维"这一概念的不同理解,逐一作出分析,逐一进行辨析,逐一指出错误,并提出自己的见解。这是阐述论点的前提和关键。在这个基础上,再来阐述学生创造性思维的"发展",就水到渠成了。论点的含义明白无误,接下去的论证就可以有的放矢:发展学生创造性思维的目标;发展学生创造性思维的原则;发展学生创造性思维的教材;发展学生创造性思维的方法;发展学生创造性思维的教师;发展学生创造性思维的评价;发展学生创造性思维的环境,等等。

综上所述,一般说来,表述论点的判断句,是由好几个概念组成的。我们先把这些概念解释清楚,然后把它们连贯起来,把整个判断句的意思阐述明白。同时,又要根据论点中概念的不同情况区别对待:该注释的注释,该展开的展开,该辨析的辨析,该评论的评论。这样,就能把论点阐述得明明白白。

阐述论点是论文写作的开头,是论文写作的根本。只有把论点阐述明白了,毫无疑义了,整篇论文才能像大树一样在真理的土壤里牢牢地扎根,分论点才能在挺拔的树干上稳稳地展枝,论据才能在遒劲的树枝上勃勃地长叶,论证才能在畅通的树脉中紧紧地连贯在一起。

第三节 对论点的论证

在论文的论点阐明以后,接着就要对它进行论证。只有证实了论点的真实性和正确性,才能把论点肯定下来作为结论。论文,就是论证自己论点站得住脚的文章。

一、论证的定义

论证,是运用论据证明论点真实性和正确性的方法和过程。

在论证过程中,论点既是开端,也是总结。作为论证的开端,论点就是作者提出的观点,论证就是要用论据来证明为什么论点是真实的、正确的,使论据成为论点的充足理由。作为论证的总结,论点成了被证实了的结论。论证就是这样通过具体分析,在论据与论点之间建立起必然的联系。

从论证的定义可以知道,论证至少有这么两个作用:一是没有论证的论点只是断然告诉大众,作者的观点"是什么"。经过论证,大众才能信服作者观点之所以真实和正确是"为什么"。二是没有论证的所谓"论据",对论文而言只是一些孤立的理论或事实;经过论证的论据,才能成活,才能成为坚实的骨骼,在各个部位支撑起鲜明的论点。

二、论证的要点

论文的逻辑是按照一定的问题、一定的提问方向,找出这个问题本身应有的若干方面,以及这些方面的内部联系,然后抓住它,作为线索,作为思路,有条理、有秩序地组织有关的思想论点,清楚明白地加以论述,以达到便于别人理解的目的。论证大体有以下十个要点。

1. 思路畅顺,纲举目张

写一篇论文,首先要有一个中心论点,足以统帅各个分论点,踞于要津;其次要有一个确定的角度,即有一个思路、线索和方向,以贯穿各个分论点,决定议论循着什么途径展开。解决了主题和思路的问题以后,接着就要使一篇文章的若干论点都足以说明既定的中心论点,并且清楚地分出平列的或从属的关系,分出亲疏远近,以便有秩序、有层次、有步骤地去表达中心论点。只有做到了这几点,"纲"抓住了,"目"清楚了,议论展开的线索找到了,一篇论文才能够合理地组织起来,得到一个恰当的布局和安排。在这里,"纲"起着决定性的作用。因为,任何一个议论的对象,它的属性、素质、方面和它与其他对象的联系,都是复杂的。在一篇论文中,决不能离开一定的议题、一定的角度,把各种各样的思想和各种各样的问题随便拼凑在一起,而只能按照"纲"的要求,把整篇文章的各个分论点,有机地组织起来。古语说的"提领而顿,百毛皆顺"就是这个意思。在一篇论文中"纲"如果提不起来,"目"将无所依附,议论的展开将没有确定的方向,若干分散的论点也就没有一条金线贯穿起来。

2. 条理分明,面目清楚

表达一个比较复杂的思想,决不能囫囵吞枣,眉毛胡子一把抓,必须分出若干可以相对独立的部分,让它们有条有理地从各方面完成一个共同思想的表达。论文中常有这样的交代:这是两件事,而不是一件事;这是两个概念,而不是一个概念;这是两类问题,而不是一类问题;不能把什么与什么混为一谈,等等。这都是为了做到眉目清楚而做的必要交代。具体地说,在写论文的时候,在对思想论点进行逻辑划分的时候,一定要把貌似而实不同的部分挑剔出来,不许他们混在一起,又要把实同而貌不似的部分觉察出来,使它们归并在一起。有时,对于虽然有密切联系,但可以划分出来论述的部分,也要交代这是暂时撇开某些方面,而把注意力集中在这个方面。这样,我们写出的论文,就可以避免因为论点划分不清所造成的混乱和夹杂不清,而显示出清楚的面目和明白的条理。

3. 顺序合理,层次得当

写论文的人,对于一篇论文里的若干大小论点,一定要分类排队,费心想通:哪些论点互相并列,哪些论点从属于哪些论点,哪些是处于一级,哪些是处于二级、三级;哪些应该先说,哪些应该后说;哪些是对此而言,哪些是对彼而言;哪些与哪些靠得最近,哪些与哪些却隔了一层,比较疏远,如此等等。想通了这些,才能推进和展开自己的议论:拆除一层障碍,逼近一步目标;交代一层关系,引出一种议论;走完这一步阶梯,踏上那一步阶梯,从而有步骤地把一个思想表达清楚,始终如一地、一步进一步地抓住读者。人们往往有这样的体会:语无伦次,就很难顺利地表达思想;层层剥壳,才能迅速暴露笋心。有时候,一个思想如果不首先讲清楚,以后的思想就很难讲得清楚。这就说明,思想顺序是在客观上起作用的。一般说来,议论的顺序应当基本符合于事实发展的顺序,基本符合于人们认识活动的顺序,如前提和结论、原因和结果、主题和从属、现象和本质等类关系的顺序。总之,一篇论文中的思想顺序,虽然也有变化的形态,如倒叙,如结论在前、前提在后等。但是,不论怎样变化,正常的顺序一定要交代清楚,不然就会使读者在阅读时思想阻塞、中断和脱节,或者老是重复兜圈子,始终不能向前推进。

4. 首尾连贯,前后呼应

一个完整的思想,既要分部分、分层次来表达,又要考虑到它们是出于一个共同的中心论点之下,这就必然有连贯和照应的问题。任何一篇完整的论文,无论它的写法怎样多变,总有一个开头和结尾。论文的开头,总是先提出问题,然后经过分析议论,在结尾处作出综合性的结论。论文的结尾,总是在经过中间部分的分析议论以后,回过头来紧扣开头,回答开头所提出的问题。这种首尾的连贯,保持了中心论点的一贯性和确定性,防止因为议论的深入和展开,无端地转换和改变原来的议题。至于论文的前后照应,那更是思想连贯性的直接反映。思想的连贯性往往表现为:前面有问题,后面就有答案;后面有发挥,前面就有伏笔;前面有"呼",后面就有"应";前面有"起",后面就有"止"。有些论点,经过很多插进的解释,再同另一个论点相联系,即使他们在文章中相距较远,也要使它们有线索相连,能够"互送秋波"。油画家讲究一幅画面上许多人物之间的精神联系。论文中的前后照应,大概类似这样的联系,它可以使一篇论文成为一个有机的整体。

5. 过渡转换,搭桥接榫

一般的连贯和照应并不困难,比较困难的情况,是由一个思想过渡到另一个思想,由一个角度和侧面转换到另一个角度和侧面。碰到这种情况,就要特别用功,努力保持联系的线索,以免造成脱节。这种保持联系线索的工作,在论文中就是要明白交代联系的中间环节。在有些论文中,甚至还有一些段落,是专为交代媒介、交代层次以便转换和过渡用的。它们可以称作关联的段落,或承上启下的段落。用比喻来说,这些就可以叫做搭桥接榫。但是,比喻毕竟不能确切地说明问题,论文中的搭桥接榫,决不是营造一种形式上的联系,而是要把论点之间真实存在的内部联系寻找出来,并且在文字上适当地加以反映。特别是对于中间环节较多的联系,一定不能简单地抽掉其中复杂的判断和推理过程,来一个急转直下,使读者感到突兀和摸不着头脑。要在论点和论据之间搭桥接榫,就要在复杂的情况下,进行一系列的论证,揭示它们之间复杂的关系,而不能简单地抽去其中论证的过程,只把根据和结论塞给读者。

6. 放而又收,不离中心

强调论文的联系和一贯,决不是排斥议论的展开和思想的奔放。一条线索一贯到底,并不等于表达思想的直线性和简单化。论文表达思想、发表议论常常是一个波浪式的、螺旋式的发展过程。人们可以看到这样一种论文,一开始虽然点出了主题,但是并不展开,只作扼要的论述,随后,再在一圈一圈的议论中,逐步地加以发挥、展开、充实、深入,把问题讲深讲透……开始就把全部看法和盘托出,往下的文章就不好做了。同时,这样未经论证地和盘托出,问题也不可能说清楚,读者在没有经过分析论证的情况下,也不可能受到启发,不可能接受。会写论文的人,总是议论一段,概括一下,巩固一下,打好一个基础,然后再在这个基础上继续提出新的议论,扩大并充实原有的议论。如此回旋前进,议论就会越来越充实,越来越深入,越来越完整,始终不会离开既定的中心论点。这种境界是怎样达到的呢?这在很大程度上是善于灵活地运用分析和综合、归纳和演绎。论文中的分析,把整体解剖为各个组成部分和方面,找出其矛盾的所在,逐条地进行深入细致的讨论;论文中的综合,把经过分析的部分和方面再结合起来,指明问题性质,引出结论,为进一步分析做好准备。论文中的归纳,从大量的事实中,勇敢又不轻率地得出一般结论;论文中的演绎,又从这个一般结论,大胆而又严肃地引申到其他事实,作出新的推论。这样的分析和综合相结合,归纳和演绎相结合,就能使论文的议论放而又收,离开主题又回到主题,深入个别又不忘记一般。经过几番起伏,论文就把问题讲得更加深入、丰富、细致和完整。

7. 虚实结合,入木三分

写论文,既要能提高,又要能落实。我们写论文的时候,经常会碰到基本理论与具体道理怎样妥善结合的问题,也可以说是提高和落实妥善结合的问题。一般说来,基本理论管着具体的道理,大道理管小道理;同时,具体道理之中又包含着基本理论,小道理之中又包含着大道理。因此,在写论文的时候,既要善于掌握基本理论,指导具体道理的论述,又要善于从具体道理中把基本理论提炼出来,加深对这些具体道理的分析论证。具体地说,就是在写论文的时候,一方面要抓当前的实际问题、活的思想,一方面要抓基本原理,用基本原理来回答实际问题。所以无论是首先交代一般原理,然后再迅速把矛头指向当前迫切要讲清的具体道理,或者是首先大量分析实际问题,然后再点明其中所包含的普遍原理,都要努力写出理论联系实际、确实是自己真有体会的道理,而要避免一般化的议论。一篇好的论文,应当从常见的现象入手揭示事物的本质,或者根据对于本质的了解论述现象。只有这样,才能使读者不但从论文中可以认识事物的本质,而且可以认识事物的本质如何具体地表现出来,又为什么此时此地表现为这样,而不是表现为那样。做到了这一点,在一篇论文中,具体的、感性的、现象的部分就能和抽象的、理性的、本质的部分交织在一起,使论文能够更好地抓住读者,加深读者的印象和体会。

8. 堵塞漏洞,无隙可寻

这是一个思想周密的问题。写论文,要处理许多矛盾,如果思想一松懈,注意力一不集中,就会出现一些漏洞和破绽。例如,突出一个方面,完全忘掉了交代另一个方面;强调某一个论点,竟然忘掉了防止它超过限度;做出某一个判断,不免忘掉了说明它所必要的限制条件,等等。为了堵塞漏洞,不留空隙,关键问题当然是要作者提高自己的文化科学水平,增长实际知识和经验,但是在逻辑的运用上也要经常训练自己,使自己能够在矛盾中表达思想,即笔下多些辩证法,少些形而上学。从写作态度上来说,要求我们在写作前反复地思考,写作后仔细检查修改。写作时尽可能想到:读者读完这句话以后,可能产生什么疑问、反驳和挑剔,然后将不足之处加以补充,脱落之处加以补足,讲得突出但有些偏颇之处加以交代和说明,不够精确之处加以解释或限制,不够明朗之处加以提炼和概括,混淆不清之处加以分析和区别,缺乏背景之处作出时间和空间的比照,等等。这样,在写作的时候,就已经注意到思想活动的周密,就不至于养成下笔粗疏的不良习惯。

9. 轻重得体,讲究分寸

这在很大程度上是概念正确、判断恰当的问题,也就是用词造句经过慎重选择,能够精细妥帖地反映现实的问题。这里特别值得注意的是概念内涵和外延的确定,概念的限制,概念之间相互关系的正确处理,还有各种判断形式的恰到好处的选用,以及各种表达范围、程度、数量条件之类用语的适当运用等。所有这些形式逻辑上的问题,如果能够熟练地掌握,并且又有具体分析的辩证头脑,对实际情况又肯虚心体察,细加辨别和区分,那么就有可能逐步做到在论文中用词造句轻重得体,分寸恰当,大大减少表达上的模棱两可,或轻或重,或软或硬,或扩大或缩小,或过头或不及,或武断或犹豫,或太肯定或太不肯定,或太笼统或太繁琐,或太简单或太婉转等等的毛病,而学会在文字表达上恰如其分地反映客观实际。

10. 论证有力,以理服人

其要点是论点明确,论据充分,论证细密,能够把论点与论证之间的必然联系交代清楚。论据应当是论点的充足理由,能够合乎逻辑地由论据推出论点,不要犯"不能推出"或"推出别的"等类的错误。在进行论证时,一般不能只讲论点,不讲论据(即不讲根据和理由),却硬要读者接受未经证明的结论。这样做,就会违背"以理服人"的精神,而不能真正说服读者。论证方法,最常用的是摆事实的方法,即用大量的事实材料、而不是偶然的个别事例来证明观点,用事实的科学分析和叙述来证明观点,或者用基本的历史事实、科学的典型调查、精确的统计数字来证明观点。总之,事实胜于雄辩,实践是检验真理的试金石。用事实来证明观点,正是反映了这个道理。

三、论证的方法

论证,是用论据来证明论点的过程和方法,是把论点和论据联系起来的桥梁。它要求论点和论据之间要有逻辑联系,论据必须能够充分地说明论点。它还要求自始至终围绕论题,分别从不同的层次或角度,采用正面、侧面、直接、间接等多种方式开展论述,力求把道理说透。常用的论证方法有如下几种。

(1) 事实论证。它是最常用的一种论证方法。从逻辑上说,其性质属于归纳推理,也称为"例证法"。

(2) 理论论证。它是用已被实践证明了的科学原理、定义以及尽人皆知的常理等作为论据,来证明个别性的论点,也就是用已知的道理来推论和分析未知的问题,从而得出新的结论。这种论证方法,从逻辑上说,其性质属于演绎推理,也称为"引证法"。

(3) 类比论证。它是把两种事物之间在本质属性方面存在的相同之点进行比较,从已知的一种事物的存在和正确,推论出另一种事物的存在和正确。从逻辑上说,其性质属于类比推理。例如,有这么一段论证教学艺术的文字:

画家画花,独画一枝,总要留点天地,让欣赏者自己去遐想;演员演戏,三五步走遍天下,七八人百万雄兵,并不需要把什么都搬到台上;诗人作诗,讲究含蓄,言有尽而意无穷;音乐家演奏,抑抑扬扬,有时"无声胜有声"。一堂好课,应该兼采画画、演戏、作诗、奏乐的诀窍,言简意赅,给学生留点思考的余地;不越俎代庖,给学生一点自己动手的机会;引而不发,激励学生的首创精神;再加上生动形象,引起学生浓厚的兴趣。这样,教学就成了一门艺术。

(4) 因果论证。教育现象之间是有内在联系的,有什么原因,就会有什么结果。在因果论证中的"因"即为"论据","果"即"论点"。这样由原因证明结果的论证,就是因果论证。

(5) 比喻论证。有些道理比较抽象深奥,或人们比较生疏,一时难以理解,或理解不深。遇到这种情况,如果用一种或几种具体事物比喻,而且这些事物又是人们所熟知的,读者就可以通过这些熟知的事物,对抽象的、深奥的道理有比较清楚的理解。这种论证方法,就叫做"比喻论证"。一个恰到好处的比喻,能胜过一大篇议论。但在运用比喻论证时必须注意:不能只设喻不论证。设喻只是一种辅助手段,更重要的在于正面阐述,这样才能把道理说透。

(6) 对比论证。有比较才能鉴别。把两种对立的事物进行比较、对照,从而说明某种道理的论证,就是对比论证,也称正反论证。何好何坏,何优何劣,一比较就能一目了然。

(7) 分层论证。围绕一个问题,从几个方面进行论证,每一个方面为一个层次,这就叫做分层论证,又称并列论证。在分层论证时,几个方面的内容顺序如何排列,是必须细心斟酌的。如果不考虑各层意思之间主次轻重的细微区别,而将顺序排列前后错置,即使分层论证,也会给人以混乱不堪的感觉。

（8）层进论证。围绕中心论点,由浅入深、由表及里地一层比一层深入地进行论证的方法,叫做层进论证,又称递进论证。如果中心论点下有几个分论点,各种分论点之间不仅有着必然的内在联系,而且它的联系是一个比一个深入,向前推进、发展,这就要采用层进论证的方法,从而充分有力地论证全文的中心论点。如要论证一个难以理解的问题,就得先从一个与论点有关而又易于理解的道理讲起,由易到难,逐层推理,引导读者逐步加深对问题的理解,直到接受作者的主张。

（9）反面论证。不从正面直接证明某一论断,而是提出与之对立的另一论断,并加以说明,这种论证方法叫做反面论法,又称反证法。它是一种以间接论证为主的论证方法。反面论证有两种形式:一是为了证明自己提出论点的正确。先证明与这一论点相对立的另一论点是错误的。二是为了证明对方论点是错误的,先证明与其相对立的另一个论点是正确的,从而以后者的正确证明前者的错误。

（10）引申论证。先假设对方的错误论点是"正确"的,然后把对方的错误论点加以合理引申,导出一个荒谬的结论,从而证明对方的论点是错误的。这种论证方法叫做引申论证,又称归谬法。用引申论证进行反驳,能充分揭露对方的荒谬之处,并且很幽默,能使文章犀利、泼辣。

四、方法的举例

1. 举例论证

举例论证,是选择典型的有代表性的个别事例作为论据来证明论点的方法。论点提出并经过阐述后,就可以用例子来论证了。为了论证"要正确理解和运用启发式教学"这个观点,有位教师是这样使用例证法的:

> 传说苏东坡的妹妹苏小妹在新婚之夜将新郎秦少游关在门外,出了句上联"闭门推出窗前月",要新郎对出下联才许进洞房。秦少游久思不得其解。这时苏东坡向池中扔了一块石头,使秦少游受到启发,于是他立刻对出了下联:"投石冲开水底天"。这里,没有苏小妹设置的问题情境,就不需要启发;没有秦少游的积极思考,就不会受启发;没有苏东坡的巧妙点拨,就无所谓启发。当然,如果苏东坡把"投石冲开水底天"的答案直接告诉秦少游,就更谈不上启发了。这里最关键的是恰当的巧妙点拨,一是点拨的时机要恰当,要抓住秦少游心求通却没有通、口欲言却不能言的时机;二是点拨的分寸要恰当,要根据受启发者的水平,点拨得恰如其分,少了启而不发,多了则画蛇添足;三是点拨的方法要巧妙,苏东坡的水中投石就是一个妙不可言的巧方法。

上面这位教师运用例子论述了启发式的要领。它告诉我们,在运用例证法的时候,选用的例子要典型,要能说明论点,叙述例子要简明扼要。然后,紧扣住论点,对例子作丝丝入扣的分析,充分运用例子来论证论点的正确。如果举例不典型,就没有代表性,无法作事实依据;举例不针对,就会牵强附会,不能说明论点;举例不简明,就会突不出重点,喧宾夺主;举例不分析,就更是本末倒置。例证例证,例是为了证,没有分析这一论证过程,例子就不能和论点挂上钩,就发挥不了论据的作用。

在运用例证法的时候,还有一个通病是举例重叠。有的教师为了说明某一个论点,举了好几个同一类的例子,想以多取胜,充分说明论点。结果由于例子重叠,往往劳而无功,只能使人感到肤浅。克服这一弊端的办法是:对同一个论点,从多侧面加以论证,每一个侧面都举一个例子加以分析,层层递进,以达到充分证明论点的目的。仍以《要正确理解和运用启发式教学》这篇论文为例,作者在论述了启发式的要领以后,先对论点作正面论述:

启发的方法灵活多样,设疑问难是一种最常用的方法。朱熹说过:"读书无疑者,须教有疑。"特级教师王兰就是用设疑法来启发学生掌握"蔬菜"这个概念的:

师:书上向我们介绍了九种菜,它们都有自己的名字,它们总起来叫什么呢?

生:它们总起来都叫蔬菜。

师:(出示"蔬菜"卡片)大家一起读读看看。(教师领读,"蔬"字念翘舌音)

师:它们的样子不一样,颜色不一样,味道也不一样,那为什么都叫蔬菜呢? 想一想,它们有哪些共同的地方呢? 说错了没有关系。

生:它们都是种出来的。

师:对啊! 它们都是种出来的,可是只说对了一部分,没有说完全。种出来的可不完全是蔬菜。我们吃的米饭,吃的面,也是地里种出来的,我们能把稻子、麦子叫做蔬菜吗? 谁补充?

生:它们里边都有营养。

师:有营养的能说它是蔬菜吗? 小朋友们吃的鸡蛋、牛奶也有营养啊!

生:它们都有草字头。

生:它们属于花草树木一类的。还有,它们都不会动。(众笑)

生:它们都可以烧成菜。

师:那还有鱼和肉呢。我们要把几点说清楚呢? 什么叫蔬菜? 是人们把它种在地里,长大以后能够吃的植物,我们叫它什么?

生:蔬菜。(齐读两遍)

在上述教学过程中,学生虽然一开始就知道九种菜总起来叫蔬菜,但并不掌握蔬菜的概念。如果老师直接把答案告诉学生,学生的思维就得不到发展,也不会真正理解蔬菜的概念。于是老师对学生设疑问难:九种菜的样子、颜色、味道都不一样,为什么都叫蔬菜呢? 并点拨学生要找出它们共同的地方。当学生找到一个共同点后,教师既肯定他们的成绩,又用反问来指出答案的不完全。在学生基本答对时,教师帮助他们归纳、概括。这里,我们可以看出:启发式并不要求答案必须从学生口里说出,只要求教师诱导学生去思考,在探求中接近正确。

继正面论证之后,我们可以用例证法对论点作反面论证,举例说明"启发可以通过提问,但提问未必都能使学生受到启发"。接着,可以从另一个侧面来举例论证"启发的目的是使学生能举一反三"。还可以举例证明"引而不发,引导自学等方法都能使学生深受启发"。经过这样多侧面的例证,得出的结论就能使读者信服。之所以能使读者信服,是因为多侧面举例论证的过程是对这个论点进行哲学思辨的过程:思考这个论据是不是充要条件?还有哪些条件也是必要的?这些条件与论点有什么联系?经过这样的思辨,我们对这一论点不但从正面论证,还从反面论证,不但对这一个最主要条件从正反面加以论证,还对其他必要条件从多侧面加以论证,然后再回到这个最主要条件,向一个新的层次纵向深入展开。这样,既分清主次又充分全面,使论证逐层推进。

2. 类比论证

类比论证,就是用另一类含意明确的事物通过比较来论证这个事物的明确含意的方法。这一定义包含这么六层意思:一是用来类比的必须有两类事物;二是其中的另一类事物必须是众所周知、含意明确的;三是这两类事物必须有类似点;四是这类似点必须是事物的本质特征;五是这个事物的含意就是文章所要论证的观点;六是论证的方法是通过比较。

类似论证有以下三个特点:一是从个别到个别。二是为人熟知了解。三是以形象比抽象——说理具体生动,发人深省;行文明快活泼,饶有趣味;证明充分有力,浅显易懂。下面,我们举叶圣陶先生写的《吕叔湘先生说的比喻》这篇短论加以说明。

吕叔湘先生说的比喻

最近听吕叔湘先生说了个比喻,他说教育的性质类似农业,而绝对不像工业。工业是把原料按照规定的工序,制造成为符合设计的产品。农业可不是这样。农业是把种子种到地里,给它充分的、合适的条件,如水、阳光、空气、肥料等等,让它自己发芽生长,自己开花结果,来满足人们的需要。

吕先生这个比喻说得好极了,办教育的确跟种庄稼相仿。受教育的人的确跟种子一样,全都是有生命的,能自己发育自己成长的,给他们充分的、合适的条件,他们就会成为有用之才。所谓办教育,最主要的就是给受教育者提供充分的合适的条件。

办教育决不类似工业,因为受教育的人绝对不是工业原料。唯有没有生命的工业原料可以随你怎么制造,有生命的可不成。记得半个世纪以前,丰子恺先生画过一幅漫画,标题是《教育》。他画一个做泥人的师傅,一本正经地把一个个泥团往模子里按,模子里脱出来的泥人个个一模一样。我现在想起那幅漫画,是因为做泥人虽然非常简单,但也算得上是工业:原料是泥团,往模子里一按就成了产品——预先设计好的泥人。可是受教育的人决非没有生命的泥团,谁要是像那个师傅一样只管把他们往模子里按,他的失败是肯定无疑的。

但是比喻究竟是比喻,把教育跟种庄稼相比,有相同也有不同。相同的是工作的对象都有生命,都能自己成长,都有自己成长的规律。不同的是办教育比种庄稼复杂得多,种庄稼只要满足庄稼生理上的需要就成,办教育还得给受教育者提供陶冶品德、启迪智慧、锻炼能力的种种条件,让他们能动地利用这些条件,在德智体各方面逐步发展成长,成为合格的建设社会主义人才。

对受教育者提供充分的合适的条件,让他们各自发挥能动作用,当然要比把他们往模子里按难得多。但是既然要办教育,就不怕什么难,就必得把这副难的担子挑起来。

在上文中,用来类比的两类事物是"教育"与"农业"。其中的另一类事物"农业"是众所周知的,含意明确的——把种子种到地里,给它充分的合适的条件,如水、阳光、空气、肥料等,让它自己发芽生长,自己开花结果,来满足人们的需要。"教育"与"农业"有类似点——受教育的人的确跟种子一样,全都是有生命的,能自己发育的人的确跟种子一样,全都是有生命的,能自己发育自己成长的,给他们充分的、合适的条件,他们就会成为有用之才。这类似点就是"教育"的本质特征——所谓办教育,最主要的就是给受教育者提供充分的、合适的条件。文章阐述的"教育"的含意就是文章所要论证的观点——对受教育者提供充分的、合适的条件,让他们各自发挥能动作用。论证的方法是通过比较——先是比较相似点,然后比较不同点——把教育跟种庄稼相比,有相同也有不同。相同的是工作的对象都有生命,都能自己成长,都有自己成长的规律;不同的是办教育比种庄稼复杂得多,种庄稼只要满足庄稼生理上的需要就成,办教育还得给受教育者提供陶冶品德、启迪智慧、锻炼能力的种种条件,让他们能动地利用这些条件,在德智体各方面逐步发展成长,成为合格的建设社会主义的人才。

在比较的时候,重点是比较这两个事物的相似点。因此,文章在提出"教育的性质类似农业"的这一论点后,紧接着展开对"教育"和"农业"这两个事物相似之处的具体描述和分析,然后再进行概括。如果只比较两个事物的相似点,不比较两个事物的不同点,就会使论证失之偏颇。所以,文章又用简洁的语言写出了"教育"与"农业"的不同之处。这样,就更全面地揭示了"教育"的本质特征。至于把"教育"与"工业"进行对比,则是为了把观点表达得更鲜明,这样得出"教育就是对受教育者提供充分的合适的条件,让他们各自发挥能动作用"这一结论,就显得更有说服力了。

类比论证,是一种从个别到个别的论证方法,它能以形象来说明抽象,因而使说理具体生动,发人深省;行文明快活泼,饶有兴趣;证明充分有力,浅显易懂。

除了上文以形象的"农业"来类比抽象的"教育"是一个很能说明类比论证作用的实例之外,还可以从许许多多的论述中看出类比法的独特作用。例如,"教师的素质"是个很抽象的概念,要人们接受"教师必须具备良好的素质"这个观点,绝不能靠理论的推导,不能靠抽象的说教,而可以用形象的类比。有位学者在论及这个问题时就曾经这么深入浅出地作了这么一番议论:

人们常说"要给学生一杯水,教师自己必须要有一桶水"。就是说教师的知识必须比学生多得多。这是毫无疑义的。但是我认为这样还不够。如果这桶水仅仅是清水,我们把它浇灌在田里,很可能长出来的庄稼茎是不直的,弯腰屈膝,这是因为我们浇灌的水里缺少钾肥。也有可能长出来的庄稼腰杆挺直,却只长出几片黄叶,甚至一片叶子也没有,这是因为我们浇灌的水里缺少氮肥。还有可能长出来的庄稼粗壮挺拔,叶子青翠欲滴,但却开不出鲜艳的花朵,结不出丰硕的果实,这是因为我们浇灌的水里缺少磷肥。当然,如果要使庄稼产量高、质量好,水里还必须有多种微量元素。

　　浇灌庄稼的水里要包含各种肥料的微量元素,那么作为一个教师,除了要有丰富的知识,还需要有哪些必要的素质呢?可以引起我们的深思……

在上述引文省略号的后面,我们可以用类比论证写出能满足庄稼生长需要的水与教师良好素质之间的相同点,还可以写出教师在教育中和浇水施肥一样,要适时、适量,要像有活水来源一样不断充实自己,细水长流。这样用类比法来论证,定能收到生动形象、准确明白的效果。

五、论证的误区

1. 只作孤证,仅靠一例

有的学生只用一个没有典型意义的例子来证明论点,踏进孤证的误区。怎样防止孤证呢?我们搞科研,要先用归纳,再用演绎,不能反过来,先有结论,再找例证。比如逻辑上的三段论,结论对不对,关键在于大前提对不对,主要是"凡"字。"凡"是归纳出来的,我们做研究工作,就是要研究这个"凡"。怎么研究呢?就要从大量具体的材料中去归纳,从个别到一般,得出结论。只有先归纳,才会有结论,才会有这个"凡"字,才会有大前提,才能在这个基础上作演绎、作分析。我们进行归纳,不会是一帆风顺的,往往遭遇一些例外。例外太多,结论就得推翻;例外少,就要分析为什么会有例外。我们在运用举例论证的方法时,之所以要求举例典型,也是要求我们从大量的普遍存在中选取事例,使所举的事例具有代表性,防止由于主观感情的偏爱,仅从特殊现象中挑出个别事例来论证。

2. 蜻蜓点水,浮光掠影

有的学生追求大题目,全面论述一个大问题,由于学力不足,无法深入,很容易写得面面俱到,结果一个问题也没有论述深透,一个问题也解决不了。论文没有力量,像个浮肿的胖子,虚有其表,华而不实。相反,如果抓住一个重要的小题目,能够深入其本质,抓住要害,从各个方面把它说深说透,有独到的见解,把这个问题的难点和症结找准了,科学地给予解决了,那论文就很有力量。解决一个小问题,比隔靴抓痒地触摸十个大问题要好得多。

3. 泛泛而谈,没有新意

有的学生有了一个选题,便按题目通常所包含的内容,作知识性的复述,像写教科书一样,从起码的概念写起,缺乏现实的针对性。写教科书当然也有现实性,也要反映新的实际,但应当以比较系统地介绍某门学问的系统知识、基本概念、普遍规律为主,尽量吸收这个方面最新的研究成果。而写论文,尽管研究时要努力掌握所论问题的有关基本知识,但在写作时却不能一般地复述这些道理,而要十分注意抓住所论问题在现实中的关键,尽量使论述的重点放在解决这些实际问题上,做到有的放矢,给读者以新的启发。由此可见,写论文应当从实际出发,而不是从概念出发,从定义出发。不懂得这一点,文章就会失去针对性和时代感,就难免空洞冗长。

4. 东拼西凑,离题万里

有的学生为了准备写论文,看了许多资料,历史的、现实的、国内的、国外的、相似的、相反的,脑子里装了各种事例、观点、掌故、知识等。这本来是一件好事,是研究的开始和必要的准备,但是由于整理不够,消化不够,没有形成自己经过周密思考得到的体会或见解,没有找到自己打算立论的角度和主线,因而还不能很好地把各种资料灵活地利用起来,统一地组织起来。这时候拿起笔来写文章,就很容易"博采众长,旁征博引",漫话闲谈,不事剪裁,甚至东拉西扯,前后矛盾,就像一个精神散乱肢体瘫痪的病人。特别是作者带有自炫渊博的情绪时,这种毛病更容易加重。这虽然有写作技巧上的问题,但主要还是作者对问题的研究不透,没能融会贯通。所以,我们一定要在学习、研究上努力,要从资料的研究中抬起头来,求得自己的见解,而不可盲从、拘泥,或局限、沉湎在各种各样的资料中,东拼西凑,敷衍成篇,以致造成混乱。

5. 观点加例子,牵强游离

有的学生常常会犯观点加例子的毛病。写起来像开中药铺,一二三四,甲乙丙丁,观点与观点之间纯粹是外在的任意排列,论证就只是举例子。这种先有观点再配例子的方法是最幼稚、最粗糙的方法。观点与观点、观点与材料之间不是并列的关系,论证就是对观点、材料作创造性的具体分析,讲究观点和材料引入和导出的方式,追求材料与观点之间、观点与观点之间的某种新联系。对于材料,不但取正面的,以肯定观点,而且取反面的,以发展观点,导出新观点。哪怕是旧材料,由于新联系的产生,也可以产生新观点、新论述,给人以耳目一新的感觉。真理不仅是一个简单的结论,同时也是一个过程。结论和展开论述的过程同样都属于真理的内容。否则,只讲应当怎么样,不讲为什么;只讲"其然",不讲"所以然";只讲判断,不交代论证的过程;只讲干巴巴的几条筋,不讲有血有肉、生动活泼的内容,就难免流于武断或简单化,既缺乏思想性,又缺乏说服力。

6. 冗长拖沓,力尽精疲

有的学生在写论文时或是例上加例,材料堆砌,或是以理论理,有气无力,或是言语累赘,下笔千言。这样,丢失了简洁,也就丢失了显明。其实,说理要透,透在说话中肯,轻重主次摆得妥当,并不在话说得多。简洁不仅表现于遣词造句,更重要的是表现于立意。一个意思已经包含在另一个意思里了,或是主要的意思已经说出了,被包含的或次要的意思就不必说。此外,简洁还要求概括。论文要生动,在写作上常常采取"夹叙夹议"的手法,或者"就实论虚",或者"以虚带实",都要把抽象的议论同生动的实例结合起来。这种情况同论文必须概括并不矛盾。在"就实论虚"中,就一些事实作分析,发表带有一般性的议论,这本身就表现着一种概括,即由个别、特殊到一般的概括。个别的、特殊的事例被选择而写入论文,是作为一般性议论的前提放置在一定的逻辑联系中。所以对事实的叙述,带有一定的概括性,而不是现象罗列。在"以虚带实"中,概括了大量事实的言论,其蕴含量比个别的举例大得多。

案例：学术论文

发展学生的创造性思维

安 谦

一、正确理解创造性思维的涵义

创造性思维是在问题情境中当已知的方法已无法解决面临的问题时出现的探索性的思维活动。创造性思维包括发散思维和集中思维两个成分。发散思维是寻求多种答案或假设的思维活动，集中思维是对多种答案和假设进行逻辑评价或审美评价的思维活动。

有些教师认为，培养学生的创造性思维，就是培养学生的发散思维。这种认识是片面的。以这样的理论作指导，在语文课上，就会一味鼓励学生作多角度思考，进行丰富的想象，提出不同的假设，不引导学生作评价，对学生的答案不置可否，结果是没有确定的结论，去掉了扎实的语文基础知识，削弱了语文学科特殊的综合能力，丧失了良好的创造品格，使语文教学走进了死胡同。产生这种现象的原因是因为这些教师没有考虑到：①发散思维的作用是打开思路，提出较多的方案供选择，只有当学生思路闭塞、信息量少的时候才最需要它。②发散思维提供的只是或然的成果，集中思维才能提供确定的成果。而在小学语文教学中，小学生得不到确定的成果是会迷惘不解的，只让学生沉浸在或然性成果的海洋里，是游不到知识的彼岸的。③有成效的创造性思维必然是充分的发散和严格的评价相结合。

还有些教师把创造性思维和形象思维等同起来，有的甚至把创造性思维和创造性想象等同起来。

我们认为：创造性思维与再生性思维是相对应的一对概念，形象思维与抽象思维是相对应的一对概念，这两对概念是以不同的标准划分出来的，因此它们不可互相等同。前面说过，创造性思维包括发散思维和集中思维两个成分。且不说发散思维时也有抽象思维的活动，就拿集中思维来说，它就主要依靠逻辑推理和审美评价。所以说，离开了抽象思维，创造性思维就不复存在。

创造性思维更不能和创造性想象等同起来，撇开集中思维不谈，光是发散思维就不能光依靠创造性想象，还得依靠联想，依靠灵感和直觉。创造性想象是产生新表象，联想是由眼前的事勾起记忆中的事物，灵感是久思不得其解后的顿悟，直觉是一接触新问题就有了答案，它们之间是不能互相取代的。

二、正确理解发展学生的创造性思维和加强基础之间的关系

对这个问题，教育界有这样三种认识：一是不加强基础也能发展学生的创造性思维；二是发展学生的创造性思维会妨碍加强基础；三是只有在加强基础以后才能发展创造性思维。究竟怎样的认识才是正确的呢？

我们首先要弄清楚再生性思维与创造性思维之间的区别和联系。它们之间的区别主要有三点：①再生性思维要解决的是过去曾经解决过的类似问题，创造性思维要解决的则是过去没有解决的新问题。②再生性思维是运用原有知识、以往经验、惯用方法、熟悉途径来解决问题；创造性思维则是把各种知识和方法重新组合，用新方法来解决问题。③再生性思维

所产生的答案必须与某个"正确"标准相比较,直到知道了这个问题已被解决了为止。在进行比较时,学生一般也把产生不正确答案的经验吸取贮存在记忆仓库里,以免日后重蹈覆辙;创造性思维则把它产生的可能有的答案与一个"优良"的标准相比较,直到产生一种以前未曾有过而又令人比较满意的解决方案为止。衡量答案"优良"的准则是:独特性、适当性、变化性与凝聚性。独特性是指答案的不平凡性;适当性是指答案与客观情境相吻合;变化性是指克服现存形式的限制而创造出一种新形式的转换能力;凝聚性是指新答案的综合概括能力。

尽管再生性思维与创造性思维有着上述这些区别,但它们又有着非常紧密的联系。如果在再生性思维所要解决的问题情境中,逐渐增加创造性因素,当创造性的新因素增加到一定的数量时,就起了质变,由再生性思维变成了创造性思维。以后如再遇到类似问题,学生又可用原有知识、以往经验、惯用方法、熟悉途径去解决,这又是再生性的思维活动。例如,学生学了一篇写槐树的课文以后来写一棵槐树,这是一种再生性思维活动。写一棵柳树呢,就得增加一点创造性的新因素。不写树,写其他植物呢,就又增加了创造性。不写植物,写其他景物呢,就有更多的创造性。如果用从写槐树的课文中学到的知识和方法,去写人物和事情,那创造性思维就有了更广阔的驰骋天地。一旦这种运用获得成功,再用这种成功的经验去写人写事,那又是再生性思维。其实,在语义教学中,由于语言环境的千变万化,由再生性思维向创造性思维渐变的过程是屡见不鲜的。

综上所述,再生性思维和创造性思维是一种辩证统一关系,它们既互相制约,又互相依存,还能互相转化。明确了这一点后,就为正确理解发展学生创造性思维和加强基础之间的关系作了铺垫。

对于打基础,有不同的认识。传统的观点是:教什么,懂什么;练什么,会什么。这种观点并不陈腐,但也不先进。现代教学论的观点是:学生会的,就不教;学生通过自己努力能会的,也不教;学生经过自己努力仍不可能会的,我才教。教的不是知识和方法的全部,而是能帮助学生经过努力获得全部的这部分。这部分是"一",要学生举一反"三"。这里"反"的过程,就是发展学生创造性思维的过程。这里的"三",又将是新的求知活动中学生所能举起的"一"。如果确认举一反三的成果都是"基础",这基础又能在新的问题情境中"举"起,"反"得出,不就是被"加强"了吗?因此我们说:发展学生的创造性思维和加强基础之间的关系也是辩证统一的关系,不这样理解就会使语文教学改革的车轮陷入形而上学的泥坑。

三、科学地研究发展学生创造性思维的教法

为了发展学生的创造性思维,教师还要不要考虑用什么方法教?这些方法从哪儿来?围绕着这些问题,又有几种不同观点。有的认为,既然要发展学生的创造性思维,那就让学生自己想,教师尽量少教甚至不教。这样,就放弃了教师的主导作用,使语文课不成其为"课",荒废了学生的学业。有的认为,要发展学生的思维,当然要老师教。怎样教呢?很简单,把国内流行的创造技法搬过来,当作教学方法。于是,专设一些创造思维课,教一些"智力激励法"、"检核表法"等方法,然后要学生把它们迁移到语文课的学习活动中来。这样做,

不一定符合教学规律，不一定符合小学生的年龄特点，不一定符合语文学科的特点。教学方法的牵强附会，使教学效果受到很大的影响。

我们认为，对发展学生创造性思维的教学方法要作科学的研究。一种方法是从广大语文教师的教学实践中发掘出创造性教学因素，加以总结、充实、完善，然后在个别班级试点，获得成功后再加以推广。例如，我们经常看到教师运用讨论的方法来进行教学，通过讨论，让学生充分发表意见，最后比较、归纳出其中最合理的意见。这种教学方法有利于发展学生的创造性思维。但由于教师的意识性不强，并不清楚这方法该在什么情况下运用，这方法的具体步骤是什么，在运用这方法时要注意什么问题，教师在讨论中该发挥哪些作用等。于是，我们帮教师作了总结，提出了集体思考教学法。这方法必须用于教学的重点，讨论的必须是对理解全文有"牵一发动全身"作用的理解性问题和创造性问题。运用这种方法的步骤：一是要大致理解课文内容；二是提出问题展开讨论；三是总结归纳。其中第二步又分为"发表意见"和"评价意见"前后两个阶段。运用这方法时要注意：一是在发表意见时严禁相互批评，提倡畅所欲言；二是鼓励学生发表尚未成熟的新见解，捕捉并发现瞬间的思想闪光点；三是要求讨论真正在学生内部展开——每一学生发表意见，同时倾听同学的意见，并力求从他人的意见中引发出新思想；四是要求学生把读书与讨论结合起来，读了书再讨论，边讨论边读书；五是教师不加入讨论，以免以他的权威来改变学生的思维方向。教师在运用这一教法时的主导作用，主要体现在组织和归纳。归纳学生有几种意见，指出它们之间的分歧，使讨论焦点更集中，最后还用简明的语句来归纳讨论结果（可能有几种答案），使其及时贮存进学生认识的仓库。当然，教师在讨论中，提出一些辅助性的问题，使学生打开思路，还是十分必要的。这方法在部分学校试验后，确实有效，才向大家介绍。

另一种研究方法是"假设——验证——推广"。即先了解学生的实际，根据教育学、心理学的基本原理，抓住语文学科的特点，吸收创造技法中相适合的成分，提出假设，然后在一些班级做实验，通过实验来验证这方法的有效程度，如确有效益，则加以推广。例如，我们观察小学生在写观察作文时，发现有三种情况：一是部分学生想到哪里写到哪里，结果是开头充实详尽，中间平淡无味，结尾匆促收笔；二是先定下结构框架，然后再往框架填充内容，结果是条理虽然清楚，却缺乏真情实感，显得平铺直叙；三是少数学生感到落笔难，既要考虑文章的思想内容，又要考虑文章的结构和语句，不知道怎么办好。上述情况可能与小学生的年龄特点有关：他们注意的集中不能持久，注意的分配不能兼顾，逻辑思维能力尚未充分发展，因此对他们提出"完全构思好再下笔"的要求可能过高。我们又考虑到写作的程序应是先考虑写什么，再考虑怎样写，于是设想了一种分步作文教学法：在学生参加了某项活动，作了某次观察以后，第一步先把自己感受最深的材料分别写在发给他们的一张张小纸片上；第二步是把这些小纸片按自己的写作顺序排一排；第三步是把中间缺掉的环节补一补；第四步是在口头上把这些小纸片的内容连一连；第五步才把它们全写下来。接着，我们进行了对照组实验：在一个四年级班级的40名学生中，根据平时的作文成绩，用配偶法配成每组为16名学生的甲、乙两个等组，教师先组织全班同学参加"有趣的顶气球比赛"的活动，再由这位教师先后用同样的时间对这两组进行写作教学,对甲组用传统的作文教学法,对乙组用分步作文教学法。然后把两组学生写好的作文打乱,请5位有经验的教师各自独立运用《小学学作文参照量表》对每一篇作文打分,计算出每篇作文的平均分。再把这些作文归回甲、乙两组,对这两组作文的成绩进行 t 检验,结果是用分步作文教学法的乙组和用传统作文教学法的甲组有非常显著的差异,即乙组明显优于甲组。且用谈话法向教师和学生调查得知,用分步作文教学法,简便易行,每位同学从自己的角度去观察、感受活动,作文有真情实感;学生也觉得这样写作文不但写起来轻松,而且有话想写,有话可写。

经过检验,实践证明了分步作文教学法是培养学生创造性思维的好方法,于是我们才向广大教师推广。

思考与练习

1. 经验总结与学术论文有哪些区别?
2. 按本章的要求写一篇学术论文。

主要参考文献

1. (美)艾尔·巴比. 社会研究方法[M]. 北京:华夏出版社,2009.
2. (英)W. I. B. 贝弗里奇著,陈捷译. 科学研究的艺术[M]. 北京:科学出版社,1979.
3. (美)肯尼思·D. 贝里著,许真译. 现代社会研究方法[M]. 上海:上海人民出版社,1986.
4. 陈向明. 质的研究方法与社会科学研究[M]. 北京:教育科学出版社,2000.
5. 陈瑶. 课堂观察指导[M]. 北京:教育科学出版社,2002.
6. 黄金南. 科学发现与科学方法[M]. 武汉:华中工学院出版社,1983.
7. (美)霍普金斯著,杨晓琼译. 教师课堂研究指南[M]. 上海:华东师范大学出版社,2009.
8. 裴娣娜. 教育研究方法导论[M]. 合肥:安徽教育出版社,1995.
9. 孙世雄. 科学方法论的理论和历史[M]. 北京:科学出版社,1993.
10. 王力,朱光潜. 怎样写学术论文[M]. 北京:北京大学出版社,1981.
11. (美)威廉·维尔斯曼著,袁振国译. 教育研究方法导论[M]. 北京:教育科学出版社,1997.
12. 杨慧玲. 教育研究的取径:概念与应用[M]. 上海:华东师范大学出版社,2004.
13. 杨小微. 教育研究的原理和方法[M]. 上海:华东师范大学出版社,2002.
14. 张厚粲. 心理与教育统计[M]. 北京:北京师范大学出版社,1993.
15. 郑慧琦,胡兴宏. 教师成为研究者[M]. 上海:上海教育出版社,2004.
16. 郑金洲. 教育研究专题[M]. 上海:华东师范大学出版社,2002.
17. 郑金洲. 学校教育科研方法[M]. 北京:教育科学出版社,2003.
18. 周家骥. 教育科研方法[M]. 上海:上海教育出版社,1999.

附表1 标准正态曲线下的面积表

Z	0	1	2	3	4	5	6	7	8	9
0.0	.0000	.0040	.0080	.0120	.0160	.0199	.0239	.0279	.0319	.0359
0.1	.0398	.0438	.0478	.0517	.0557	.0596	.0363	.0675	.0714	.0754
0.2	.0793	.0832	.0871	.0910	.0948	.0987	.1026	.1064	.1103	.1141
0.3	.1179	.1217	.1255	.1293	.1331	.1368	.1406	.1443	.1480	.1517
0.4	.1554	.1591	.1628	.1664	.1700	.1736	.1772	.1808	1844	.1879
0.5	.1915	.1950	.1985	.2019	.2054	.2088	.2123	.2157	.2190	.2224
0.6	.2258	.2291	.2324	.2357	.2389	.2422	.2454	.2486	.2518	.2549
0.7	.2580	.2612	.2624	.2673	.2704	.2734	.2764	.2794	.2823	.2852
0.8	.2881	.2910	.2939	.2967	.2996	.3023	.3051	.3078	.3106	.3133
0.9	.3159	.3186	.3212	.3238	.3264	.3289	.3315	.3340	.3365	.3389
1.0	.3413	.3438	.3461	.3485	.3508	.3531	.3554	.3577	.3599	.3521
1.1	.3643	.3665	.3886	.3708	.3729	.3749	.3770	.3790	.3810	.3830
1.2	.3849	.3869	.3888	.3907	.3925	.3944	.3962	.3980	.3997	.4015
1.3	.4032	.4049	.4066	.4082	.4099	.4115	.4131	.4147	.4162	.4177
1.4	.4192	.4207	.4222	.4236	.4251	.4265	.4279	.4292	.4306	.4319
1.5	.4332	.4345	.4357	.4470	.4382	.4394	.4406	.4418	.4429	.4441
1.6	.4452	.4463	.4474	.4484	.4495	.4505	.4515	.4525	.4435	.4545
1.7	.4554	.4564	.4573	.4582	.4591	.4599	.4608	.4616	.4625	.4633
1.8	.4641	.4649	.4656	.4664	.4671	.4678	.4686	.4693	.4699	.4706
1.9	.4713	.4719	.4726	.4732	.4738	.4744	.4750	.4756	.4761	.4746
2.0	.4772	.4778	.4783	.4788	.4793	.4798	.4803	.4808	.4812	.4817
2.1	.4821	.4826	.4830	.4834	.4838	.4842	.4846	.4850	.4854	.4857
2.2	.4861	.4864	.4868	.4871	.4875	.4878	.4881	.4884	.4887	.4890
2.3	.4893	.4896	.4898	.4901	.4904	.4906	.4909	.4911	.4913	.4916
2.4	.4918	.4920	.4922	.4945	.4927	.4929	.4931	.4932	.4934	.4936
2.5	.4938	.4940	.4941	.4943	.4945	.4946	.4948	.4949	.4951	.4952
2.6	.4953	.4955	.4956	.4957	.4959	.4960	.4961	.4962	.4963	.4964
2.7	.4965	.4966	.4967	.4968	.4969	.4970	.4971	.4972	.4973	.4974
2.8	.4974	.4975	.4976	.4977	.4977	.4978	.4979	.4979	.4980	.4981
2.9	.4981	.4982	.4982	.4983	.4984	.4984	.4985	.4985	.4986	.4986
3.0	.4987	.4987	.4987	.4988	.4988	.4989	.4989	.4989	.4990	.4990
3.1	.4990	.4991	.4991	.4991	.4992	.4992	.4992	.4992	.4993	.4993
3.2	.4993	.4993	.4994	.4994	.4994	.4994	.4994	.4995	.4995	.4995
3.3	.4995	.4995	.4995	.4996	.4996	.4996	.4996	.4996	.4996	.4997
3.4	.4997	.4997	.4997	.4997	.4997	.4997	.4997	.4997	.4997	.4998
3.5	.4998	.4998	.4998	.4998	.4998	.4998	.4998	.4998	.4998	.4998
3.6	.4998	.4998	.4999	.4999	.4999	.4999	.4999	.4999	.4999	.4999
3.7	.4999	.4999	.4999	.4999	.4999	.4999	.4999	.4999	.4999	.4999
3.8	.4999	.4999	.4999	.4999	.4999	.4999	.4999	.4999	.4999	.4999
3.9	.5000	.5000	.5000	.5000	.5000	.5000	.5000	.5000	.5000	.5000

附表2 随机数码表

行	列 数							
	00000 01234	00000 56789	11111 01234	11111 56789	22222 01234	22222 56789	33333 01234	33333 56789
	第一部分(1000个数码)							
00	23157	54859	01837	25993	76249	70886	95230	36744
01	05545	55043	10573	43508	90611	83744	10962	21343
02	14871	60350	32404	36223	50051	00322	11543	80834
03	38976	74951	94051	75853	78805	90194	32428	71695
04	97312	61718	99755	30870	94251	25841	54882	10513
05	11742	69381	44339	30872	32797	33118	22647	06850
06	43361	28859	11016	45623	93009	00499	43640	74036
07	93806	20478	38268	04491	55751	18932	58475	52571
08	49540	13181	08429	84187	69538	29661	77738	09527
09	36768	72633	37948	21569	41959	68670	45274	83880
10	07092	52392	24627	12067	06558	45344	67338	45320
11	43310	01081	44863	80307	52555	16148	89742	94647
12	61570	06360	06173	63775	63148	95123	35017	46993
13	31352	83799	10779	18941	31579	76448	62584	86919
14	57048	86526	27795	93692	90529	56546	35065	32254
15	09243	44200	68721	07137	30792	75756	09298	27650
16	97957	35018	40894	88329	52230	82521	22532	61587
17	93732	59570	43781	98885	56671	66826	95996	44569
18	72621	11225	00922	68264	35666	59434	71687	58167
19	61020	74418	45371	20794	95917	37866	99536	19378
20	97839	85474	33055	91718	45473	54144	22034	23000
21	89160	97192	22232	90637	35055	45489	88438	16361
22	25966	88220	62871	79265	02823	52862	84919	54883
23	81443	31719	05049	54806	74690	07567	65017	16543
24	11322	54931	42362	34386	08624	97687	46245	23245
	第二部分(1000个数码)							
00	64755	83885	84122	25920	17696	15655	95045	95947
01	1032	52289	77436	34430	38112	49067	07348	23328
02	71017	98495	51308	50374	66591	02887	53765	69149
03	60012	55605	88410	34879	79655	90169	78800	03666
04	37330	94656	49161	42802	48274	54755	44553	65090
05	47869	87001	31591	12273	60626	12822	34691	61212
06	38040	42737	64167	89578	39323	49324	88434	38706
07	73508	30908	83054	80078	86669	30295	56460	45335
08	32623	46474	84061	04324	20628	37319	32356	43969
09	97591	99549	36630	35106	62069	92975	95320	57734
10	74012	31955	59790	96982	66224	24015	96749	07589
11	56754	26457	13351	05014	90966	33674	69096	33488
12	49800	49908	54831	21998	08528	26372	92923	65026
13	43584	89647	24878	56670	00221	50193	99591	62377

续 表

行	列 数							
	00000 01234	00000 56789	11111 01234	11111 56789	22222 01234	22222 56789	33333 01234	33333 56789
14	16653	79664	60325	71301	35742	83636	73058	87229
15	48502	69055	65322	58748	31446	80237	31252	96367
16	96765	54692	36316	86230	48296	38352	23816	64094
17	38923	61550	80357	81784	23444	12463	33992	28128
18	77958	81694	25225	05587	51073	01070	60218	61961
19	17928	28065	25586	08771	02641	85064	65796	48170
20	94036	85978	02318	04499	41054	10531	87431	21596
21	47460	60479	56230	48417	14372	85167	27558	00368
22	47856	56088	51992	82439	40644	17170	13463	18288
23	57616	34653	92298	62018	10375	76515	62986	90756
24	08300	92704	66752	66610	57188	79107	54222	22013

第三部分（1000个数码）

行								
00	89221	02362	65787	74733	51272	30213	92441	39651
01	04005	99818	63918	29032	94012	42363	01261	10650
02	98546	38066	50856	75045	40645	22841	53254	44125
03	41719	84401	59226	01314	54581	40398	49988	65579
04	28733	72489	00785	25843	24613	49797	85567	84471
05	65213	83927	77762	02086	80742	24395	68476	83792
06	65553	12678	90906	90466	43670	26217	69900	31205
07	05668	69080	73029	85746	58332	78231	45986	92998
08	39302	99718	49757	79519	27387	76373	47262	91612
09	64592	32254	45879	29431	38320	05981	18067	87137
10	07513	48792	47314	83660	68907	05336	82579	91582
11	86593	68501	56638	99800	82839	35148	56541	07232
12	83735	22599	97977	81248	36838	99560	32410	67614
13	08595	21826	54655	08204	87990	17033	56358	05384
14	41273	27149	44293	69458	16828	63962	15864	35431
15	00473	75908	56238	12242	72631	76314	47252	06347
16	86131	53789	81383	07868	89132	96182	07009	86432
17	33849	78359	08402	03586	03176	88663	08018	22546
18	61870	41657	07468	08612	98083	97349	20775	45091
19	43898	65923	25078	86129	78491	97653	91500	80786
20	29939	39123	04548	45985	60952	06641	28726	46473
21	38505	85555	14388	55077	18657	94887	67831	70819
22	31842	38431	67125	25511	72044	11562	53279	82268
23	91430	03767	13561	15597	06750	92552	02391	39753
24	38635	68976	25498	97526	96458	03805	04116	63514

第四部分（1000个数码）

行								
00	02490	54122	27944	39364	94230	72074	11679	54082
01	11967	36469	60627	83701	09253	30208	01385	37482
02	48256	83465	49699	24079	05403	35154	39613	03136

续 表

行	列 数							
	00000 01234	00000 56789	11111 01234	11111 56789	22222 01234	22222 56789	33333 01234	33333 56789
03	27246	73080	21481	23536	04881	89977	49484	93071
04	32532	77265	72430	70722	86529	18457	92657	10011
05	66757	98955	92375	93431	43204	55825	45443	69265
06	11266	34545	76505	97746	34668	26999	26742	97516
07	17872	39142	45561	80146	93137	48924	64257	59284
08	62561	30365	03408	14754	51798	08133	61010	97730
09	62796	30779	35497	70501	30105	08133	00997	91970
10	75510	21771	04339	33660	42757	62223	87565	48468
11	87439	01691	63517	26590	44437	07217	98706	39032
12	97742	02621	10748	78803	38337	65226	92149	59051
13	98811	06001	21571	02875	21828	83912	85188	61624
14	51264	01852	64607	92553	29004	26695	78583	62998
15	40239	93376	10419	68610	49120	02941	80035	99317
16	26936	59186	51667	27645	46329	44681	94190	66647
17	88502	11716	98299	40974	42394	62200	69094	81646
18	63499	38093	25593	61995	79567	80569	01023	38374
19	36379	81206	03317	78710	73828	31083	60509	44091
20	93801	22322	47479	57017	59334	30647	43061	26660
21	29856	87120	56311	50053	35365	81265	22414	02431
22	97720	87931	88265	13050	71017	15177	06957	92919
23	85237	09105	74601	46377	59938	15647	34177	92753
24	75746	75268	31727	95773	72364	87324	36879	06802
				第五部分(1000个数码)				
00	29935	06971	63175	52579	10478	89379	61428	21363
01	15114	07126	51890	77787	75510	13103	42942	48111
02	03870	43225	10589	87629	22039	94124	38127	65022
03	79390	39188	40756	45269	65959	20640	14284	22960
04	30035	06915	79196	54428	64819	52314	48721	81594
05	29039	99861	28759	79802	68531	39198	38137	24373
06	78196	08108	24107	49777	09599	43569	84820	94959
07	15847	85493	91442	91351	80130	73752	21538	10986
08	36614	62248	49194	97209	92587	92053	41021	80064
09	40549	54884	91465	43862	35541	44466	88894	74180
10	40878	08997	14286	09982	90308	78007	51587	16658
11	10229	49282	41173	31468	59455	18756	08908	06660
12	15918	76787	30624	25928	44124	25088	31137	71614
13	13403	18796	49909	94404	64979	41462	18155	98335
14	66523	94596	74908	90271	10009	98648	17640	68909
15	91665	36469	68343	17870	25975	04662	21272	50620
16	67415	87515	08207	73729	73201	57593	96917	69699
17	76527	96996	23724	33448	63392	32394	60887	90617

续 表

行	列 数							
	00000 01234	00000 56789	11111 01234	11111 56789	22222 01234	22222 56789	33333 01234	33333 56789
18	19815	47789	74348	17147	10954	34355	81194	54407
19	25592	53587	76384	72575	84347	68918	05739	57222
20	55902	45539	63646	31609	95999	82887	40666	66692
21	02470	58376	79794	22482	42423	96162	47491	17264
22	18630	53263	13319	97619	35859	12350	14632	87659
23	89673	38230	16063	92007	59503	38402	76450	33333
24	62986	67364	06595	17427	84623	14565	82860	57300

附表3 χ^2 值表

df \ α	0.05	0.01	df \ α	0.05	0.01
1	3.84	6.63	20	31.41	37.57
2	5.99	9.21	21	32.67	38.93
3	7.81	11.34	22	33.92	40.29
4	9.49	13.28	23	35.17	41.64
5	11.07	15.09	24	36.42	42.98
6	12.59	16.81	25	37.65	44.31
7	14.07	18.48	26	38.89	45.64
8	15.51	20.09	27	40.11	46.96
9	16.92	21.67	28	41.34	48.28
10	18.31	23.21	29	42.56	49.59
11	19.68	24.72	30	43.77	50.89
12	21.03	26.22	40	55.76	63.69
13	22.36	27.69	50	67.50	76.15
14	23.68	29.14	60	79.08	88.38
15	25.00	30.58	70	90.53	100.42
16	26.30	32.00	80	101.88	112.33
17	27.59	33.41	90	113.14	124.12
18	28.87	34.81	100	124.34	135.81
19	30.14	36.19			

附表4　相关系数检验表

$n-2$	0.05	0.01	$n-2$	0.05	0.01	$n-2$	0.05	0.01
1	0.997	1.000	16	0.468	0.590	35	0.325	0.418
2	0.950	0.990	17	0.456	0.575	40	0.304	0.393
3	0.878	0.959	18	0.444	0.561	45	0.288	0.327
4	0.811	0.917	19	0.433	0.549	50	0.273	0.354
5	0.754	0.874	20	0.423	0.537	60	0.250	0.325
6	0.707	0.834	21	0.413	0.526	70	0.232	0.302
7	0.666	0.798	22	0.404	0.515	80	0.217	0.283
8	0.632	0.765	23	0.396	0.505	90	0.205	0.267
9	0.602	0.735	24	0.388	0.496	100	0.195	0.254
10	0.576	0.708	25	0.381	0.487	125	0.174	0.228
11	0.553	0.684	26	0.374	0.478	150	0.159	0.208
12	0.532	0.661	27	0.367	0.470	200	0.138	0.181
13	0.514	0.641	28	0.361	0.463	300	0.113	0.148
14	0.497	0.623	29	0.355	0.456	400	0.098	0.128
15	0.482	0.606	30	0.349	0.449	1000	0.062	0.081

附表5 t 值表

df \ α	0.05	0.01	df \ α	0.05	0.01
1	12.706	63.657	18	2.101	2.878
2	4.303	9.925	19	2.093	2.861
3	3.182	5.841	20	2.086	2.845
4	2.776	4.604	21	2.080	2.831
5	2.571	4.032	22	2.074	2.819
6	2.447	2.707	23	2.069	2.807
7	2.365	3.499	24	2.064	2.797
8	2.306	3.355	25	2.060	2.787
9	2.262	3.250	26	2.056	2.779
10	2.228	3.169	27	2.052	2.771
11	2.201	3.106	28	2.048	2.763
12	2.179	3.055	29	2.045	2.756
13	2.160	3.012	30	2.042	2.750
14	2.145	2.977	40	2.021	2.704
15	2.131	2.947	60	2.000	2.660
16	2.120	2.921	120	1.980	2.617
17	2.110	2.898	∞	1.960	2.576

附表6 由 ρ 值求 r 临界值对照表

ρ	r	ρ	r	ρ	r	ρ	r
0.01	0.0105	0.26	0.2714	0.51	0.5277	0.76	0.7750
0.02	0.0209	0.27	0.2818	0.52	0.5378	0.77	0.7847
0.03	0.0314	0.28	0.1922	0.53	0.5479	0.78	0.7943
0.04	0.0419	0.29	0.3025	0.54	0.5580	0.79	0.8039
0.05	0.0524	0.30	0.3129	0.55	0.5680	0.80	0.8135
0.06	0.0628	0.31	0.3232	0.56	0.5781	0.81	0.8230
0.07	0.0733	0.32	0.3335	0.57	0.5881	0.82	0.8325
0.08	0.0833	0.33	0.3439	0.58	0.5981	0.83	0.8421
0.09	0.0942	0.34	0.3542	0.59	0.6081	0.84	0.8516
0.10	0.1047	0.35	0.3645	0.60	0.6180	0.85	0.8610
0.11	0.1151	0.36	0.3748	0.61	0.6280	0.86	0.8705
0.12	0.1256	0.37	0.3850	0.62	0.6379	0.87	0.8799
0.13	0.1360	0.38	0.3953	0.63	0.6478	0.88	0.8893
0.14	0.1465	0.39	0.4056	0.64	0.6577	0.89	0.8986
0.15	0.1569	0.40	0.4158	0.65	0.6676	0.90	0.9080
0.16	0.1674	0.41	0.4261	0.66	0.6775	0.91	0.9173
0.17	0.1778	0.42	0.4363	0.67	0.6873	0.92	0.9269
0.18	0.1882	0.43	0.4465	0.68	0.6971	0.93	0.9359
0.19	0.1986	0.44	0.4567	0.69	0.7069	0.94	0.9451
0.20	0.2091	0.45	0.4669	0.70	0.7167	0.95	0.9543
0.21	0.2195	0.46	0.4771	0.71	0.7265	0.96	0.9635
0.22	0.2299	0.47	0.4872	0.72	0.7368	0.97	0.9727
0.23	0.2403	0.48	0.4973	0.73	0.7460	0.98	0.9818
0.24	0.2507	0.49	0.5075	0.74	0.7557	0.99	0.9909
0.25	0.2611	0.50	0.5176	0.75	0.7654	1.00	1.0000

附表7 F分布临界值表

组内 df	α	组间 df									
		1	2	3	4	5	6	7	8	9	10
1	0.05	161	200	216	225	230	234	237	239	241	242
	0.01	4052	4999	5403	5625	5764	5859	5928	5981	6022	6056
2	0.05	18.51	19.00	19.16	19.25	19.30	19.33	19.36	19.37	19.38	19.39
	0.01	98.49	99.01	99.17	99.25	99.30	99.33	99.34	99.36	99.38	99.40
3	0.05	10.13	9.55	9.28	9.12	9.01	8.94	8.88	8.84	8.81	8.87
	0.01	34.12	30.81	29.46	28.71	28.24	27.91	27.67	27.49	27.34	27.23
4	0.05	7.71	6.94	6.59	6.39	6.26	6.16	6.09	6.04	6.00	5.96
	0.01	21.20	18.00	16.69	15.98	15.52	15.21	14.98	14.80	14.66	14.54
5	0.05	6.61	5.79	5.41	5.19	5.05	4.95	4.88	4.82	4.78	4.74
	0.01	16.26	13.27	12.06	11.39	10.97	10.67	10.45	10.27	10.15	10.05
6	0.05	5.99	5.14	4.76	4.53	4.39	4.28	4.21	4.15	4.10	4.06
	0.01	13.74	10.92	9.78	9.15	8.75	8.47	8.26	8.10	7.98	7.87
7	0.05	5.59	4.74	4.35	4.12	3.97	3.87	3.79	3.73	3.68	3.63
	0.01	12.25	9.55	8.45	7.85	7.46	7.19	7.00	6.84	6.71	6.62
8	0.05	5.32	4.46	4.07	3.84	3.96	3.58	3.50	3.44	3.39	3.34
	0.01	11.26	8.64	7.59	7.01	6.63	6.37	6.19	6.03	5.91	5.82
9	0.05	5.12	4.26	3.86	3.63	3.48	3.37	3.29	3.23	3.18	3.13
	0.01	10.56	8.02	6.99	6.42	6.06	5.80	5.62	5.47	5.35	5.26
10	0.05	4.96	4.10	3.71	3.48	3.33	3.22	3.14	3.07	3.02	2.97
	0.01	10.04	7.56	6.65	5.99	5.64	5.39	5.21	5.06	4.95	4.85
11	0.05	4.84	3.98	3.59	3.36	3.20	3.09	3.01	2.95	2.90	2.86
	0.01	9.65	7.20	6.22	5.67	5.32	5.07	4.88	4.74	4.63	4.54
12	0.05	4.75	3.88	3.49	3.26	3.11	3.00	2.92	2.85	2.80	2.76
	0.01	9.33	6.93	5.95	5.41	5.06	4.82	4.65	4.50	4.39	4.30
13	0.05	4.67	3.80	3.41	3.18	3.02	2.92	2.84	2.77	2.72	2.67
	0.01	9.07	6.70	5.74	5.20	4.86	4.62	4.44	4.30	4.19	4.10
14	0.05	4.60	3.74	3.34	3.11	2.96	2.85	2.77	2.70	2.65	2.60
	0.01	8.86	6.51	5.56	5.03	4.69	4.46	4.28	4.14	4.03	3.91
15	0.05	4.54	3.68	3.29	3.06	2.90	2.79	2.70	2.64	2.59	2.55
	0.01	8.68	6.36	5.42	4.89	4.56	4.32	4.14	4.00	3.89	3.80
16	0.05	4.49	3.63	3.24	3.01	2.85	2.74	2.66	2.59	2.54	2.49
	0.01	8.53	6.23	5.29	4.77	4.44	4.20	4.03	3.89	3.78	3.69

附表(1—7)

续 表

组内 df	α	组间 df									
		1	2	3	4	5	6	7	8	9	10
17	0.05	4.45	3.59	3.20	2.95	2.81	2.70	2.61	2.55	2.50	2.45
	0.01	8.40	6.11	5.18	4.67	4.31	4.10	3.93	3.79	3.68	3.59
18	0.05	4.41	3.55	3.16	2.93	2.77	2.66	2.58	2.51	2.46	2.41
	0.01	8.29	6.01	5.09	4.58	4.25	4.01	3.85	3.71	3.60	3.51
19	0.05	4.38	3.52	3.13	2.90	2.74	2.63	2.55	2.48	2.43	2.38
	0.01	8.19	5.93	5.01	4.50	4.17	3.94	3.77	3.63	3.52	3.43
20	0.05	4.35	3.49	3.10	2.87	2.71	2.60	2.52	2.45	2.40	2.35
	0.01	8.10	5.85	4.94	4.43	4.10	3.87	3.70	3.56	3.45	3.37
21	0.05	4.32	3.47	3.07	2.84	2.68	2.57	2.49	2.42	2.37	2.32
	0.01	8.02	5.78	4.87	4.37	4.04	3.81	3.64	3.51	3.40	3.31
22	0.05	4.30	3.44	3.05	2.82	2.66	2.55	2.47	2.40	2.35	2.30
	0.01	7.95	5.72	4.82	4.31	3.99	3.76	3.59	3.45	3.35	3.26
23	0.05	4.28	3.42	3.03	2.80	2.64	2.53	2.45	2.38	2.32	2.28
	0.01	7.88	5.66	4.77	4.26	3.94	3.71	3.54	3.41	3.30	3.21
24	0.05	4.26	3.40	3.01	2.76	2.62	2.51	2.43	2.36	2.30	2.26
	0.01	7.83	5.61	4.72	4.22	3.90	3.67	3.50	3.36	3.26	3.17
25	0.05	4.24	3.38	3.00	2.76	2.60	2.49	2.41	2.34	2.28	2.24
	0.01	7.77	5.57	4.68	4.18	3.86	3.63	3.46	3.32	3.22	3.13
26	0.05	4.22	3.37	2.89	2.74	2.59	2.47	2.39	2.32	2.27	2.22
	0.01	7.72	5.53	4.64	4.14	3.82	3.59	3.42	3.29	3.18	3.09
27	0.05	4.21	3.35	2.96	2.73	2.57	2.46	2.37	2.31	2.25	2.20
	0.01	7.68	5.49	4.60	4.11	3.78	3.56	3.39	3.26	3.15	3.06
28	0.05	4.20	3.34	2.95	2.71	2.56	2.45	2.36	2.29	2.24	2.19
	0.01	7.64	5.45	4.57	4.07	3.75	3.53	3.36	3.23	3.12	3.03
29	0.05	4.18	3.33	2.93	2.70	2.55	2.43	2.35	2.28	2.22	2.18
	0.01	7.60	5.42	4.54	4.04	3.73	3.50	3.33	3.20	3.09	3.00
30	0.05	4.17	4.32	2.92	2.69	2.53	2.42	2.33	2.27	2.21	2.16
	0.01	7.57	5.39	4.51	4.12	3.70	3.47	3.30	3.17	3.07	2.98
31	0.05	4.16	3.30	2.91	2.68	2.52	2.41	2.32	2.26	2.20	2.15
	0.01	7.53	5.36	4.48	3.99	3.67	3.45	3.28	3.15	3.04	2.96
32	0.05	4.15	3.39	2.90	2.67	2.51	2.40	2.31	2.24	2.19	2.14
	0.01	7.51	5.34	4.46	3.97	3.65	3.43	3.26	3.13	3.02	2.93

续 表

组内 df	α	组间 df									
		1	2	3	4	5	6	7	8	9	10
33	0.05	4.14	3.28	2.89	2.66	2.50	2.39	2.30	2.24	2.18	2.13
	0.01	7.47	5.31	4.44	3.95	3.63	3.41	3.24	3.11	3.00	2.91
34	0.05	4.13	3.28	2.88	2.65	2.49	2.38	2.29	2.23	2.17	2.12
	0.01	7.45	5.29	5.42	3.93	3.61	3.39	3.22	3.09	2.98	2.89
35	0.05	4.12	3.27	2.87	2.64	2.49	2.37	2.29	2.22	2.16	2.12
	0.01	7.42	5.27	4.40	3.91	3.59	3.37	3.20	3.07	2.96	2.88
36	0.05	4.11	3.26	2.87	2.63	2.48	2.36	2.28	2.21	2.15	2.11
	0.01	7.40	5.25	4.38	3.89	3.57	3.35	3.18	3.05	2.95	2.86